現代中國回憶錄叢刊 004 ■

寧作我

唐翼明◎著

人間出版社

【序】

醉裡風情敵少年

呂正惠

本書作者唐翼明教授在台灣中國文化大學和政治大學中文系前後任教十八年，之前十年在美國讀書，到美國前的四十年生活在大陸，小時候在湖南鄉下長大，進高中以後一直生活在武漢。二〇〇八年他決定從政治大學退休，回到武漢定居。這簡短的履歷，足以透露他的一生的不平凡或者坎坷或者充滿了戲劇性。但看了這本書以後，你會覺得所有的形容詞都難以描述他的一生。

唐教授一九九〇年來到台灣，任教於文化大學。根據當時台灣不久前訂立的法令，大陸人要來台灣居住，最少要長居美國十年，並取得美國綠卡，而且有親人在台灣，唐教授大概是按照這個法令最早來到台灣定居並任職的人之一。來台不久，我們可能就在學術會議上見過面，而且我已聽聞他來台的背景。說實在話，有這種背景的人，以我主觀的判斷，他的親人應該有不錯的黨政關係，而對這種人我是會保持距離的。但唐教授為人直爽，講話不拐彎抹角，很合我的個性。更重要的是，雖然可以想像唐教授因為他的家庭關係在大陸吃了不少苦，而他雖然也會批評毛澤東和共產黨，但從不講大陸一般人的壞話，也不像一般留美學人，隨意的鄙薄中國文化，這讓我很敬重。他也知道我是個統派，不排斥大陸人，願意跟我交往，所以談得還蠻愉快的。

唐教授轉到政大任教，不久升了教授，指導的研究生日漸增多。承蒙他不棄，常常向系裡推薦我擔任口試委員，見面次數增加。可能在二〇〇七年的某次口試中，我又見到他，距離上次見面至少一年多，我突然發現他的表情跟往日不一樣，就脫口說：「唐老師，你是不是很想家（指大陸）？」他非常驚訝的說，「你怎麼知道？我明年就要退休，回武漢長住了，有空來找我。」第二年暑假我又去考他一個學生，他說，他馬上要回大陸了，不久，我去參加他的退休歡送會。我從旁人口中知道，如果晚一年退休，唐教授可以領一筆錢，但他顯然急著要走，連錢都不要了。

兩年後，他從大陸寄了兩本書給一些台灣朋友，一本是他的書法集，另一本就是《寧作我》，這是以六十篇散文的方式構成的回憶錄。我收到書後，當天晚上讀了大半本，一直到深夜。原來唐教授有這樣的過去，真是一言難盡啊！我記得畢業四十年後的一次大學同學聚會裡，其中年紀較大的一位同學，他的朋友也在場，朋友提起我的同學幾十年前在大火中冒險救人，全身皮膚燒壞大半，又因為身子在地上滾動，全身肌肉黏滿了大小石塊，他的朋友詳細描述他的手術過程。這些事我們以前都不知道，大家聽了又感動、又難過。這時我的同學說，「每個人都有自己的過去」。當晚我看唐教授的書，心中一直在想，「每個人有多麼不同的過去啊！」平常跟唐教授相處，只看他意氣風發，談笑自信，那裡想得到他的過去是這個樣子。

這本書的魅力很難形容，最好能夠讀幾段書中的文字。國民黨從大陸敗退的時候，唐教授父母跟著國民黨走，把三個子女留給唐教授大伯看顧，他們再按月寄錢回去。大伯主要是貪這筆錢，對三個侄子根本不關心，也不照顧。土改時，農民想分大伯的土地，就把三個小孩獨立成一戶，劃為貧農，這樣大伯一家四口佔有八十多畝地，就可以構成地主的條件，農民可以分他們的土地。三個小孩無法獨立生活，最小的弟弟由人領養，妹妹在一次痢疾中因為沒有受到適當的照顧，竟然拉肚子拉到死。大伯對唐教授冷酷無情，從初中起唐教授就脫離大伯獨自生活。為了考初中，唐教授清晨五點半從鄉下出發，走三十里路，中午考完，再走三十里路回家，四點半到家，中間「沒有吃過一口飯，喝過一滴水」，最後全村只有他一個人考上。要上初中時，他不知道如何走到城裡的學校，只好跟在一個挑擔子入城的人的屁股後面走。請看下面這一段文字：

> 你很快就發現，走還不行，得跑，因為挑擔子的人邁的步子比走路的人大，他又是大人，他就是不挑擔子，你也很難跟得上他。現在他被擔子壓得不能不邁大步，你為了不被丟下就只好小跑了。你知道萬萬不能被丟下，因為不跟著他你就走不到學校。八月的太陽像火一樣，你汗流浹背。這還不打緊，麻煩的是，你很快就流起鼻血來了。你小時候火氣大，鼻子經常流血，所以你倒也並不害怕。先是一邊流血，後來兩個鼻孔都流血，連呼吸也困難起來，那挑擔子的人也發現了，他可憐你，把擔子放下來，帶你到一口井邊，用井水澆你的後頸脖，血才慢慢停下來。他問你為什麼要跟著他跑，你這個時候才有機會把原委講給他聽。那漢子竟然露出

一臉佩服的樣子，說你將來要中狀元。他請你吃了一頓中飯。吃飯後休息了一會兒又跟著他跑，太陽快下山的時候來到一個岔路口，他把擔子放下來，指著那條岔路對你說，奶仔（讀奶吉，你們鄉下的土話，指男孩），你從這條路往前走十多里，就到了呆鷹嶺了，我還要繼續走那條路到城裡。分別的時候他好像有些依依不捨，說，不要怕，你這個奶仔有出息，將來中了狀元不要忘了我啊。

唐教授自小聰明、活潑而有獨立性，讀書一直很順利，高中考上武漢實驗中學，這是湖北省最好的高中。高中也一直名列前茅，做過得諾貝爾獎的夢，看似前程似錦。此後，「外逃反革命份子」的家庭背景開始發生作用，高考（約略等於台灣的大學聯考）全湖北省第二名，但卻落榜了，因為沒有一個學校願意收他。請看唐教授這一段經歷的回顧：

但是那一年你竟然名落孫山，不僅科技大沒有取，北大、清華也沒有取，連武大都沒有取，全國重點大學沒有一個要你，地區性的大學，如華師、武師也沒有你的份，最後，連專科學校也沒有你的份。你這樣說，不是為了營造文章「層層遞進」的語氣，而是照實描述，因為錄取的名單當時就是這樣一批一批先後公布的。總而言之，幾乎你所有的同學都榜上有名，連經你輔導的最差的一個印尼僑生（你是班上的課代表，有責任輔導成績差的同學），數學期末考只考了九分的李 XX，都被錄取了。但你終於沒有聽到宣讀自己的名字。那個時候，省實驗中學的高考升學率幾乎是百分之百，考不上任何大學（包括專科）的簡直就是異數中的異數，而偏偏就被你碰上了。

你在床上躺了三天三夜，不吃不睡，總算沒有發瘋。上大學的夢破滅了，諾貝爾獎的夢自然也跟著醒了。你從來不服輸，這一次服輸了。

你這一輩子注定跟諾貝爾獎無緣，去他媽的！

還好，武昌實驗中學的何校長非常愛才，留他在學校當老師，這樣，一個高中畢業生，居然成了初中教師，只有十八歲，而學生們十三、四歲，兩個僑生二十歲，他還是成為學校最受歡迎的老師，直到文化大革命爆發。這個時候，他被打進牛鬼蛇神之列，領頭鬥他的就是他最喜歡的學生。他「兩進牛棚，被囚三載」，這一段經歷唐教授寫得虎虎有神，異常精采，很多段落都想引給大家看。但想引述的段落又都很長，建議大家自己看，從〈一夕成名〉直到〈烏龜孫〉，共六篇，特別是前三篇。

文革結束，恢復高考，唐教授理所當然考上了武漢大學中文系研究所，而且是第一名。不久，在台的父母終於找上他，想把他弄到美國讀書，所以他以最快速度畢業，成為大陸改革開放後第一個獲得碩士學位的人。

我本以為，唐教授在美國一定過得幸福又快樂，哪裡想得到，在美國是他一輩子所遇到的最大難關。他雖然進了哥倫比亞大學，但必須重新從碩士讀起，而且必須在不到一年的時間內通過本校美語進修班的第十級，才能進研究所就讀，而他當時的能力只在第四級。他父母顯然都是清官，在經濟上不能給他多大的助力，他只能住骯髒破爛的貧民窟。「一棵四十歲的大樹連根拔起，栽進一片陌生的異鄉土地，一切都不一樣，一切都重新開始，舉目皆是異類，開口幾同白痴」，「頓頓三明治，天天ABC，也讓我精疲力竭，胃口倒盡」，在重重的壓力下，他得了憂鬱症。下面要引的這段文字很長，但我認為這是表現唐教授的個性與毅力的最重要的一段，是絕對需要的：

> 那天正深秋，下了地鐵，在哈德遜河邊蕭瑟的秋風和枯黃的落葉中走回寓所，滿身是疲憊，滿心是淒涼。上得四樓，發現靜悄悄的，原來我是第一個回來的租客。從過道裡走向我自己的房間，好像穿過一間空蕩蕩的鬼屋，只聽見自己的腳步聲在背後踏踏地響，心裡湧出一股莫名的恐懼與悲涼。推開門，把書包放下，脫掉外衣，抽出一層五屜櫃，準備換一件衣服。突然，一件奇怪的事情發生了，我發現自己已經不能動彈，我取出了衣服，卻沒辦法把抽屜再關上，甚至連把衣服套在身上的力氣都沒有了。我並沒有感冒，沒有發燒，頭也不痛，四肢都健全，但就是不能動，身體彷彿只剩下了一個軀殼，所有的肌肉、血液和精氣神，都從這個軀殼抽乾了。這個軀殼現在彷彿是一個蠶蛻，意識倒還在，但這意識無法指揮自己的手腳。我沒法判斷到底發生了什麼事，一滴眼淚從眼睛裡流了下來，然後是第二滴，第三滴，然後就不停地流，流得滿臉都是淚。一個空殼子就這樣留在了地板上，一分鐘，兩分鐘，五分鐘，十分

鐘，半個小時，一個小時，一個半小時。窗外暗下來了，夜色落了下來，這個殼子還在地板上。我想，我大概永遠起不來了，我大概會這樣死去。

這樣的唐翼明竟然能活了過來，並且在四十九歲（一九九一）時拿到哥倫比亞大學博士學位（我比他小六歲，得到博士——一九八三——比他還早八年），真是令人驚異。在我身旁，我曾看到一些朋友、親人、學生得憂鬱症，有一段時間我的一些同事也懷疑我得了憂鬱症。一個人在情緒最低潮的時候，不靠堅強的意志力和旺盛的生命力是很難重新活過來的。許多憂鬱症患者以自殺了結一生，就是因為不能克服內心的軟弱。唐教授寫憂鬱症的那三篇，值得一讀再讀。

就是因為有了這樣的經歷，唐教授終於頓悟，並且在六十多歲時終於看開一切，毅然退休，回到自己念茲在茲的武漢，過起自己喜歡的生活。他退休後寫過一首詩：

退休歲月自悠長，日上三竿懶起床。
最是平生愜心處，讀書不再為人忙。

看得真是令人羨慕。本書自序的最後一段話我也很喜歡，抄錄如下：

我愛武漢，我愛長江。長江曾經激起我青春時代對美好未來的展望，磨礪我中年時節百折不回的鬥志。現在到了晚年，我居然擁有一段長江，「子在川上曰：逝者如斯夫」，她時時警醒我加倍珍惜不多的餘年，鼓勇前行，繼續趕我的路。是的，我知道，遠方還有更神奇更壯闊的大海。

說到底，我最佩服唐教授的還是他決定選擇自己的喜好，走自己的路，迎接人生最後的一段輝煌。這正是我目前的理想，我已決定在不久之後也跟著他的路子走。

在我看來，這本書有兩種讀法。一種是，把它當一九四九年到一九八〇年的大陸社會史來讀，因為它雖然以唐教授自己為中心，卻也寫了不少當時湖南鄉下及武漢的生活狀況。唐教授雖然吃了很多苦，但他要寫的是過程，而不是像傷痕文學那樣的只是揭露。譬如寫文革那一段，就好像是寫一個客觀的社會現象，只不過被鬥的主角剛好是他。這一點是很了不起的，他沒有把自己經歷的痛苦，當作多大的冤屈來控訴。

這得歸之於唐教授獨特的人生觀。他說，把筍子切成兩半，可以看到一層一層的筍節，這些筍節長成竹子以後，就決定了竹子會長成多少節，這是竹子天生的本質。但筍長在哪一種地面，是好的還是壞的，就會決定竹子長得高大還是矮小。每個人的一生就像這樣，長在哪一種地面自己是不能選擇的，這是客觀環境，你只能認了。我覺得唐教授還有言外之意，人跟竹子到底不一樣，竹子長的地面決定了它的高大或矮小，但人卻可以憑自己後天的意志和努力從不良的環境中把自我發展得更充實，更全面，要不然，貧窮之家怎麼能夠出現這麼多傑出的人才。但人也不要太自負，畢竟人還是受了環境的限制，努力是要努力，但同時也要「知其不可奈何之處」，承認自己不是無所不能，這就是孔子所說的「命」。我覺得這是這本書另一項價值所在，唐教授以自己具體的一生，表現了中國傳統儒家最健康的人生觀。這樣的人生觀既有其能動的積極性，又有其收放自如的彈性，最後接受了「天命」，安心的選擇了「自己」，不隨大流，不準備隨時修改自己，以便向「成功者」靠攏。這樣的人生觀我完全認同，所以讀起這本書來，好像拿自己的經歷在作檢證，並因為唐教授常常說出我心裡的話而倍感親切與感慨。

我五十五歲退休的時候，喜歡讀劉禹錫的詩。劉禹錫是個大才子，二十二歲（虛歲）就考上進士，三十四歲就當上屯田員外郎，標準的少年得志。但須臾之間從天上掉落，從此在巴山楚水的西南偏僻地區過了二十三年的貶謫生活，讓他的好朋友白居易為他感到不平，說他「詩稱國手徒為爾，命壓人頭不奈何」。但劉禹錫以五十三歲的高齡離開謫居地，卻說，「滄洲有奇趣，浩蕩吾將行」，好像少年人初次遊歷天下。他還說，「莫道桑榆晚，為霞尚滿天」，這比只活了四十幾歲的李商隱「夕陽無限好，只是盡黃昏」的衰颯，更讓人感到鼓舞。我最喜歡的是這兩句，「眼前名利同春夢，醉裡風情敵少年」，一切都已經看開了，但豪氣仍在，不輸少年人，就像唐教授所說的，「遠方還有更神奇更壯闊的大海」等待我們去欣賞。這樣的人生，實在太有意思了。

2012/3/6

目錄

序／呂正惠 I

上輯

我擁有一段長江 3
筍、竹、人 7
算命 10
上學的路 15
在老家的最後一個除夕 19
抓魚摸蝦的樂趣 22
鄉下孩子的點心 27
鞋子與潛意識 32
妹妹的死 37
伯父 42
蝨子 56
谷滿爹 60
皇帝夢 64
呆鷹嶺 69

抓麻雀	73
班主任	77
老校醫	80
諾貝爾夢	83
何校長	88
收潑油的老婦人	93
一夕成名	96
荒謬的剎那	103
當學生的腳踏在老師背上的時刻	107
一個耳光	112
黨司令	116
烏龜孫	121
人生的灘頭	125
茶壺是方的還是圓的	128
全力以赴過灘頭	132
走進武大	137
關於外語	140
買衣啓示錄	145
到美國去	149
空前絕後的碩論答辯	155
走進哥大	159
關於憂鬱症	164
再談憂鬱症	168
三談憂鬱症	174
美的記憶	180
水餃生涯	184

一個進不了天國的基督徒 187
沒有我不肯乘的飛機 191

下輯

人生的馬車有兩根轠繩 197
人是一隻蜘蛛 200
生命的品質比生命的長度重要 203
人生不可規劃 206
人生不可不立志 209
論朋友 212
好德與好色 216
談送禮 219
論「淡泊名利」 222
論人之相處是處意見不是處身體 225
如何維持激情過後的婚姻 229
出名未必要趁早 233
如何賣自己 236
借不望還，施不望報 239
人不可自滿，但可以驕傲 242
我的人生八字經 245
寧作我 247
卸下面具作自己 250
豈爲小傷沮豪興——說病 253
博與專 260
在日本洗澡 264

每天都可能是你生命中的最後一天 269
學書片想 272
贈字與賣字 277
用點狀結構代替線性結構
——關於《閱江樓清談》答玉立（代跋） 281

上輯

我擁有一段長江

我可以說是一個東西南北之人。祖籍是湖南衡陽，但卻出生在耒陽，十五歲初中畢業後到了武漢，一住就是二十四年。一九八一年春去美國，前後待了十年。一九九〇年九月底去臺灣，到二〇〇八年退休，一共十八年。退休以後定居武漢，爾來又一年有半矣。

如果有人問到我的家鄉，我會回答說：武漢。不僅因為我在武漢待的時間最長，也因為想來想去我還是最喜歡武漢。我對武漢最熟悉，也覺得武漢最親切，我青年時代的朋友和學生也大半都是武漢人。雖然武漢刁蠻粗野的碼頭文化我不敢苟同，然而這刁蠻粗野的背後也自有一種機智俠義的底色，是我所欣賞的。

在地理上，武漢最特別的是她處於中心中國的中心。「中心中國」是我自創的一個名詞，指兩三千年來中國人口最密集、經濟文化最發達、中央政權控制最穩固的一塊地區，基本上也就是古人說的「三江」（黃河、長江、淮河）流域。從武漢坐飛機北到北京，南至廣州，東達上海，西抵重慶，基本上都在兩個小時左右。以武漢為中心，航程兩三個小時的這一塊地區，也就是我上面所說的「中心中國」。

氣勢磅礴的長江從唐古喇山山麓過關斬將奔騰而下，到了武漢，又大度地接納從古中原地帶流下的漢水，形成一片浩瀚汪洋的水域。兩江之間，夾著三塊富饒的土地，於是有了漢口、武昌、漢陽三鎮，共同組成中國唯一、天下無雙的雄偉的「大武漢」。位於世界第三大河的長江的中游，地處江漢兩江交匯之處，四周湖泊星羅密布，這無疑是武漢最優越、也最誘人的地方。

長江流經武漢的部分，常人都以為是自西徂東，其實真正住在武漢的人就知道這一段江水實際上是自西南流向東北，長江在這裏轉了一個大彎。正如李白形容安徽當塗的長江是「天門中斷楚江開，碧水東流直北廻」，武漢也一樣。所以武昌並非在漢口的南邊，而是在漢口的東邊。如果清晨你從漢口渡江去武昌，這旭陽正好迎面而起，照在波瀾壯闊的江面上，波光粼粼，令人沒法不感動。我在二十二歲的時候，有一次清早渡江，正好看到壯麗的日出，寫下一首《長江日出》的詩：

▲從你的陽臺上俯看長江和江灘公園／2009 年 5 月攝於武漢

萬里藍天一點紅，旭陽起自大江東。
金波浩浩千帆過，無限光芒滿穹隆。

那時候我還年輕，雖然已經嘗到了兩次高考落榜的苦果，但對未來仍然充滿著無限的希望。英銳勃發之氣，洋洋溢乎詩中。十年之後，我嘗到了更多的苦果，文化大革命將我打進牛鬼蛇神之列，兩進牛棚，被囚三載，又是長江激發了我絕不低頭、絕不向命運屈服的勇氣，一九七五年我寫了一首《長江遠眺》的詩：

蒼茫天地闊，開闢一江流。
百折氣未滅，丘山空阻留。

「百折氣未滅」，這是長江給我的啟示，也是我自己給自己寫的座右銘。

我愛武漢，因為在武漢，我可以常常有長江做伴。所以退休以後，我不僅選擇在武漢定居，而且特別在漢口長江邊上買了一套公寓。這公寓在十六樓上，正好面對長江，過了馬路就是江灘公園，所以再不會有任何建築在我的公寓面前矗起。我可以在公寓裏常常俯瞰著浩浩蕩蕩的江面，我因此將它命名為「閱江樓」。

我的公寓有一個大陽臺，這陽臺有將近四十個平方米，是我最喜歡的地方。清晨，可以目睹旭日東昇，金波浩蕩，舟楫往來，朝氣勃勃。入夜，對岸是萬家燈火，圓月初上，令人想起蘇東坡的《赤壁賦》。想起「月出於東山之上，徘徊於斗牛之間」。想起「江上之清風，山間之明月」。真有一種「浩浩乎如馮虛禦風」之感。白天坐在陽臺上，入目也盡是美景。如果是春天，你看著江上舟橋如畫，岸邊垂柳成行，江灘公園繁花似錦，燕飛鶯鳴，你會知道「春和景明」到底是什麼模樣。如果是深秋，你看到長空一碧，突然有成百隻的大雁排成人字，越江而去，你會想起王勃「雁陣驚寒」之語。即使沒有雁陣，只有幾隻水鳥，你也會想起「落霞與孤鶩齊飛，秋水共長天一色」的名句。

我愛武漢，我愛長江。長江曾經激起我青春時代對美好未來的展望，磨礪我中年時節百折不回的鬥志。現在到了晚年，我居然擁有一段長江，「子在川上曰：逝者如斯夫」，她時時警醒我加倍珍惜不多的餘年，鼓勇前行，繼續趕我的路。是的，我知道，遠方還有更神奇更壯闊的大海。

2009、9、22

筍、竹、人

我的老家多山，山上多竹，清明時節去上墳，帶一把鋤頭，順便就可以挖一簍筍帶回來，一點都不費力。長出地面高過五寸的筍，通常是不要的，因為已經不夠嫩。但孩子們卻喜歡，可以拿來做玩具，用小刀小鋸在上面雕很多花樣。若要吃，就要選那些剛冒出地面不久的筍，當然最好是完全沒有冒出地面的筍。挖這樣的筍，要憑經驗。筍尖快要冒出地面的時候，地面會出現一些小小的裂縫，挖筍經驗豐富的人，憑這些裂縫就可以判斷下面有沒有筍，多大的筍，大概要挖多深才合適。這樣的筍鮮嫩無比，用水煮一煮，撒一點鹽，連油都不要放就香甜得很。

以上說的是春筍，但真正珍貴的是冬筍。冬筍則完全長在土裏面，還沒有開始抽芽，所以不會把地面頂出裂縫來。因而要找到冬筍是一件極難的事，全憑老到的經驗，還加上幾分運氣，才有可能挖到。冬筍之鮮嫩，又過於春筍，是有資格被稱為山珍的。吃冬筍的時候，往往是先一層層剝掉筍殼，然後再從正中一刀切下去，把一個彎彎的筍子破成兩半，然後再切絲或切片，就看你的需要了。

我小時候，最喜歡看破成兩半的冬筍，那樣子很像廟裏求神的竹卦，只是竹卦是老的，冬筍是嫩的罷了。令我最好奇的就是那些筍子裏面，一層一層密密麻麻排著的筍節，看起來有點像一把梳子。雪白細嫩的筍身，加上這一排一排疊著的、微微帶點波浪形的筍節，不需要再加任何的雕琢，就是一件絕妙的藝術品。

鄉下孩子沒有什麼玩具，樹根瓦片就是他們的玩具。兒時的我，最喜歡的玩具，就是這樣切開的冬筍，或到春天用長出地面的筍子雕成的各種小器具。我常常會坐在桌邊，擺弄這些筍子，久久地觀察它們。讓我最愛不釋手的還是那如梳子一樣的冬筍。我覺得沒有一樣植物的根（也是芽）能夠長得如此之玲瓏剔透，細密生動。我常常用手扒開那些竹節一片一片地數，看它到底有多少節，發現每只筍的筍節都不一樣，十幾節，二十幾節，三十幾節都有。

上了中學以後，不知道從哪一本書上讀到（或者就是《植物學》吧，我讀初中時有這一門課），這冬筍的節數也就是它以後長成竹子的節數，如果筍子是三十節，長成竹子以後，就還是三十節，不多也不少。所以由筍的節數就可以算出它長成竹子以後大概有多高。比方說三十節吧，成竹以後，每節一尺，這竹子就是三丈高。如果只有二十五節，那麼長大後它就只有兩丈五。所以竹子的高矮在它長成筍以後就已經大致確定。我說「大致」，因為這只是粗略的說法，實際情況卻沒有那麼簡單。因為每一節能長多高，雖然有一個基本的範圍，卻不是十分精確的定數。如果營養、陽光、水分都很充足，那每一節就會長到它本應長到的高度。但如果營養、陽光、水分，有一樣不夠充分，每一節就長不到充分的高度。如果三者都不足，每一節的長度就會更短。所以這竹子的高度還要取決於它長在什麼樣的地方，有什麼樣的土壤，是肥是瘠，合不合適；長在什麼樣的年份，是旱是澇，缺不缺水；長在什麼樣的環境，根能不能充分地伸延，枝葉能不能充分地舒展，周圍有沒有其他的巨物遮蔽陽光。還有許多我們沒有細估的其他因素，例如蟲害、人害（砍伐、移栽）、山火、雷電……所以一個成竹的高度從筍子的節數可以大致判斷，卻不能精確算定。某些極端的情況甚至可以導致巨大的差別。例如我們家鄉常見的楠竹，如果長在一片肥沃的土壤中，生在一個風調雨順的年份，又得到充足的陽光照射，並且沒有意外的災傷，最高可以長到七、八丈。但如果你把這樣一棵竹苗移栽到一個瓦缽裏，放在案頭上，就算你精心照顧，大約也只能長成高不滿三尺的小侏儒。

作為一個生命，竹子的最大願望就是充分發揮它的生命潛能，把每一節都長到最粗最長最壯，每一片葉子都長到最圓滿最蒼翠。這樣的竹子就叫做完成了自我、實現了自我。至於一棵竹子究竟有沒有機會「完成自我」、「實現自我」，一部分取決於這顆竹子生命力是否強旺，一部分則取決於外在的因素，如我前面所提到的。一棵竹子，憑著它的生命本能，努力向上成長，它大概不會想到，它對森林有什麼貢獻；但是顯然地，一棵實現了自我的竹子，對於森林的貢獻無疑比一棵沒有充分實現自我、甚至半路夭折、或者長成侏儒的竹子要大。這是不用懷疑的。

人也就是棵竹子。

2009、6、29

算命

你向來不喜歡算命，因為你雖然相信命，卻不相信宿命。你覺得人的一生（你當然也可以推而廣之到家、到國，甚至到世界、人類）有一定的軌跡，這個軌跡是由無數因素形成的，而這些因素大多非主觀意志可以預測、可以掌握，面對這無數因素所構成的軌跡，一個個體的人，除了接受以外，別無他法。這就是你所理解的命或命運。這種態度接近莊子所說的「知其不可奈何而安之若命。」（見《莊子》〈人間世〉與〈德充符〉）這也接近佛家所說的「因緣」，即萬事萬物皆因各種因素際會交織而成，而這些因素不是人所可以掌控的。這種思想也跟儒家不矛盾，孔子是相信命的，尤其是天命，你認為孔子所說的命或天命也是這種由無數複雜而難以掌控的因素所構成的特定軌跡，因而不是個人的力量所可以改變的。因為複雜深奧，所以孔子不常提到命，所謂「子罕言命」，但是他確定這個命是存在的，所以說自己「五十而知天命。」又說「不知命，無以為君子也。」而且他也確定個人的力量無法改變由一定因素所構成的軌跡，所以說「公伯寮其如命何。」又說「道之將行也與，命也；道之將廢也與，命也。」但是你不相信有什麼宿命，即一個人一生下來就有某種神秘的主宰，把他一生的軌跡已經制定好了。其實原始的儒家和道家也並不認為有什麼預定好的宿命，孔子從來沒有講過什麼宿命或與宿命意思相近的話（「死生有命，富貴在天」，這話並不是孔子講的，而是子夏講的。而且「死生有命」的「命」，

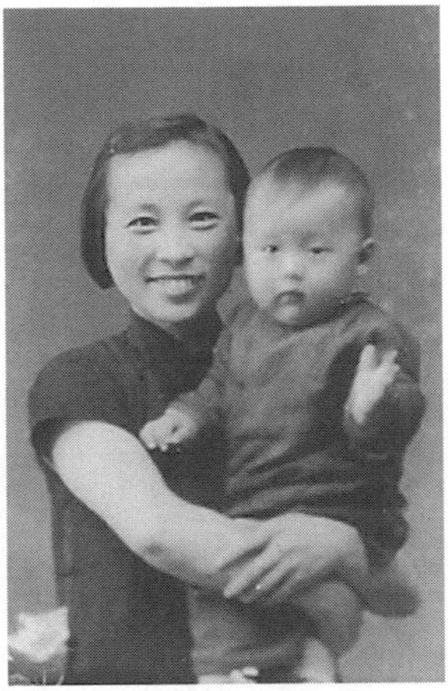
▲一歲的你和你的母親／1943 年左右攝於湖南

也並不一定要理解成能夠活到多少歲是先就定好的，而應該理解為生死的問題不是你可以主觀控制的），老子、莊子也沒有說過。至於佛家你沒有什麼研究，不敢妄論，對佛家你只取其「因緣」之說，至於民間所講的「因緣前定」是你所不取的。

因為相信命，所以你相信人生不可規劃，你相信三分人事七分天，你認為如果努了力而失敗，不必過分自責，而倘若功成名就，也無需洋洋得意，貪天之功以為己有。而因為你不相信宿命，所以你從不放棄努力，從不懈惰，因為那構成命運軌跡的因素也有你自己努力創造的因素在內，同時，因為你不相信宿命，也就不相信算命，因為沒有一個現成的命可以算。那由無數複雜而微妙的因素所構成的生命的軌跡，既然非個人的力量所可以掌控，那也就沒有任何高明的人，可以預先把它分析出來。

但是世界之大，無奇不有。人的理解力是有限的，人對宇宙所瞭解的部分跟所不瞭解的部分相比，可說是微乎其微。所以你雖然如此理解命和命運，卻不敢說對自己的信念一絲懷疑也沒有。你至少親自碰到過兩樁事情，確乎有點神秘，似可反證你前面所說的觀點，好像真有所謂「宿命」這種東西。

第一件事是你母親告訴你的。你母親青年時代是一位很前衛的女性，是你們家鄉第一個受過師範教育的女子，是你們縣裏第一個無線電廣播員，是你們省裏第一個女性國民黨省黨部委員，而且是最年輕的委員。二十出頭便作了小學校長。她說她也從來不迷信，卻有一次偶然被幾個好友拉著去算命，那算命先生開口便說：「你有兩個兒子，腸胃都不好。」那時你跟你弟弟正在拉肚子，這讓你母親吃了一驚，有了好奇心，便聽他講下去。那算命先生居然說：「你大兒子命大，就是把他丟到『陋棵子裏』（你們家鄉土話，就是荊棘叢裏的意思），也會長成人。小兒子呢，恐怕得出撫（即送人當養子之意）才行。」你媽媽說她當時聽了又好氣又好笑，我的兒子怎麼會丟到陋棵子裏？我的兒子又怎麼可能送人當養子?! 的確，那時你父親是「蔣總統」的機要秘書，不算侯門，也算清貴之家。這種事情，似乎很難想像。然而稀奇的是，一年後，這位算命先生的話就不幸而言中。你居然被丟到鄉下去放牛，砍柴，挨打，挨罵，受凍，挨餓，只差一點沒當了乞丐。不過你也真活過來了，後來又經過許多磨難，也一直沒被打倒，像個打不死的程咬金。而你的弟弟也終於不得不送給人去撫養，改名換姓。幸而如此，他活下來了，還活得不錯。而你那個沒有送人的妹妹，卻因一場小小的痢疾便送了命。你母親說，她至今想不通，那算命先生為何如此神奇？

第二件事情發生在你自己身上。那是一九六〇年的初冬，一個寒風蕭瑟的晚上，幾個朋友在街上閒逛，碰到一個擺地攤的算命先生，大家起哄拉著去算命。輪到你的時候，那算命先生說：「你這個人啊，現在是龍游淺水遭蝦戲，虎落平陽被犬欺。」這幾句話讓你窩心，竟然來了興趣。那一年高考剛過，你以全省最優秀的中學，又是這個中學裏大家公認的好學生，卻名落孫山（你後來知道，當年你高考的成績是全湖北省第二名），滿腹懷才不遇，這位先生剛好說中了你的心事，於是你便聽著他繼續說下去。其中有幾個要點你至今還記得很清楚：第一，說你二十五六如逆水行舟，凡事有損；第二，說你年過四十將改換門庭，大吉大昌；第三，說你將有三男二女送天臺；第四，說你會活到七十二歲。

你現在不得不承認，至少前面兩條大抵沒有說錯。按中國傳統的算法，你二十五六也就是文革開頭的兩年，那正是你大倒其霉的時候，說凡事有損，實在一點也不過分。而一九八一年你去美國留學，那時你剛滿三十九歲，按傳統算法則是四十。此後拿到博士當了教授，「大吉大昌」雖然說不上，說「改換門庭」還不至於離譜。至於後面兩條，也不能說十分荒唐，只不過是尚有待驗證而已。你現在有兩個兒子，一個女兒，並無婚外子女，要在七十二歲之前再生一兒一女，看來可能性極微。除非認個養子養女也算，那倒還有可能。至於死於七十二歲，那就只能「不予置評」了。不僅你自己，而且任何人，都無法斷其必否。你現在已經滿了六十七，按傳統的算法已經是六十八歲，如果這位算命先生真是無比神奇，那麼你就只剩下四、五年的生命了。

以你的理智和對命的看法，你沒法相信這種鐵口。如果命運不是宿定，又如何能夠預言呢？即使退一萬步講，真有這種莫名其妙的宿命，那就是愛因斯坦也算不出來，而這位算命先生居然就能夠算出來？難道《奇門遁甲》、《麻衣相法》、《推背圖》、《燒餅歌》當中，真有比$E=MC^2$更深奧的公式嗎？我們的祖先真是如此偉大嗎？再退一萬步，就算有這種宿命，且有神奇的公式可以算出，那麼我們知道了又有什麼好處呢？如果是富貴命、長壽命，那就可以不奮鬥、不努力、不愛惜、不鍛煉身體了嗎？如果是貧賤命、早死命，那就該怨天尤人、自甘下流，甚至早早了斷嗎？看來還是不要知道的好。

所以你不喜歡算命。即使有某些巧合，做飯後談資則可，認真把它當回事則沒有必要。即以壽命而言，你自然有可能剛好活到七十二歲，但也可能活不到，也有可能活得更長，不必膽顫心驚，也不必斤斤計較。不過你倒是認認真真地告訴自己，你的時間可能不多了，你得更認真地、更積極地活。要做的事（包括享受）趕快做，能今天做的就不拖到明天。還有，這些事必須是你喜歡做的事，也有能力做的事，而且是你真想做的事，因為你沒有時間浪費了，你更沒有時間去委屈自己敷衍別人了。你向來討厭說套話、做鄉愿，現在更是一句套話也不願說，一次鄉愿也不想當，你已經沒時間演這些無聊的戲碼了。

2009、8、18

上學的路

你上中學的第一課，是開學前在路上上的。這特別的一課讓你一輩子都忘不了。

那是一九五四年八月下旬的某一天，你跟著一個不知名的陌生人，走向一個你連地址都不知道的學校。從天剛濛濛亮，一直走到紅日西落皓月當空，一共一百一十里路。但是你辦到了。

那個時候你十二歲，你住在湖南衡陽一個名叫金溪廟的小山村。那一年，你們村裏只有你一個人考上了初中。你本來是沒有可能去上的，因為你沒錢。你是一個準孤兒，說「準孤兒」，因為你還是有父母，但父母遠在臺灣。按照那時的術語，你是所謂的「外逃反革命份子的子女」。這實在比孤兒更可怕。你之所以去參加考試，不過是不服輸而已，其實你知道，就是考取了，你也不可能去念的。

你還記得那一天參加考試的情形。那是兩個多月前，考試的地點在三十里外的渣江鎮。所以你也是天濛濛亮就起來了，因為三十里路要走四個鐘頭，考試是十點鐘開始，所以你至少五點半就動身了。雖然是夏天，天亮得早，可是因為在山裏，所以太陽還沒有出來。考兩場，一場語文，一場算術。十二點鐘考完，你再走四個小時回來。到家的時候，太陽已經偏西了。從五點半到下午四點半，你還沒有吃過一口飯，喝過一滴水。你回到家門口的時候，你的伯父正在織畚箕，他抬起頭來，冷冷地看了你一眼，一句話也沒有說，又繼續低下頭織他的畚箕。你早已經習慣了這樣的冷遇，這樣的饑餓跟勞累在你也並非頭一遭。你無人可以哭訴，你也不再感到委屈，但你慢慢地下定決心，無論如何你是不會一輩子在這個地方待下去的。

放榜了，你居然考取了，而且是全村唯一的一個。你覺得出了一口氣。上不上學這個問題你懶得去想，想也沒用。可是事情很奇怪，偏偏有人出來幫你的忙。這個人不是別人，就是你們那個鄉的鄉長。一天他把你叫去，說，唐翼明啊，我們村裏只有你一個人考上了中學，你想不想去念啊？你跟他其實很熟，因為在土地改革時，他是土改工作隊的一個隊員，是一個讀了幾年書的小知識份子。他那個時候負責丈量土地、分配財物。你老是跟在他的後面幫忙，牽皮尺，量長短，還幫他計算面積。他那時也不過十八九歲，看來他的階級鬥爭意識並不強，居然很喜歡你這個「狗崽子」。所以你也不怕他，就回答他說，想啊，可是哪裏有錢去念咧？他說，我告訴你啊，唐翼明，你媽媽現在在香港，你可以讓她寄錢來啊，這個我們政府是允許的，因為你現在等於是個孤兒，你媽媽寄點錢來還可以減輕我們國家的負擔。你說，我怎麼不知道有個媽媽在香港？他說，你媽媽還寄過錢和信給你伯父的。你說你伯父從來沒講過，再說你也不知道媽媽的地址，即使要寄信也沒有地方寄啊。他說，等等，土地改革的時候，我們扣了幾封你媽媽的信，我找找看。過了一會兒，他果然從一個櫃子裏找出幾封信。看，這不是！你把地址抄下來，他說。你後來果真就照那個地址寄了封信到香港，你很快就收到母親寄來的信跟錢。可以上學了，你喜出望外。你後來常常想，你生命中雖然充滿了戲劇性的波折，但好像每當重要的關口，總有貴人出來幫你的忙。這個鄉長就是你生命中遇到的第一個貴人。可惜事隔多年，你現在連他的名字都忘記了。

有了錢，你可以上中學了。那個錄取你的中學叫衡陽縣私立新民中學，聽說在離你們鄉下一百一十里一個名叫呆鷹嶺的地方，那地方離衡陽城很近，只有十來里路。但是要怎樣才能找到這個呆鷹嶺呢？這你可就茫然了。沒有人能幫你的忙。你的伯父不理不睬。因為他有一個兒子跟你一樣大，既沒有考上，也沒有錢去念。他看著你居然可以去念中學，已經窩了一肚子氣，還會管你嗎？你只好到處問人。幸好有一個「高人」指點你，說，我們村子中間那條小河旁邊的石板路是通城裏的，有些小生意人常常從鄉裏收些雞蛋、山果挑到城裏去賣，賣的錢換些針線布頭又挑回來，跟農婦們交換雞蛋，這樣來來往往謀些小利。這樣的小生意人都要一大早出發，經過那條石板路。你可以起個大早，天沒亮就守在路邊，看到有這樣挑擔子的人過來，問他是不是往城裏去的，如果是，你就跟在他後邊走，就會走到你們學校了。

你那個時候膽子還真不小，果然就照著這個人說的辦——其實你不這樣辦也不行，沒有別的辦法。總算你運氣好，那一天，天還沒亮，你守在石板路邊，果然被你等到了一個這樣的人。於是你就跟在他的屁股後面走。你很快就發現，走還不行，得跑，因為挑擔子的人邁的步子比走路的人大，他又是大人，就是不挑擔子，你也很難跟得上他。現在他被擔子壓得不能不邁大步，你為了不被丟下就只好小跑了。你知道萬萬不能被丟下，因為不跟著他你就走不到學校。八月的太陽像火一樣，你汗流浹背。這還不打緊，麻煩的是，你很快就流起鼻血來了。你小時候火氣大，鼻子經常流血，所以你倒也並不害怕。先是一邊流血，後來兩個鼻孔都流血，連呼吸也困難起來。那挑擔子的人也發現了，他可憐你，把擔子放下來，帶你到一口井邊，用井水澆你的後頸脖，血才慢慢停下來。他問你為什麼要跟著他跑，你這個時候才有機會把原委講給他聽。那漢子竟然露出一臉佩服的樣子，說你將來要中狀元。他請你吃了一頓中飯。吃飯後休息了一會兒又跟著他跑，太陽快下山的時候來到一個岔路口，他把擔子放下來，指著那條岔路對你說，奶仔（讀奶吉，你們鄉下的土話，指男孩），你從這條路往前走十多里，就到了呆鷹嶺了，我還要繼續走那條路到城裏。分別的時候他好像有些依依不捨，說，不要怕，你這個奶仔有出息，將來中了狀元不要忘了我啊。你點了點頭，就背著你的包袱往那條岔路走去了。心裏想，又遇到一個好人。你現在已經忘了當時走了多久，什麼時候到的學校，只記得第二天早上起來，兩條腿都腫得好大。

這就是你進中學前上的第一課。你從此知道，人生的路是要靠自己走出來的。你也從此知道，這個世界上到底還有好人，只要你自己努力，總會有人肯幫你的。

2009、7、2

在老家的最後一個除夕

你記得你在老家度過的最後一個除夕是一九五四年的寒假，到現在已經五十五年了。那一年秋季，你進了縣裏的一所私立中學，叫新民中學。學期結束以後，大家都背起被包（被包的「被」不是別字，確實就是被子打成的包，現在的小孩大概很難想像了）回家過年。你似乎也沒有別的選擇，便也背起被包回到了一百一十里外的老家金溪廟。迎接你的還是伯父伯母那兩張冷臉，你雖不覺得愉快，但也沒感到意外，一切都很自然。他們有一個跟你一樣大的兒子，卻沒有上學而留在家裏種田。你不能指望他們有好的臉色給你。

不久就到了除夕，那一年，政府分配每一家農民兩斤豬肉過年。除夕那天早上，家家戶戶都派一個人到小鎮上去領肉，你的伯父便派了你跟你同齡的堂弟一起去。堂弟領他家的肉，你則領你家的肉。

你不是住在你伯父家嗎？怎麼會有一個自己的家呢？但這是確確實實的。在法律上的確如此，雖然說起來有點滑稽。

一九四九年春天，當你父母叫保姆護送你們兄妹三個到老家交託給伯父的時候，你伯父家一下就從四口人變成了七口人（伯父家除了堂弟以外，還有一個比你大幾歲的堂姐）。一九五一年土地改革的時候，按當地的標準，平均每個人擁有二十畝以上的土地，才算地主。你伯父家大約有八十多畝地，七個人平均下來，頂多算個上中農，達不到地主的標準。但是當地一些農民卻眼紅你伯父家的土地和財產，如果不能劃成地主，他們就不能瓜分這些土地和財產。土改工作隊便想出了一條妙策，把你跟你弟弟和妹妹（那時你弟弟還沒有送人，妹妹也還沒有病死）三個從伯父的戶口上劃出來，另成一戶，理由是這三個小孩年紀很小（的確是很小，你那時九歲，妹妹七歲，弟弟四歲），而且剛回老家不久，沒有參與剝削，所以不應劃為地主。這樣，伯父那八十多畝地，除以四，剛夠地主標準，也就可以分田分財了。我們這一戶則因為名下沒有土地，便成了貧農。這件事讓人哭笑不得。一個國民黨高官的兒子，理應是「狗崽子」，現在卻有了一個「貧農」的光榮稱號，雖然這個光榮的稱號除了讓你們在土改時分到了兩畝七分地（當時你們家鄉土改時每人分田九分）和一間屋子（那屋子本屬於你伯父）以外，並沒有給你們帶來任何好處。

不過，在年關分肉時倒可以沾一點光，因為你也可以分到兩斤肉。那時候你弟弟已經送人，妹妹已經去世，你拿了這兩斤肉當然是交給你的伯父，這樣你伯父一家就有了四斤肉，比別人家裏多出一倍。你伯父想來對這一點應當是滿意的。可是你怎麼也沒有料到，這件事卻給你帶來了極大的羞辱。當你把這兩斤肉交給伯父的時候，你伯父把肉拎起來，對著窗戶射進的陽光仔細瞧了瞧，馬上就一臉怒容，破口大罵：「你這買的什麼肉？這裏面這麼一大塊骨頭你都沒有看到嗎？你連選肉都不會選嗎？」他接著說出了你第一次聽到，然後也一輩子忘不了的八個字，他說：「『人不為己，天誅地滅』，你連這個也不知道？」他拎著那塊肉，對著你的臉甩過來，說：「你馬上給我去換！」你是一個自尊心很強的小孩，你無法接受這件在你看來是極丟臉的事，所以你堅決拒絕去換。你伯父惱羞成怒，連著打了你幾個耳光。你也惱羞成怒，提著這塊肉頭也不回地出了門。你伯父以為你去換肉，你卻把肉掛在門前禾場的樹丫上，你就坐在旁邊的禾草堆裏，再也不回去了。羞辱、委屈、憤慨、傷心，連同身世之感、父母之思，從四方八面湧來，兩行熱淚在朔風中漸漸變冷，快要結成冰了。你堆起一堆柴禾，燒起一個火堆，你下定決心，這個除夕就在禾場上過了。夜色越來越濃，朔風越吹越帶勁，肚子餓得發痛，身上冷得發抖，但你的自尊心和你倔強的性格使你寧可凍死，也不肯再回去。你燃起的火堆終於引起了鄰居的注意，一位大嬸走過來，問你原委，歎息著說：「可憐的奶仔，走，到我家裏去。」結果那一年的年飯就是在她的家裏吃的。那一個晚上，你也睡在她的家裏。你在床上翻來翻去，一個主意在你的心裏打定了：明天就回到學校裏去！而且永遠再不回來！不論前面等待你的是什麼，哪怕刀山火海，你也絕不回頭，再不回到這個叫做金溪廟的老家了。

你做到了。五十五年過去了，你沒有回過老家一次。那裏的山水其實不錯，但就是不曾出現在你的夢中。

其實你早就寬恕了你的伯父。自私、愚昧，本是人的常態，何況是一個在土改中被打成地主的人。事實上，你甚至很感謝他，不是他那幾個耳光，你不會這麼憤然地勇往直前，略無回顧，不停地往前衝，衝向武漢，衝向紐約，衝向臺北。你就是在那野蠻的耳光打得你兩眼金光直冒的那一刻，下定了決心，走！能走多遠就走多遠！去尋找一個文明、自由的世界！

2009、7、8

抓魚摸蝦的樂趣

我一九五五年早春離開老家，至今五十五年了，再也沒有回去過。而且也並不想。因為除了屈辱與痛苦外，老家實在沒有給我留下什麼好印象。日前友人邀酌，去的地方靠近長江邊，號稱「江蝦江魚第一家」，侍者端上一盤油炸的小魚小蝦，我突然想起小時常吃的泥鰍，一問之下竟然沒有，令我大失所望。由此想起老家的一些好處來。

我的老家在湘南丘陵地帶，農作物以水稻為主，不僅青翠的丘陵間是一方一方的水田，而且不高的山坡上也常常像疊餅一樣的堆起一灣一灣的梯田。雖不及廣西苗家彝族的梯田（例如龍脊梯田）那麼雄偉壯觀，卻也具體而微。這大大小小各式各樣的水田不僅是家鄉老百姓的主食來源，也是他們的副食產地，並且也是孩子們的樂園。春天插秧的季節，一望是無際的青苗，微風吹過，綠波蕩漾，令人想起陶淵明的「有風自南，翼彼新苗」的詩句，固然是美景無限。到了夏天，苗高齊胸，穀穗新熟，又給人一片欣欣向榮的感覺。秋天稻熟，一片金黃，豐收在望，衣食有著，自然更令人興高采烈。即使到了冬天，田裏只留下一片稻茬，也有一股自然瀟灑之美。不久就準備春耕，畦畦水滿，漣漪成文，則又是一番充滿希望的景致。

少年時代的我，水田是最常去的地方，也是最喜歡的地方。春天最好玩的是撿田螺，夏天最好玩的是抓泥鰍，秋天最好玩的是挑蚌殼，冬天最好玩的是挑著松香燈啄小魚。這些樂趣，其實也都跟好吃有關。我們鄉下是很少吃肉的，雖然幾乎家家都養豬，但豬是用來賣錢的，自家只能在年終殺豬時留下一點點做年菜，百分之八十是要換錢，作添農具、買種子、購肥料之用。家家也都養雞，但雞是用來生蛋的，蛋也是要用來換錢的。除了招待貴客之外，自家也通常是不吃雞蛋的。要改善伙食，主要靠在水田裏撿田螺、挑蚌殼、摸魚、抓蝦。魚蝦蚌殼田螺味道鮮美，尤其是魚湯泡飯，極好下口，嗖嗖幾筷子，便全到了肚子裏。那是小時候的我極嚮往的境界。

撿田螺的季節最好是春天，當水田灌滿水還沒有插秧的時候。時間則必須選在清早，天剛濛濛亮，太陽還沒有從山後升起，這時候田螺們一個個爬出來躺在泥巴面上，在清水中吸納天地之精華。小孩們捲起褲腳，腰間綁著魚簍（一種用竹編的容器，口大頸小，肚子更大，形似梅瓶，不過是扁的），下到水田裏，只需彎著腰，把田螺們一個個撿到魚簍裏就行了。如果運氣好，一個早上撿個半簍子田螺是不成問題的。田螺的吃法是先用水煮，熟了以後用針把田螺肉挑出來，去掉前面的軟殼和後面的肚腸，再用紫蘇和水煮，即鮮美異常。如果不缺油，則炒食也可，另是一番風味。

抓泥鰍的最好季節則是夏天。稻子已經長高，正要抽穗或剛剛抽穗，田裏的水還是滿滿的，但太陽已經曬不到，泥鰍們最喜歡在略溫而陰的水裏游來游去。而且常常停在水裏不動，像一艘小小的潛水艇，孩子們輕手輕腳地下到田裏，看準了飛快地用兩手一捧，就可以抓住一條泥鰍放進魚簍。小泥鰍的吃法通常是用熱鍋乾煎，但如果泥鰍肥大（最大的可到十五公分長，兩個指頭寬），也可以用來水煮或汆湯，也以加紫蘇為好。聽說有一種最高級的吃法，是把泥鰍養在清水裏，兩三天之後待腸胃裏的雜質吐盡，再養在裝滿豆腐和雞蛋的盆裏，泥鰍在裏面穿來穿去，肚子裏灌滿雞蛋跟豆腐，再拿來煮食或氽湯，則其味鮮美可以想像。但這是大富大貴的吃法，農村的孩子哪有這種口福？我如今雖貴為教授，遊遍四海，嘗盡中西美味，獨獨這種食泥鰍的辦法仍未試過，至今以為憾事。不過我小時候卻跟我的娃娃朋友們發明了一種奇特的泥鰍食法，不見經傳，不見食譜，但確實令人難忘。那食法是鄉下野小孩比膽大的招數，城裏文明人可能不敢嘗試。辦法是先比賽抓泥鰍，大家下到水田裏，看誰最先一手捧起一條泥鰍來。接著是比吃泥鰍，看誰敢把手中那條泥鰍連水生吞下去。我那時常常是比賽的優勝者，靠的是眼尖手快膽子大，當那滑溜溜的泥鰍從嘴巴鑽進喉嚨，沿食管而下，真是「兩岸猿聲啼不住，輕舟已過萬重山」，泥鰍在胃裏扳它幾下，然後就安息了。這種吃泥鰍的辦法趣味勝過美味。後來留洋赴美，第一次吃日本人的「sashimi」(生魚片)，有些朋友不敢下箸，我卻毫無難色，因為跟小時候吃生泥鰍相比，這不過是小兒科罷了。

挑蚌殼的季節則最好是秋天割稻的時候。田裏的水已經放盡，蚌殼們害怕毒日，一個個鑽進泥巴裏，但卻在泥巴表面留出了一個個像女性生殖器那樣的小洞（恕我粗魯，但實在沒有比這更形象的比喻）。孩子們準備一根削好的竹片，很容易就可以將它們挑出來，往往是大人們在前面割稻，孩子們就在後面挑蚌殼，同時一邊拾稻穗，蚌殼稻穗都裝在腰裏系著的魚簍裏。運氣好的話，一個下午可以挑到滿滿的一簍，再加上一兩斤稻穗。蚌殼可以煮食，稻穗可以換麥牙糖，都是讓孩子們高興得合不攏嘴的事情。蚌殼的食法跟田螺差不多，也是先用水煮，待蚌殼開口，再把肉挑出來或炒或煮，味道不亞於田螺。到城裏之後，只吃過蛤蜊（此物臺灣尤多），但蛤蜊比起我們鄉下的蚌殼來實在是小巫見大巫。不僅個小，味道之鮮美也似乎不如遠甚。只有在歐美海邊常常可以吃到的mussel(據說即中國廣東人吃的蠔，也有人說不是蠔，而是青口，蠔的英文是 Oyster)差可媲美。

摸小魚的最佳季節則是冬天。要在夜裏進行，且必備兩樣工具，一是用鐵絲編的吊簍，裏面放滿上好的松木（即松油很多的那種）片，用火點起來不怕風吹，這樣才可以用來照見水田裏的小魚。另外一件工具，是在一個長條的竹片（竹片取其有彈性，木頭則不行）的頂端釘上兩三排釘子，釘尖向外，看起來像個放大了百倍的牙刷。冬天的夜間，魚兒們常常靜靜地懸浮在水中，孩子們（當然也常常有童心未泯的大人）提著松火照明的燈籠，在田塍上一邊走一邊觀察，看見了魚，便用手中的鐵釘製成的大牙刷猛地啄下去，再挑起來，那可憐的小魚就被釘在十字架上（罪過罪過，阿門！），再用手取下，放在魚簍裏就成。這種捕魚的方法雖然殘酷，卻也有樂趣，跟獵人打獵差不多。用這樣的方法當然也可以捉到泥鰍，但我印象中捉到泥鰍的機會遠比捉到小魚的機會少，也許泥鰍比較怕冷，冬天不大出來活動吧。偶爾還可以捉到黃鱔，不過千萬要注意的是別把一條水蛇當作黃鱔，那就有點不妙了。

抓蝦子則要用別的辦法。蝦子通常躲在田邊的草叢裏，或者小河邊的洞穴裏，要用一種又像魚簍又像畚箕的工具，慢慢靠向岸邊，然後用一種特製的竹耙去攪動，那暈頭暈腦的蝦子們就在渾水之中誤撞到魚簍或畚箕裏。俗話說「渾水摸魚」，但以我童年的經驗，說「渾水抓蝦」可能更貼切一些。

這些童年的樂事，青年時代還常常想起，最近卻有很久沒想過了，難道真如孔子所說「甚矣吾衰矣，久矣吾不復夢見周公」了嗎？有時看著孫輩玩拼圖、玩電腦、看卡通、開遙控小汽車，覺得比自己小時候實在有錢得多，但卻並不羨慕。一代有一代之風華，也一代有一代之遊戲，真所謂此一時也，彼一時也。如果讓我選擇，在遊戲方面我還是覺得抓魚摸蝦要有趣得多。當然，餓肚子是不要的。

2009、8、8

鄉下孩子的點心

城裏的小孩不愁沒有點心吃，現在中等以上的家庭發愁的不是沒有點心，而是點心太多，怕小孩子貪吃點心而影響正餐，又怕點心裏糖太多、油太多、添加劑太多，會有副作用。看到女兒給外孫買點心時，那種不問價錢精挑細選的態度，每每令你感慨，常常想起兒時關於點心的種種。

你在七歲前多少也可以算是個貴公子，你手邊有一張六十年前的舊照，是你媽媽抱著你們兄妹三個在照相館裏照的，當然是黑白照，不過已經發黃了。你穿著毛衣，吊帶褲，腳上穿著一雙小皮鞋，梳一個油油光光的小西裝頭。媽媽也燙了髮，應該是那時很摩登的式樣。聽你媽媽說，你小時候長得白白胖胖，活潑可愛，三歲時居然還得過湖南省少年兒童健康比賽的第一名。那時的湖南省省長是何鍵，你父親當時是省政府法制專員，你母親是國民黨湖南省黨部委員，所以你現在推想起來，這第一名其實也只能說是近水樓臺先得月，頂多算個省政府子弟健康比賽第一名。但好歹是個第一名，如果在臺灣參加競選，大概也可以寫進履歷表中。你媽媽說，你那個時候很逗人喜歡，學校的女老師都爭著抱你，每個人抱著都不肯放。你倒是懷疑，你小時候未必那麼好玩，你母親是那個學校的校長，這些女老師也許只是借機拍馬屁也不一定。但你媽媽說那是真心的，因為她每次抱你經過街上，沿途都會有小販要塞給你糖果點心水果，不肯收錢。你後來讀《世說新語·容止篇》中說：「潘岳妙有姿容，好神情。少時挾彈出洛陽道，婦人遇者，莫不聯手共縈之。」孝標注又引《語林》曰：「安仁至美，每行，老嫗以果擲之滿車。」你簡直懷疑你媽媽是不是照著這個故事編的，但你媽媽不是一個喜歡編故事的人，又向來討厭自誇兒女，所以看來這故事應當有幾分真。你倒是還記得幾個鏡頭，那大概是四五歲的時候，你常常被保姆或校工抱著出去玩，每出去常會去一家藥店轉一轉，據說那藥店的老闆就是你媽媽任校長的衡陽市臨江小學的董事，你還記得他姓陳，胖胖的，臉上老堆著笑，每次保姆或校工就把你放在藥店的櫃檯上，那姓陳的董事就會從藥櫃裏拿出一包糕點來給你吃，你還記得那糕點是白色的，一薄片一薄片地疊在一起，名字叫「肥兒糕」。這印象很清晰，不會有錯。總之，你至少七歲以前是不缺少點心的，這大致可以肯定。

一九四九年早春，你被送回老家金溪廟，美好的日子就整個兒翻了一個兜。從那時開始到一九五四年你離開金溪廟去上中學，五年之中，你沒有吃過任何買來的點心，你身上也從來沒有一分錢可以自己去買點心。離你伯父家一里遠的小街上只有一個小雜貨店，櫃檯上擺著幾個玻璃缸，裏面放著一點花花綠綠的糖珠子，是沒有包紙的那一種，現在小孩大概見都沒有見過。也有一缸餅乾，黃色的，很厚，也很大，跟現在的也全不一樣。還有一缸叫做「發餅」的點心，也是黃色的，上面還蓋著紅色的印，那算是最上等的東西了。你偶爾從小街上走過，不大敢仔細看那些缸子，怕口水流出來。

不過，倘若說你們老家的小孩完全沒有點心吃，那也不是事實。鄉下小孩只是沒有從街上買的點心吃（當然富家子弟例外），但卻有自己家裏做的點心，哪怕是最窮的人家，也總會做一點小東西，偶爾給孩子們嚼嚼。你們家鄉出紅薯，所以紅薯做的農家點心花樣最多，最簡單的就是把紅薯切成薄片曬乾，然後再放進熱砂（最好是鐵砂）裏炒熟。精緻一點的，是把紅薯蒸熟，剝去皮，搗爛成泥，再陰乾，切成豆腐乾一樣的塊狀（形狀大小可以隨心所欲），再去炒，這樣炒出的薯乾就比前面那種薯片好吃得多。但我以為最好吃的一種，是把紅薯煮熟，去皮，再切成橘瓣似的長條，再陰乾，陰乾後又在表面淋一層米漿（就是把米湯熬濃），米漿裏放一些小小的橘皮丁，以增加香味，再曬乾，再蒸，一直到這些桔瓣似的紅薯條變成半透明狀，再曬，使它表面緊縮。這樣的紅薯乾你們鄉下叫做「神仙薯」。那味道又香又甜又耐嚼，其美無比，只有神仙才夠資格吃，叫神仙薯真不為過。離開家鄉幾十年，你再也沒有機會吃到，一直念念不忘。後來到了臺灣，有一次去阿里山，在山頂的小店裏居然買到類似你們家鄉的神仙薯。你大喜過望，不管價錢，就買一袋，立刻撕開精美的包裝紙，放在口裏大嚼起來。但不知怎麼的，雖然喚起了你兒時的記憶，卻怎麼也趕不上你記得的味道。其實你心裏很清楚，臺灣的紅薯絕對比你家鄉的紅薯品質好，阿里山薯條的製作也絕對比你家鄉的神仙薯更精緻，但為什麼就沒有那個味道呢？

做神仙薯的辦法同樣可以施之於南瓜，也是把南瓜先蒸熟，陰乾，切片，上漿，曬乾，再蒸，再曬，不過那味道畢竟趕不上神仙薯。但有些俏皮的媳婦會把整個南瓜橫切成一個大圓圈，這樣做出的南瓜乾則可以套在小孩的脖子上，憑空增加許多趣味。

除了紅薯南瓜，你們家鄉盛產大米，所以米也是做點心的重要原料。最簡單的當然就是炒米，你們鄉下的炒米跟後來在城裏看到的米花差不多，但製法和味道都不同。炒米是把米飯，尤其是每天沒吃完剩下的米飯曬乾，放在一個陶製的罈子裏，等到積累到一定數量，就倒出來放在鐵鍋裏炒，炒熟了就可以吃了，而且可以裝在罈子裏慢慢吃。這種炒米比城裏的米花硬實，有嚼勁，似乎也更香甜。你們鄉下過年過節時常把這種炒米放在茶裏，再加上幾個紅棗來待客，有點像客家人的「擂茶」。湖南鄉下很流行這種茶，有的還在裏面加上乾生薑片、橘皮之類的東西。聽說湘西的苗族、土家族也有類似的吃法。

大米做的點心你以為還是米粑最好吃。米粑的花樣很多，大體上都是把米磨成粉，和水做成圓形，最粗糙的是用手捏，講究一點的則是用模子壓成。那模子通常都是木頭做的兩塊有柄的像手鏡一樣的東西，前端做成圓形，挖空，精緻的還刻上圖案，把米粉團壓進這圓槽裏，兩塊對準壓緊，再磕出來蒸熟，曬乾即成。吃的時候先把這樣的乾米粑泡在水裏，幾個鐘頭後再撈出來，或煎或烤，如能加點糖，就更好吃了。農曆過年時節，一家人圍坐在柴火熊熊的火塘邊，一邊聊家常，一邊烤米粑吃，這就是鄉下人最快樂的時刻了。這種米粑一般由粘米做成，但最好加點糯米粉或高粱粉，口感就會比較好。還有一種純粹用糯米做成的米粑，這種米粑通常不用模子做，因為糯米粉團會粘在模子裏磕不出來，所以要用手搓，個子也比較小，形狀也不那麼統一，這種米粑你們鄉下有個特別的名字叫「biǎng-粑」，這個biǎng字你始終不知道怎麼寫，普通話裏連這個音節都沒有。這種「biǎng-粑」味道最好，在你們鄉下算高級食品。你後來到了湖北，覺得湖北人吃的糍粑差可比擬，但似乎也沒有你們家鄉的「biǎng-粑」好吃。

在各種米粑中，你印象最深的，或者說你最鍾情的，是桐葉粑。這桐葉粑的做法跟其他米粑沒有什麼兩樣，只是把和了水的米粉團用一片大的桐葉對折包起來，然後放到鍋裏去蒸，蒸出來的米粑就帶有濃濃的桐葉香。而那形狀尤其可愛，白白的半圓形，有點像一顆心，如果用來做情人節的禮物應該是很合適的吧。還有一種春菜粑，是用一種春天地裏長的野菜（不是薺菜）切碎加在米粉裏做成的，味道也很特別，真好像有一種春天的味道。你後來到臺灣，吃到一種叫做「碗粿」（粿，普通話音「果」，米食也。但臺灣話裏卻讀作「貴」，不知何故）的小吃，與你們鄉下的桐葉粑、春菜粑有點像，但那味道似乎也差得遠。

2009、8、21

鞋子與潛意識

你每次打開鞋櫃，都想來一次精兵簡政，因為你覺得，作為一個男人，十幾雙鞋子實在是太多了，也沒有必要。如果是女人，自然又當別論，據說菲律賓前總統馬科斯的夫人就有三千多雙鞋子。許多時髦的貴婦人，有幾百雙、上千雙鞋子的，大有人在。但是一個男人，有三五雙鞋子也就夠了，要那麼多幹什麼呢？

可是你雖然這麼想，每當真要「精兵簡政」的時候卻又下不了手，因為每一雙都是好的。有幾雙雖然已經買了十來年，但還可以勉強叫做半新，因為你實在穿得不多。有一雙雖然後跟已經補了兩次，但鞋面還是完好，而且是在法國旅行時買的，怎麼可以丟呢？有一雙是麂皮的，樣子像平口布鞋，鞋底是一整塊很高級的塑膠，那是在日本北海道買的，當時因為腳上穿的皮鞋不便走路，臨時買了這雙比較輕便的鞋，但是結束北海道之旅，你就再也沒有穿過了。可是那麼結實、那麼完好的一雙鞋怎麼可以丟棄到垃圾箱呢？有一雙硬底的皮鞋，走在水泥地上噠噠地響，如果是個女人，響聲是從腳上的高跟鞋發出的，她就會把胸部挺得高高，自我感覺良好，可你一個男人，實在覺得有些招搖，所以你買回來之後也就很少穿它。可這是一雙在義大利買的皮鞋耶，何況又這麼新，雖然放了十一年，可連一個霉點都沒有，又怎麼可以丟呢？光球鞋你就有三雙：一雙是買了之後略嫌有點緊，本來是為爬山買的，可下山的時候鞋尖每每把腳趾甲夾得生疼，一共只穿過兩次就放到一邊了；另外一雙是專門在室內踩跑步機用的，現在跑步機留在了臺北，鞋子卻帶了過來，自然也就用不上了；另外一雙是真正的名牌 NIKE，你對名牌從來沒有什麼特別的興趣，可這一雙是 NIKE 在中國的總代理人（他是你哥倫比亞大學的同學）親自送你的，它的做法很特別，鞋底的前部是傾斜的，據說是便於跑步，可你又不喜歡跑步，於是也棄之一旁，幾乎沒有服役的機會。你想來想去，這裏面的鞋雙雙有來頭，哪一雙是可以扔掉的？可鞋子這玩藝兒又不是糖果，好像也不便送人。

其實你常穿的只是一雙鞋，其他的鞋都是服後備役的。你真要下決心「精兵簡政」，丟了也就丟了，對你沒有絲毫影響。你每次下決心要丟，末了你總是不忍心，於是這些老朋友就始終待在那個擁擠的鞋櫃裏。

你並不是一個天性吝嗇的人，甚至連節儉也談不上，你之不肯丟掉這些老朋友，實在是另有它因，只是你不肯承認罷了。這裏用得上佛洛伊德的學說，在你的潛意識中對鞋子有一種特別的珍惜，每當要丟鞋的時候，潛意識就出來干擾，讓你下不了手。而前面那些冠冕堂皇的藉口不過是你不肯丟鞋的潛意識以一種偽裝的面貌出現罷了。如果你不說，沒有人會知道你幼年時期關於鞋子的這一段特別的經驗和記憶，甚至連你自己也已經很久不去想它了。但它如此頑固地賴在你的潛意識裏，現在你終於明白，每次你的「精兵簡政」的措施都無法付諸實行，實在是它在作怪。

當你七歲離開父母被送到鄉下伯父家裏時，你記得你有大大小小幾雙布鞋，那大概是母親為你準備的。隨著年齡的增長，你依次把那幾雙鞋都穿破了，到十歲的時候，你只剩下最後一雙。你這時也開始懂事了，知道這雙鞋的珍貴，也知道再也不會有新鞋可以替補了。所以你一年四季都盡可能打赤腳，或頂多穿一雙鄉下人打的草鞋。你打赤腳去扯豬草，去放牛，你穿草鞋去割草，去砍柴，有時候草鞋穿破了，又沒有新的草鞋可穿，你就打著赤腳去割草、去砍柴。腳板被草根、樹樁、蒺藜刺破，割開一道道的口子，是常有的事。你們那時當然沒有什麼碘酒可塗，更沒有什麼創口貼可貼，創口貼那時候還沒有發明，就是發明了也不是鄉下的孩子可以買得起的。你們那時對付這種事情的辦法，是在田裏抓一把淤泥，用力塗在傷口上，現在想來真是有點野蠻，但似乎也沒有發生什麼發炎、潰爛的情形。不過你記得有一個鄰居的大叔，腳上的傷口多年潰爛不癒，夏天的時候常常有成群的蒼蠅圍著傷口飛來飛去。你可能是因為年輕，機體活力強，所以總算幸運，沒有碰到這麼倒楣的事。

那雙寶貴的布鞋你是絕對輕易不穿的，僅僅在上學的時候你才穿上。因為你不能光著腳丫去上學，也不能穿著草鞋去上學，那會被人瞧不起，而你又偏偏是一個自尊心很強的小孩。但饒是這樣，這雙布鞋還是慢慢穿舊了，穿破了，到後來竟然兩個鞋底都磨穿，腳心的地方磨出了兩個洞。幸而那雙鞋做得結實，所以框架還好，很長一段時間你還是可以穿了這雙底上有洞的鞋去上學。因為老師和同學的眼光從上面看下去是看不出來的，你也就不會丟臉了。

可是讓你很煩惱的是，在冬天上課的時候，你的腳踩在潮濕而冰涼的地上（你們的教室是沒有什麼水泥地板或者木頭地板的，泥巴就是地板），因為鞋底破了洞，你的腳板就直接貼在泥巴上，那刺骨的寒氣就從腳板心鑽進來。本來衣服就不夠暖，再加上這徹心的寒氣，你常常冷得直發抖。可你的腳又不能懸起來，所以除了咬牙堅持，實在也沒有別的辦法。不過你還真有點小聰明，你後來終於想出一個法子來。你從字紙簍裏找來一些廢紙，一張張抹平，墊在鞋底裏面，這樣一來，腳心就不會直接挨到地面了。那些廢紙如果多一點，甚至還會有些溫暖的感覺。你因此大為高興，很欣賞自己的小聰明。只是有一點讓你苦惱，因為這往鞋底墊紙的事，只能偷偷地背著老師和同學做，否則就未免太丟臉了。於是你從此每天都趕在同學還沒有進教室之前，早早來到學校，把字紙簍裏的廢紙挑揀出來抹平，把它們塞到鞋子裏。你就這樣熬過了兩個冬天，直到小學畢業。

上了中學以後，你母親開始寄些錢來，你的經濟狀況略有改善，再不要穿破鞋去上學了。但你從此養成了珍惜鞋子的習慣，一雙鞋子不穿到實在不能穿的地步是不會換新鞋的。再到後來，你終於有了更多的錢，不需要把一雙鞋子穿破再買新鞋，可是那沒有穿破的舊鞋你總捨不得丟。因為不合腳而沒有穿舊的鞋，自然更有理由把它們留下來。這樣一雙一雙地積起來，你便有了許多舊鞋。新兵源源不斷，老兵又不退役，居然就有了一個加強班的鞋子部隊了。

這些童年的往事，想起來太不愉快，你已經多年不去想了。不料它竟積澱在你的潛意識裏，每當你想丟鞋的時候，它就出來說「NO」。

現在你明白了吧，你的「精兵簡政」的政策為什麼會貫徹不下去，既非小氣，也非道理不明，而是潛意識在阻撓，不然你想想看，為什麼你從臺北搬到武漢，丟了那麼多東西，而居然把這十幾雙鞋子裝了滿滿的一紙箱，飄洋過海？算了吧，你就把那些老朋友留在鞋櫃裏吧，你永遠也別想拋棄它們。它們會一直忠實地跟著你，也會一直給你溫暖的安慰，使你免於鞋子匱乏的焦慮。不要爭辯，說你現在的錢已經多到可以買幾百雙鞋子，你要明白，不管你將來如何富裕，沒有鞋子穿的恐懼已經深深地紮根在你的潛意識裏。它將是你一輩子揮之不去的夢魘。

2009、7、6

妹妹的死

你童年時代最傷心的一件事是妹妹的死。

你妹妹只比你小一歲多，入學時，你六歲，她五歲。一九四九年年初，你七歲，你妹妹不到六歲，一起被寄養在伯父家裏。同時進了當地的鄉村小學，在同一個年級讀書。於是，這個年級的頭兩名往往就被你們兄妹倆包了，有時候你第一名，有時候她第一名。你甚至覺得妹妹比你還要聰明，記性比你還要好。你媽媽曾經告訴過你，說妹妹在兩歲的時候，就已經能夠背很多首唐詩，並且會唱很多首民歌了。

▲你母親抱著弟弟浩明，左下角是你，右邊是妹妹漱明。／攝於 1948 年兒童節

一九五一年，你的家鄉搞土地改革，你那個時候不到十歲，妹妹八歲，弟弟四歲多。最滑稽的是，你和弟弟妹妹被土改工作隊從伯父的家裏分離出來，單獨劃為一戶，成了「貧農」。伯父被捉去關起來，挨鬥、被打、自殺（沒死成），當然就不再管你們了。於是你不到十歲就成了一戶之主，要

帶著八歲的妹妹跟四歲的弟弟一起過活，那辛酸與狼狽就不必說了。在一個熟人介紹之下，弟弟終於送出去做了別家的養子，剩下你和妹妹相依為命。

你們兄妹在土改中分到一間房子，其實也就是伯父幾間房子中的一間，當然是最不好的一間。因為好的已經分給別的貧下中農，你們雖然也有「貧農」的稱號，但骨子裏的「狗崽子」身份其實是虛假的「貧農」二字所遮蓋不住的。那是一間靠山坡的房子，後門推開就是一道山泉，滿坡都是青草綠樹，伸手就可以摘到樹葉，扯到野草。牆是手製的土磚砌的，不但透光，而且透風。但最叫人受不了的是潮濕，床板上墊的稻草（你們兄妹兩個就睡在稻草上）都常常是水淋淋的。你自小好強，討厭自賤自憐，但那間房的確跟豬圈沒有多大差別，這是好強的你至今想起來也不得不承認的。靠牆平行地放著兩塊大土磚，在兩塊土磚上擱著一個厚厚的用生鐵鑄成的鼎鍋，這鼎鍋是鄉下人安在土灶上用來溫水的，炒菜的大鐵鍋則通常是熟鐵，比較薄也比較大，安在土灶的中央。但是你們兄妹在土地改革的時候並沒有分到炒菜的鍋，只分到一個這樣的鼎鍋，何況你那房子裏也沒灶。也許土改工作隊跟當地的農民認為你們跟本就不需要灶，也不需要炒菜鍋，因為雖然你們分出來單成一戶，但你的伯父伯母總不至於就對你們這幾個不滿十歲的侄兒侄女不問不管了吧。他們哪裏想得到，你的伯父伯母早就把你們兄妹視為累贅，而現在他們被打成了地主，你們兄妹倒成了貧農，「家庭矛盾」又加上「階級仇恨」，他們怎麼會再管你們呢？

人的適應力實在強，你們兄妹倆一個八歲，一個九歲多，居然也就學著自己煮飯來吃。就在那厚厚的鼎鍋裏，放一把米，放

◀你母親五十歲時／1958 年攝於紐約

▼你的父親和母親／1958 年攝於紐約

一瓢水，撿一些柴禾塞在鼎鍋底下燒。因為那不是灶，柴又不乾，所以火特別難燃，你永遠記得你跟妹妹兩個人如何輪流地把臉貼在地上，用嘴巴去吹那奄奄欲熄的火，滿屋都是濃煙，嗆得你們喘不過氣來。費了九牛二虎之力，煮出來的飯還是半生不熟。菜是沒有的，在飯裏倒一杯水，撒一點鹽，囫圇地吞下去，便是一頓飯。那時你們還在上學，能吃一碗這樣半生不熟的飯趕去上學，已經不錯了，很多時候是連這樣的鹽泡飯也沒有吃，餓著肚子就背著書包上學去。放學回來，又趴在地上去吹火，又同樣費了九牛二虎之力，兩眼流著煙熏出來的淚，和著半生不熟的鹽泡飯，狼吞虎嚥地塞那饑腸轆轆的肚子。然而你們沒有理由當然也沒有資格抱怨，因為在你們那個窮鄉僻壤，連野菜稀飯都吃不飽是司空見慣的事。如果有一天你因為放學回來為鄰居砍柴放牛，而得到一碗飯還加一點菜，那你們兄妹兩個就會喜笑顏開，算是打了一頓牙祭了。

你是那種生命力特別頑強的人，算命的說，你是即使被扔在荊棘叢中無人管也死不了的那一種。可你的妹妹卻很瘦弱，從小就文靜非常，有一個飽滿而高的額頭，一雙大而明慧卻略帶怯意的眼睛，配上一個瘦弱的身子。你長大以後看到書上畫的李清照像，覺得妹妹很像李清照。妹妹終於病倒了，也不是什麼大病，就是拉肚子，或說痢疾，如果是現在，幾塊錢的消炎片、止痢片就可以治好的，但在當時的湖南山村，又處在你們那樣的境況，就是一點辦法也想不出來。開始一天拉兩三次，後來是四五次，再後來是十幾次。你的伯母不知道從哪裏聽來一個偏方，說是用七個生銹的鐵釘同一把野柴尖（這種野柴你們家鄉土話叫 nao-ji-lang-zi,不知道可不可以寫作「撈雞欖子」？）煮水喝可以止痢，但喝下去後妹妹的痢疾卻越來越嚴重，一天竟可以拉到二十幾次。你至今恨死你那個有一張巫婆臉的伯母，你以為不喝那銹釘湯妹妹是不會死的。

於是你從此每天放學回來，放牛回來，砍柴回來，就多了一樁事，那就是扶妹妹坐在馬桶上去拉肚子。你的家鄉是一個與世隔絕的小山村，那裏的老百姓很少讀書認字的，民風剽悍而粗野，罵起人來尤其沒有忌諱，「死鬼」、「該死的」、「屙血的」、「砍腦殼的」、「不得好死的」、「還不死」、「老不死的」，這一類的話是常常掛在嘴邊的。父母兄弟之間，這些都是互相用來表示不滿的常用辭彙。你在鄉下住了兩三年，又正值語言學習能力很強的少年，這些話自然也就很快被你學到了。妹妹的痢疾越來越重，終於一天要拉到三十幾次。有一天你砍完柴回來，見到你妹妹居然把一泡稀屎拉在地上，你便隨口罵了一句：「死鬼，你怎麼還不死！」

第二天你砍柴回來，妹妹已經死了。她最後是從馬桶上筋疲力盡地倒在地上死掉的。你昨天罵她的話，竟是一句讖語。你嚎啕痛哭，你在心裏罵自己不是人，你覺得是自己咒死了妹妹。但是晚了，一切都無法挽救了。你不能原諒自己，你無心無肝的咒罵，從此緊緊地黏在你的記憶中，再也剜不掉。它成了你心中永遠的毒瘤。

五十多年過去了，只要一想到這件事，你就恨不得把自己痛打一頓。你不敢碰那個毒瘤。你覺得自己不是人。

2009、8、4

伯父

（一）

你終於決定要談談你的伯父，因為當你試圖清理一下你兒時在老家的記憶時，你發現你無論如何繞不開這個題目。你伯父畢竟是你那五年的生命中的一個重要角色。

浮現在你記憶螢幕上的第一個畫面就是一個中年男人，五短身材，胳膊和雙腿都很粗壯，打著赤腳，褲腳捲起，直到膝蓋。他在臥室裏面對著衣櫃，在找什麼東西。保姆領你進來，叫他一聲，那中年人應聲轉過臉來，一雙嚴冷的眼睛發出兩道光，突然打在你的身上，上面是一對緊皺的眉頭，再上面是一個剃得發亮的光頭。他盯著你，上下掃了幾眼，一聲沒吭，好像見到一個很不情願見到的什麼東西，又轉過頭去繼續做他自己的事。

這中年漢子就是你的伯父。六十年以後，你也忘不了那令你滿身冒冷氣的一剎那。你一直在琢磨，他那時腦袋裏究竟在想些什麼？他為什麼一言不發？但你一直都沒有想明白。

三十多年後，你重新見到自己的母親。母親告訴你，說當時你們兄妹去鄉下伯父家裏，是出於伯父自己的建議，他說，這年頭兵荒馬亂，你們帶著三個這麼小的孩子如何逃難？不如暫時把他們留在鄉下。你母親一直猶豫著，你父親大概覺得這也有些道理。碰巧在你們父母準備離開衡陽城去廣州的前幾天，鄉里來了兩頂轎子送人到城裏來，返程轎子是空的，有親戚就向你母親建議說：「不如就讓孩子們坐這兩乘空轎子回去吧。」那是一九四九年的春天，國共戰事風聲越來越緊，蔣介石下了野，由李宗仁代理總統，蔣介石身邊的班子也就不能再公開存在了，大家都在謀出路，頗有一點樹倒猢猻散的淒涼。你的父親當時是蔣的機要秘書，自然也在這批人之中。非常賞識他的上司陳布雷剛自殺不久，這越發加重了他內心的悲痛與惶遽。你母親後來在臺北跟你談起這些事，說，這都是命，都是上帝的安排。你伯父提議的時候，理智上我跟你爸爸覺得伯父的提議也許是對的。我們是下定了決心，跟政府到臺灣去，如果臺灣也保不住，我們只有跳海，絕不會投降共產黨。可是你們兄弟還小，何必拉著你們一起跳海呢？如果政府還有機會反攻大陸，恢復山河，那應該也要不了幾年。抗戰也不過八年嘛，總不至於比抗戰還久。那個時候你們也不過十幾歲，一切都還來得及。但情感上還是決斷不了，捨不得把你們送到鄉下去，可是偏偏有轎子，又是兩頂空轎子，這樣我們就狠下心來把你們送回去了。「我原來還想過把你帶走，只把漱明、浩明送去，偏偏又是兩頂轎子，剛好你和妹妹坐一頂，弟弟跟保姆坐一頂。你看，這不是命嗎？」

你幾十年來一直想不通的是，既然這建議是你伯父提的，為什麼你們兄妹到達鄉下的時候，他竟是那樣一副很難看的臉孔？為什麼一句話都不講？難道他已經預見到了後來發生的一切嗎？土改、抄家、坐牢、自殺……但是，這也怪不得你們呀！其實，後來發生的事情讓你深信，你們兄妹的到來並沒有增加伯父一家的苦難，你們即使不來，他的遭遇也決不會更好一些。

那一天後來發生了什麼，你怎麼跟伯母和堂姐、堂弟見的面，晚餐怎麼吃的飯，晚上睡在哪裏，你現在居然壓根兒記不起來了。只有你初見伯父的那一剎那，那冷峻的目光，緊皺的雙眉，光得發亮的腦袋，毫無表情的臉，兩個還粘著泥巴的粗粗的腿肚子，像一個兇神惡煞的羅漢，牢牢地烙印在你的記憶屏幕之上。你對你伯父整個的回憶和觀感也都在這一剎那中被定了格，它預示了你和他之間的關係，它也預示了你和他後來的命運，直到五年後的除夕，他的幾個耳光打掉了你一切的留戀，在第二天大年初一的早上，你憤然而堅決地離開這個叫做金溪廟的老家為止。

（二）

在接下去的兩年中，你的伯父在你的記憶中幾乎沒有留下比你第一眼看到他時更多的印象。你努力搜索，還是那一張嚴肅的幾近兇惡的臉，他好像從來不曾笑過，你一直到現在都懷疑他究竟會不會笑。還有他那一雙總是光著腳板，褲腳總是捲到膝蓋的粗粗的腿肚子。

他是一個地地道道的農民，而且確實是勤勞的。每天大部分時間不是在田裏，就是在菜地裏，很少看到他坐下來休息過。似乎也從不跟鄰居來往，他甚至很少跟別人聊天。他也不抽煙。你們家鄉的男人只要上了一點年紀都習慣抽一種叫做「水煙」的土煙，那是用一把銅壺，裏面裝著水，後面一個長長的、彎彎的銅管，很像是茶壺的嘴，但這嘴是對著吸煙人自己，吸煙人用嘴含著它來吸煙的，壺身的前面則有一個短短的、比壺嘴大一點的、向上的圓筒，用來裝煙絲，煙絲通常是自己種的煙葉曬乾切成的，用火點著煙絲，再用嘴巴吸煙嘴，那煙就通過壺裏的水，穿過長長的銅管被吸進嘴裏。所以吸煙的時候那水壺會咕咕地響，並不是水開了，而是煙通過水時發出的響聲。現在想起來，你倒覺得你們鄉下的水煙其實是很科學的，煙經過水的過濾，尼古丁和其他有害的物質就溶解在水裏了，比現在香煙的過濾嘴顯然更好。那時候你們家鄉幾乎每家每戶都有這種水煙壺，但是你們家裏卻沒有。

你們家畢竟是耕讀傳家，你的伯父跟一般的農民還是有差別的。這差別不在於他勞動比別人少，吃穿比別人講究，而是家規比較嚴。除了不抽煙之外，你的伯父也從不打牌，你們家鄉似乎也沒有什麼打牌的風氣，也許是因為你年紀小，不知道別家的情形，但總之，在你的伯父家裏是絕對沒有牌、麻將這類東西的。你伯父也嚴禁家人睡懶覺，倘若哪一天你睡過了頭，幾乎不可避免地會被他從被窩裏拖出來打一頓屁股。還有一些規矩，比方說吃飯的時候不能講話，你如果在席間嘰嘰喳喳，一筷子頭就會對著你的額頭刷過來：「吃了飯再講！」

對伯父所定的這些嚴格的家規，以你的天性肯定是不會喜歡的，但你記不起你有任何反抗的舉動，「在人屋簷下，不得不低頭」，生活很早就教會了你這一條，你也很快就適應了。今天你回想起來，對你伯父的這些嚴格的家規，倒並不反感。此後你上學，或在一個集體中，從來沒有在紀律方面做出什麼特別越軌的行為，這應該得力於你小時在伯父家所受的管教。因為你的天性其實不是這樣的，你母親後來告訴你，你小時候是個十分頑劣的傢伙，洗一次澡都可以從腳盆裏跳出來三四次，剛剛洗好，你又弄得滿身是灰，只得又重洗。保姆沒有辦法，常常跟在你的屁股後面追，跑得上氣不接下氣，才能把你拽回腳盆，可剛剛幫你把泥土洗掉，一不注意，你又從腳盆裏跳了出來，這樣的鬧劇每次洗澡都要上演。但是到了鄉下伯父家裏，這惡習幾乎立刻就改掉了，因為根本沒人給你洗澡，你必須自己打水自己洗，自己脫衣穿衣，你再鬧給誰看呢？

你現在想起來，這兩年中，你真正最感謝你伯父的，還是他教了你最初的古文。他和谷滿爹是你最早的古文啟蒙老師。你現在還能記得他教你《鄭伯克段于鄢》的一些細節。從任何角度看，他都不是一個好的老師，他自己的古文水準不高，小時候只讀過兩三年私塾，所以很多地方都解釋不清楚，但他會逼著你背書，背不出就打人。他的打法也很特別，不用竹片木板，而是用手，但也不是打手心或是打耳光，而是把手捏成拳頭，用突出的中指的第二關節狠狠地敲一下你的額頭。你們家鄉把這個叫做「栗鑿」，也許是「栗啄」，你至今都不知道這兩個字該怎麼寫。那動作的確有點像木匠用鑿子鑿木頭，或像啄木鳥啄樹幹，「鑿」、「啄」在你們家鄉發音是一樣的。至於「栗」則是形容啄的效果，因為像這樣啄過之後，額頭上必會鼓起一個包，大小像板栗（你也想過用「梨」字，但覺得未免稍嫌誇張了一點）。那時跟你同學的還有幾個本家子弟，包括你伯父自己的兒子，比你只小幾個月的堂弟，他的名字叫伊辛。你記得大家一起讀書的時候幾乎每個人都嘗過挨「栗啄」的滋味，而你的「栗啄」挨得最少，伊辛挨得最多。在這一點上你伯父倒是很公正。至於谷滿爹，他卻不大用「栗啄」，而是用竹片打手掌。谷滿爹很偏愛你，你也從沒有背書背不出來的時候，所以你記憶中幾乎從來沒有挨過谷滿爹的竹板。

谷滿爹講書比伯父高明得多，但你伯父也偶有高明的時候。

比方有一次他講到「及」字的意思，他說這「及」的意思就好像是石板路上鋪的石板，如果後面的石板搭到了前面的一塊石板的邊沿，這個就叫「及」，如果沒有搭到，就是「不及」。你覺得這個解釋簡直高明得不得了。你後來用他這個解釋去檢驗古書中所有用「及」字的地方，都能講得通。尤其讓你佩服的是常作虛字用的「及」字，在他的解釋中卻有了一個具體的、形象的畫面。這個「及」字的解釋讓你一輩子受用。你以後讀古書，都要把每個字的核心意義徹底弄懂，用一個具體的意象呈現出來，而貫穿於這個字的一切用法中。

一個場面突然從你的記憶中浮現出來。那是有一天家裏來了一個遠客（或許是親戚），伯父在吃飯的時候忽然自破規矩講起話來，話中提到你和伊辛，說伊辛比你力氣大，砍柴放牛都比你行。你不服氣，覺得自尊心很受挫傷，居然敢頂了你伯父一句：「我讀書比他強。」你伯父抬起頭來，瞪了你一眼，可也沒有說什麼。你很得意，覺得自己勝利了。

（三）

下面這一幅畫面以後會無數次浮現在你記憶的螢屏上，也會無數次怪誕地出現在你的夢裏。

那一天下午，你跟你的堂弟伊辛去抬水。那一年你們都是九歲，伊辛比你小幾個月。鄉下挑水用的木桶在你們的眼裏看起來還是一個龐然大物。大人們挑一桶水，你們兩個只能抬半桶水。從家裏走出禾坪，沿著禾坪前面小塘旁邊的一條兩邊布滿南瓜絲瓜的小徑就到了水田邊，再沿著水田之間的一條泥巴小路，彎彎曲曲地往前走，大約幾百米就到了那條叫做金溪的小河旁。你的老家金溪廟就因這條河而得名。再沿著一條石板鋪成的坡路就可以走到水邊，水邊布滿了一塊又一塊的大大小小的石頭，那是女人們洗衣服、捶衣服的地方。石頭縫裏常常藏著一些小蝦小魚，還有螃蟹鱔魚，所以也是孩子們玩水摸魚的地方。把木桶放進小河，兩個人一手抓一邊，要逆著水流的方向合力一拉，拖起來放平，再用竹扁擔穿過提手的下邊，兩個九歲的小孩就可以抬著它歪歪倒倒地爬到岸上，再沿著小路抬回去。你跟你堂弟個子都很矮，力氣也小，所以途中總要放下來歇幾次，才能把那半桶水成功地抬到家裏，抬進廚房，倒進放在廚房角落裏的一個大瓦缸。那倒進瓦缸的一刻是相當關鍵的，兩人必須費了吃奶的勁，才能把那半桶水抬起到跟你們的身高的一半差不多的瓦缸邊沿，而且必須再抬起來，抬得比瓦缸高出半個桶，再合力把木桶往前一壓，那河水才會順利地倒進瓦缸。否則，前功盡棄不說，收拾殘局是更加麻煩的事。你跟你那位堂弟如果說多少還有一點情分的話，那就全建立在這抬水的過程中。

一九五一年深秋的那個下午，你們倆照常去河邊抬水。可是快回到家門的時候，卻覺得唐家新屋氣氛異常。許多人在禾場上走來走去，卻並沒有人大喊大叫。大家交談都有一點悄悄的，好像害怕，好像神秘，又好像有點幸災樂禍的樣子。在你們鄉下，這種氣氛好像是哪家剛死了人。你們倆把水抬進了禾場，走進自家的門口，才知道你伯父的家已經被封掉了。大門上斜貼著幾張白紙條，上面寫著黑字，壓在兩扇門合攏的地方。但廚房還是開著的，只是家裏已空無一人。你和你堂弟都很驚慌，不知發生了什麼事，但也只得把水抬進去，倒進瓦缸。

現在你仔細搜索你的記憶螢幕，剩下的畫面卻只有你一個人，你想不起你的堂弟什麼時候離開了，或許他丟下水桶就去找他的父母了吧。在那個畫面中，你一個人站在廚房門口，深秋傍晚的太陽從你的背後照過來，把你長長的影子投射在廚房的地上，那地沒有磚，只是鋪了黑色的泥巴。人都不知道跑到哪裏去了，四周靜悄悄的，你感到一陣前所未有的淒涼和恐懼。你從來不喜歡你的伯父，但這個時候，你卻希望他那一張讓人望而生畏的臉從什麼地方冒出來。

可是沒有。

畫面上，你依然站在廚房的門口，面對著空空洞洞冷火秋煙的廚房，即將西落的秋陽把你長長的孤零零的影子，投射在黑色的泥地上。

（四）

後來你才知道，你們鄉裏開始搞土地改革了，你的伯父已經被抓去關起來了。房屋田產連同金銀財寶衣服傢俱都封起來，準備分給農民。

接下去的一幕發生在祠堂裏。

離唐家新屋不遠有一座唐氏宗祠，是方圓幾十里內的唐氏家族所共有的，裏面供著歷代祖先的牌位。平常是供祭祀用的，裏面有好幾間大房子，族人們開會議事、春秋宴聚都在這裏舉行。土地改革時這裏便充當了臨時監獄。惡霸、地主和其他壞人便都關在這裏，其中便有谷滿爹和你的伯父。

現在，你的記憶螢幕上出現的一幕，是你給伯父送飯的情形。你伯父抓起來已經好多天了，每天家裏人輪流去送飯，今天輪到你。你從鄰居那裏已經聽說你伯父挨過幾頓打，十根手指都釘過竹釘。兩天前你伯母送飯時，他吃完飯突然把手中的空碗砸向自己的額頭，顯然是要尋死。結果血流滿面卻沒有死成。你去的時候，看見他坐在牆角一堆凌亂的稻草上，頭上包著破布，血從破布裏滲出來，看起來並不怎麼紅，倒像跟田裏的淤泥差不多。你吃了一驚。令你吃驚的並不是他頭上包著的血布，而是他臉上的神情，完全沒有了你印象中的兇神惡煞的樣子，而是疲憊骯髒。你叫了他一聲，他抬起頭來，你再一次感到驚訝，那慣常的冷漠的神情沒有了，居然有點和善，甚至可憐。你看著他兩手也包滿了破布，很艱難地端起碗來，很艱難地拿起筷子，很艱難地把飯吃完。他從頭至尾沒有說一句話。也沒有訓斥你。多年後想起來，你覺得這是他五年中留給你印象最好的一次。

你伯父後來終於被放回來，但那是多久之後，你完全沒有印象了。你只記得他回來的時候，田產已經分完，家裏的房子原來有八間，現在只給他們留下了兩間和一個廚房。衣服、傢俱、被褥也都被分了，只留下一些破舊的給他們。因為你們兄妹三個另成一戶，被劃為貧農，所以也分到了兩畝七分地（每人九分），一間房，就是你伯父家被分出去六間房中最差的那一間。你們兄妹也分到了若干衣服和用具，但那些衣服和用具並不是你伯父的，而是別的地主家的。到底是哪家的你自然並不清楚，說不定是谷滿爹家的，或是別村地主家的，直到今天你還能記住的有兩件，一件就是後來你跟你妹妹用來煮飯的鼎鍋，另外一件是一床線毯。你拿來鋪在床上，床和線毯之間鋪了一堆稻草，你和你的妹妹擠在那上面過了一個冬天。第二年你妹妹也就死在那間房裏。這床線毯你用了很久，直到結婚以後你還把它墊在棉絮底下。

你伯父回來以後，你們兄妹很長一段時間是跟他分開過的，所以見到他的機會也不像從前那麼多了。直到一年之後，你弟弟送人，你妹妹死去，你又不得不回到他家裏為止。你現在極力搜索，你記憶中的伯父的面孔，最和善的一次，還是他在祠堂裏你給他送飯的那次。從祠堂裏放回來以後的他，似乎又恢復了從前的那副臉孔，只是更多了一份憤世嫉俗，而對你也更冷漠了。最令你不解的是，他的冷漠中還夾了一絲明顯的恨意。難不成是恨你分了他的房子？還是恨你當了貧農？

（五）

土地改革以後，你伯父的脾氣變得更沉默了，更古怪了，也更暴躁了。他本來就不大跟鄰居往來，不喜歡跟別人聊天，現在更是整天不發一言，見人也不打招呼。有些小孩子跟在他背後罵：「唐宣祖，死地主！」他也不回頭。他仍然一天到晚不是在田裏便是在菜地裏，好像要把一肚子的恨勁兒從汗水裏發洩出來。

最奇怪的是他對你的態度。從前偶爾還叫叫你的名字，現在連名字都不叫了。偶爾碰個照面，抬頭望一眼，好像一個陌生人，那眼光是冷冰冰的。打自你們兄妹回到老家之後，他就從來沒有表示過一點溫情，你對此已經習慣，並不覺得訝異。只是那冷冰冰的目光中夾著明顯的恨意，常常讓你感覺到恐怖。是的，你們兄妹三個被土改工作隊從他們家劃出來，另立一戶，成了貧農，可這不是你的錯啊，你沒想當貧農啊，你也沒像別的貧農那樣鬥過他打過他啊，你還給他送過飯。是的，你們兄妹分了他一間房，可也不是你們要的啊，他的房被農民分了，你不過得到最破的一間，你們兄妹本來也要住一間啊，這難道於他有什麼損害嗎？哦，你想起來了，土改工作中你曾經跟著土改工作隊跑，那些土改工作隊的隊員，尤其是那個隊長，都對你很好，而對他則非常兇狠，這讓他記恨嗎？對，簡直一定是。他不敢恨那些土改工作隊，但恨你總是可以的吧。你這個狗日的，居然跟著那些土改工作隊跑，幫他們拉皮尺，量田地，算面積，這可是要分我的地啊。難怪那些土改工作隊的隊員們對你那麼好，難怪那個隊長那麼喜歡你。吃裏扒外，混賬東西！

其實這些念頭還是你長大以後，時時想起他對你的冷酷，而對他當時的心理所做的揣摩，在土改當時，你還太小，小得沒法做這種分析。你不過是個九歲的小孩，跟著土改工作隊跑完全是好玩。一群外面的人跑到鄉里來，領著農民開會，喊口號，唱歌，揮舞紅旗，本來就很好玩啊。何況他們又很厲害，大家都聽他們的話，像你伯父這麼兇狠的角色，在他們面前也只有唯唯諾諾，後來還被他們關起來，你送飯時看到你伯父那副狼狽樣子，你雖然同情他，但你心裏也有一絲隱隱的快意。以前你挨過他那麼多打，現在居然有人敢打他，你心有點偷偷的幸災樂禍，只是你並沒有表示出來而已。那麼如果他恨你，那也是應該的。對，一定是這樣。

不久，你弟弟送了人，你妹妹又病死了，剩下你一個人在外面晃蕩。不上課的時候，不是給東家放牛，就是給西家砍柴，混一口飯吃。當地的農民、幹部看不下去了，就逼著你的伯父伯母把你「收」回去，其實也就是管管你的飯而已。你的伯父伯母十二分不情願，但也只得照辦，於是你又跟他們一家一起吃飯了。當然也做事，砍柴、放牛、扯豬菜、插秧、撿田螺、抓泥鰍，什麼都做。你又開始跟伊辛一起抬水了。但是，你很快就發現，你是他們家裏的一個家外人。從伯父到伯母到堂姐，全都對你另眼相看，只有伊辛因為最蠢，又常常跟你一起抬水砍柴，所以跟你的關係略微好一點。你伯母的陰狠，堂姐的潑辣，伯父的暴躁，現在全有了一個施展的目標。你的日子自然就更慘了。比你只大三歲的堂姐居然也敢伸手打你，你現在想起來都覺得不可思議。你的伯母是伯父的續弦，比伯父小十來歲，那時似乎還不過三十出頭。你記得她長得並不醜，皮膚白白的，身材也頗苗條，可是她那張臉在你的記憶中總是和巫婆沒有兩樣。你們家鄉的習慣，每家每戶都有些罈罈罐罐，放一些自家做的點心，例如蒸熟曬乾的紅薯條、南瓜條之類的。你的伯母都把這些罈罈罐罐塞到閣樓上，小孩子一般不許上閣樓。有一次你肚子餓極了，竟然跑到閣樓上去偷偷地拿了幾塊，被你伯母發現了，臭罵了一頓，說些「手腳不乾淨」之類極難聽的話。還有好幾次，你睡覺了，他們一家人卻在煮東西吃，以為你睡著了，其實你還沒有入睡。你的伯父就更奇怪了，幾乎一有機會就要在你身上發洩他的蠻勁和他那一股找不到出口的怒氣。在無數個耳光中你的右耳終於永久地失去了聽力，幸而人有兩隻耳朵，這沒有妨礙你日後成為一個看來完全正常的人，但是你自己非常明白，你在學習外語、欣賞音樂的時候，它讓你的敏銳減了多少分。

幾個鏡頭現在出現在你的記憶螢幕上，那是一輩子都不會忘記的。有一次你不知道什麼事情得罪了伯父，他抄起一根粗粗的竹竿迎頭向你劈過來，幸好你那時身手矯健跑得快，那竹竿「啪」的一聲打在臺階的石板上，竟然破成了兩半，你事後想起來都餘悸不止，如果跑得慢一點，你腦袋的命運豈不就跟那竹竿一樣了？還有一個畫面是一個深秋的黃昏，你坐在屋後的肥坑邊——這「肥坑」是你杜撰的一個詞，你們鄉下叫做氹子，是用來儲存肥料的泥巴坑，裏面是發臭的淤泥、牛糞、狗屎、野草、食物的殘渣——頭上戴著一頂帽子。因為那個時候你頭上長滿了癩痢，你從小是一個自尊心很強、又愛美的小孩，長癩痢這件事使你很痛苦，尤其在女同學面前顯得很沒面子，所以你總是頭上戴著一頂帽子，而你的伯父卻老是看不慣你戴帽子的樣子，老是罵你：「長癩痢就長癩痢，戴什麼帽子！哼，還知道怕醜！」但是不論他怎麼罵，你就是不把帽子拿掉。那一天他經過你的身邊，又罵開了，你還是不摘下來，他突然狂怒起來，一把抓起你的帽子就扔進了氹子，你又氣又急，不管三七二十一，就撲進那個臭泥氹，終於把帽子撿回來。一身臭泥和糞便，跑到小塘裏半天才洗乾淨。第三個畫面便是你離開老家前的最後一個除夕，你在初中念完第一個學期的寒假。因為一塊肉買得不中你伯父的意，被他連扇幾個耳光，大罵：「人不為己，天誅地滅！連肉都不會買，你這個沒用的東西！」

你上中學之前，從鄉長的嘴裏知道你媽媽住在香港，土改前一直有信和錢寄給你伯父。你這才恍然大悟，原來土改之後你伯父一家對你更壞，跟你自己所設想的那些理由雖然有關係，但還有一個更深刻的、你自己沒有料到的原因，那就是在土地改革之前，你伯父一直從你父母那裏收到一筆筆不菲的贍養費。而土改之後，這些錢自然沒有了。所以，雖然你們兄妹三個現在只剩下了你一個，對於你伯父家來講，仍然是一個包袱，而不會帶來任何利益。你於是也明白了，當初你伯父建議你父母把三個孩子放在他那裏，其實也是為了錢——他哪裏料得到共產黨會搞土地改革呢？你的母親後來會把錢寄給你而不再寄給他呢？

魯迅說：「我向來是不憚以最壞的惡意來推測中國人的。」你後來讀到魯迅這句話，就無法不聯想你的伯父伯母跟堂姐。對於中國人的惡劣，你早就從你自己的家人中見證過了。

蝨子

《阿 Q 正傳》中寫阿 Q 和王胡比賽捉蝨子，說：「阿 Q 也脫下破夾襖來，翻檢了一回，不知道因為新洗呢還是因為粗心，許多工夫，只捉到三四個。他看那王胡，卻是一個又一個，兩個又三個，只放在嘴裏畢畢剝剝的響。」現在的年輕人，尤其是城裏長大的，可能已經不大讀得懂這句話的意思。一是不知道蝨子是一種什麼玩藝兒，翻翻注釋或詞典，頂多知道它是一種會咬人、令人發癢的小蟲子，但沒有感性印象，因為從來沒有見過。二是不知道為什麼要放到嘴巴裏去咬，那豈不是很噁心嗎？我在臺灣教魯迅的時候，確有學生提出這樣的問題，我還真不知道怎麼回答。蝨子我小時候見得太多了，可沒辦法捉一個來給這些孩子們看，也絕未想到應該製作標本，保留起來，幾十年後在臺灣教書好用。至於告訴他們捉了蝨子放在嘴巴裏咬是為了補血，他們覺得簡直是不可思議。他們說：「恐怕是為了報仇血恨吧！」

蝨子這東西基本上只寄生在人們的衣服中，特別是衣縫和棉絮裏，所以漢末魏初的阮籍在《大人先生傳》裏諷刺那些凡事遵循禮教的君子們，說他們有如「虱之處乎褌中，逃乎深縫，匿乎壞絮，自以為吉宅也。行不敢離縫際，動不敢出褌襠，自以為得繩墨也。」實在是很傳神的。不過阮籍之順手拿蝨子來打比方，其實倒是頗有時代精神或說傳達了時代氣息的，因為魏晉時蝨子很多，跟今天的臺灣大不相同，甚至跟幾十年前的大陸鄉下也不相同，大陸鄉下的蝨子一般都寄生在窮人的身上，而魏晉的蝨子高貴許多，常常老實不客氣地住在貴人的身上。而且奇怪得很，那時的貴人好像頗以生蝨子為榮。我們在魏晉的書裏常常看到貴人們捉蝨子的情景，甚至在眾目睽睽之下，也不以為意，跟阿Q和王胡沒有什麼兩樣。比方說，嵇康在《與山巨源絕交書》裏，就大大方方地承認自己「性複多虱，把搔無已」。又如《世說新語．雅量篇》說，顧和做揚州從事的時候，一次入朝開會，停車路邊，剛巧碰到周候去拜訪王導，經過顧和的車子，而這位老兄卻在那裏「覓虱，夷然不動。」當然最有名的例子還是王猛，這位前秦的名臣在未出山之前，桓溫北伐入關，王猛去拜望他，卻一點都不因為布衣的身份而自慚，一見面就談天下大事，一邊侃侃而談，還一邊抓蝨子，所謂「捫虱而談天下事」，即謂此也。魏晉名士之多虱，如果以今天人的眼光來看，是很容易發生誤解的。他們既非養寵物，也不是故意做秀，而是另有它因。因為那個時候的名士喜歡服藥，特別喜歡服一種叫做「五石散」的藥，服了這種藥的人，身體發熱，皮膚過敏，不能隨便洗澡，又不宜穿有棱有角的新衣或漿得硬硬的剛洗過的衣服，只好穿舊衣、髒衣。日子一久，便免不了長蝨子。而當時能夠服藥的人，必是貴族，才有錢服得起，又是名士，喜歡率性，不居小節，多少有些像今天西方的「嬉皮」、「雅皮」，在當時正是時髦，絕非一千五百年後的阿Q和王胡可以相比。

我生在跟阿Q、王胡差不多的年代，而去魏晉甚遠，所以我少年時代所見的蝨子也是阿Q跟王胡的蝨子，而非嵇康跟王猛的蝨子。不過在我們鄉下，不僅阿Q跟王胡的身上有蝨子，好像趙老太爺、錢太爺、茂才公也時不時有幾個。因為這蝨子繁衍極快，周遊列國也不需要護照，所以一人有之，十人得之，也就很快地遍布於國中了。而且蝨子這東西見血即吸，也不管男女老幼，貧富貴賤，一旦上身，就彷彿拿了綠卡，取得了永久居留權，要想驅逐出境還真不容易。當年在我們老家，蝨子是家家皆有之寶，人人必備之珍，尤其是冬天，身著棉衣，而棉衣大多又破破爛爛，極易藏虱，所以每至冬陽煦煦的天氣，大家一排兒坐在牆根下，脫下棉衣，比賽覓虱，是常見的事，一點都不輸於阿Q跟王胡。

而至今使我忘不了的，一想起來就歷歷在目的，是跟我同住在一棟老屋裏的一個遠親，此人身上蝨子之多，在我這個見過蝨子世面的人也是平生所僅見。這人極瘦，眼睛半瞎，那時才三十多歲，是個裁縫。曾經跟我說，他年輕時給我父親做過衣服。他說當時就認為我父親將來會做大官，因為我父親的手比一般人長。他似乎根本就沒有家，又沒有老婆，冬天總穿著一件破棉襖，用草繩捆在腰間。棉襖的布面是黑色的，但卻有一半成了灰白色，那是露出來的髒棉絮。只要略微走近他，就會看到那一塊塊灰白棉絮上爬滿了密密麻麻的蝨子，點綴在棉絮上，很像一塊塊的芝麻糕。這人其實很斯文，至少在我們鄉下是如此，說話慢聲細語，還有點文縐縐，小時候肯定讀過私塾。但後來為什麼會落魄成那樣，我一直沒有弄得很清楚，據說是土地改革時劃成了地主，父母跟老婆都一個個死掉了吧。

我上了中學以後不久，聽說他也死了。是生了病，又沒有飯吃，活活餓死的。那時初中的語文課本裏有一篇魯迅的《孔乙己》，我上課的時候不禁就想起這位遠親，覺得他跟孔乙己似乎有點像，但這位遠親既不嗜酒，也無惡習，為什麼會落得那樣的下場呢？我至今還常常因他而想起蝨子，也因蝨子而想起他。他雖說是個地主，但並沒有吸過人的血，卻像蝨子一樣活得卑微。

2009、8、8

谷滿爹

你小時候在老家住過五年，從七歲到十二歲。十二歲上中學，第一個寒假的假期回去過一次，至今五十五年再也沒有回過老家。但老家的樣子你還大體記得，那是一個「冂」字形的建築群，好幾十間房子連在一起，住著二十幾戶人家。「冂」字形的中間空地是禾坪，供大家曬穀子和堆禾柴用的。禾坪的前邊是一口小塘，塘跟禾坪之間是菜地，菜地分成許多塊，每家都有幾塊，不同的季節種滿了不同的蔬菜。茄子、辣椒、白菜、豆角是最常見的，每塊地的邊角則常常種著一些蔥、蒜、藠頭或紫蘇。沿著小塘的四周搭滿瓜棚，種著南瓜、東瓜、絲瓜、苦瓜。塘是大家公用的，有魚蝦，因為塘小，所以魚蝦也不大。魚以鯽魚為主，偶爾有幾條鯉魚鰱魚草魚，還來不及長大，就被孩子們抓去吃了。

大人們是很少在那裏打魚的。大人們要打魚則在另一個塘，那個塘在老家的左邊。從老家禾坪左手的大門出來，沿著一條兩邊都是南瓜絲瓜的小路走一兩百米，再左轉上一個土坡，就可以看到那一方大塘。大塘到底有多大，你現在也說不清楚，在當時你的眼中，是可以稱作湖泊的。大塘左手上方的土坡上，有一棵很大的柞樹，在你的記憶中那棵柞樹就彷彿是一棵千年古木，是一個龐然大物。在大塘打魚，是要用到船的，把船划到湖中，在湖中撒網，才能撈起那活蹦亂跳的一條條大魚。其實這塘裏並不能行船，塘也沒有大到需要行船的地步，你這裏所說的「船」，其實是鄉裏人臨時搭起來專門用作捕魚之用的。那辦法是用六個到八個大木桶，翻過來壓進水裏，再把兩塊（或幾塊）大床板擱在桶底上，那壓縮在桶裏的空氣就會把桶跟木板都頂起來，上面站兩個人，一人划船，一人撒網，是不會沉下去的。不過做這樣一條「船」頗費工夫，要好幾個大漢同時努力才能成功。每年打一次魚，時間大抵是在秋收之後，過年之前。打魚在村裏是一件大事，男男女女都跑出來聚集在塘邊，孩子們更是跳跳蹦蹦，一邊大聲地喊叫著。一網魚從水裏打出來的時候，男女老少都會高興地叫起來，議論魚的大小，是什麼魚。捕到一定的數量便收工，然後拿到禾坪上去分。你記得最清楚的就是每次分魚的時候，大家都會很自然地從魚堆中挑出幾條最大的放到一個小簍子裏，便有人說：「給谷滿爹送去！」

這谷滿爹住在「冖」字形的唐家新屋的左手第一家，也姓唐，是你的一個遠房本家，在兄弟中排行最末，所以叫滿爹。你們鄉里習慣把兄弟姐妹中最小的一個叫「滿」，意思是到此就滿了，不再生了，所以有滿弟、滿妹、滿姑、滿叔之類的稱呼。這「滿爹」顯然是一種尊稱，至於「谷」，你一直弄得不很清楚，現在推想起來應當是他的名字當中有一個「谷」字吧。他那時大概有六十來歲，中等個子，壯實勻稱，留著一部長長的白鬍子，兩眼炯炯有光，神態威嚴，是你們家鄉遠近聞名的一位大人物。因為他書讀得很好，不到二十歲就中了秀才，而你們鄉下是很崇拜讀書人的，何況方圓幾十里內只有他一個秀才，所以不僅在唐家地位很高，就是在所有鄉人的眼中，都是一個極有分量的人。雖然他並不當官，可是不論哪家分產不公，妯娌吵架，或者鄰居鬥毆，都要來找他判理。谷滿爹一言九鼎，判誰對就對，判誰錯就錯，是沒人敢不服氣的。所以唐家新屋每次打魚，把好魚大魚先給谷滿爹送去，這在大家看來乃是理所當然之事。谷滿爹也欣然受之，毫不謙虛，要是送晚了他還會罵人的。

家鄉人對谷滿爹無不敬畏有加，跟他講話很少有人敢平視的。但這谷滿爹對你卻很和藹，常常把你叫到他家裏去陪他吃飯。你記得他有一個很奇怪的習慣，就是吃飯的時候，不是坐在板凳上，而是用兩個腳蹲在板凳上，你至今也沒想清楚到底是什麼道理。他不僅對你和藹，甚至有點客氣。他常常對別人說：「翼明是讀書人，將來要做大事的。」他也常對你說起你父親年輕時的往事，說他教過你父親讀書，你父親聰明過人，又勤奮過人，放牛的時候都會帶書在身上，一邊放牛一邊讀書。這些故事你聽起來半信半疑，但你的確喜歡聽他講這些事。你也不怕他，你承認你還相當喜歡他。在某種程度上他也可算是你的一個啟蒙老師，尤其是古文。你們鄉下「耕讀之家」的習慣，是在冬天農閒的時候，把本家子弟聚集起來，請一個老師來教他們四書五經，其實也就是一種「家塾」。你最初的古文一部分是你伯父教的，一部分就是他教的。像《鄭伯克段于鄢》、《周鄭交質》、《石碏諫寵州吁》、《曹劌論戰》、《宮之奇諫假道》、《寺人披見文公》、《介之推不言祿》、《蹇叔哭師》、《馮諼客孟嘗君》、《前出師表》、《後出師表》、《陳情表》、《歸去來辭》，這些名篇就是那時候學的，你至今還能背誦。在這點上，你不得不感激你的伯父和谷滿爹。你後來讀中學時覺得讀書非常容易，古文對你一點都不難，甚至日後你能成為一名研究中國古代文化的學者，都多少受惠於他們的啟蒙。所以你也至今覺得中國舊時的私塾教育並非一無是處，小時候背點詩文對一個人日後的教育是有益的。

谷滿爹後來遭殃了。那是土地改革的時候，谷滿爹被打成惡霸地主，說他是當地一霸，不僅廣有田產，而且包攬詞訟。於是抓起來關在祠堂裏，又逼他交出埋在土裏的金銀財寶，他說沒有，農民不信，有人就在他十個手指上釘竹釘，他慘叫著暈死過幾次。有一天你偷偷跑到祠堂裏去看他，昔日的威風完全不見了，一個可憐的老頭兒氣息奄奄地躺在地上。你鼻子酸酸的，不敢叫他，趕緊跑了出來。他後來終於被放了出來，但不久就死了，田地、房產當然都分了。

有一件事是你聽來的，沒有親眼見到。說是他有一個女兒，長得很漂亮，小時也跟他讀過很多書，嫁在離你們老家幾十里外的一個鄉村，夫家自然也是地主。土改時夫妻倆都被吊打。而他女兒除了「地主婆」外，還有一個罪名是「破鞋」，說她風騷，勾引男人，於是把她吊起來，用繩子紮緊兩個褲腳，把一隻貓從她的褲腰裏放進去，讓貓在褲襠裏亂抓。底下的人便起哄：「你不是騷得難受嗎？看你還騷不騷？」你那時年紀很小，不知道什麼叫階級立場，你聽了這件事只是覺得心裏很不好過。你見過他女兒一面，她對你很好，你覺得她的確漂亮，尤其是笑起來，那樣子很迷人，這大概就是他們所說的風騷吧。

2009、8、30

皇帝夢

你從小就是一個不安分的小孩，不管到什麼地方總會弄出一點故事來。

你十二歲時進了老家衡陽縣的一所私立初中——新民中學（一九五六年公私合營以前，中國還有些民營的企業和私立的學校），從此擺脫了放牛、砍柴、扯豬草的生活。你的眼前展現了一個完全嶄新的世界。同學們來自縣裏的各個小山村，五六百個學生，幾十個老師，全都住在學校裏，實在很好玩。雖然每天只吃兩頓（早上十點一頓，下午四點一頓），但可以吃飽。比在鄉下連兩頓稀飯（有時還要加野菜）都吃不飽的日子已經可算是天堂了。何況一個禮拜還會打一兩次牙祭，打牙祭的時候還有肉吃，而在鄉下是連一年也吃不了幾次肉的。

但是最令你高興的還是那學校居然有個小小的圖書館。那圖書館裏有多少書，有些什麼書，甚至那圖書館是什麼樣子，你現在都完全記不起來了。你只記得那裏面有很多古典小說，你很快就被這些古典小說吸引住了。學校的功課對你來說太輕鬆了，課外的時間除了打球，你就幾乎全用在讀小說上。學校的四周都是田野，方圓二十里之內沒有任何街道和商店，所以除了學校，你們也沒有任何地方可去，讀小說就成了唯一的消遣。每天下午四點鐘吃完晚飯以後，到七點上晚自習以前，有兩個多小時幾乎都可用來讀書。你小時候眼睛特別好，即使冬天天黑得早，你仍然可以在走廊昏黃的燈光下讀得津津有味。初中三年，是你讀中國

▲初中二年級時候的你，瘌痢頭剛治好，照片下緣露出的是縫在衣服上的校徽。／1955 年攝於衡陽縣私立新民中學

古典小說最多的時期，除了幾大名著之外，你把那個時候能夠借得到的中國古典小說幾乎全部讀完了。什麼《三俠五義》、《七俠五義》、《東周列國志》、《封神榜》、《隋唐演義》、《說唐》、《薛丁山反唐》、《五虎平南》、《五虎平西》、《粉妝樓》、《英烈傳》……，還有蔡東藩寫的歷朝演義小說，全都看了。你現在想想都很得意，因為你後來就沒有機會，也可能會沒有興趣再讀這些東西，高中時你的興趣已經轉移到外國小說上了。

你那時對古代的戰爭小說特別著迷，腦子裏裝滿了各種各樣的好漢。水滸的一百零八將連同他們的綽號都倒背如流，隋唐之際的十八條好漢你至今還可以說出一大半。最讓你羨慕進而想仿效的則是劉關張桃園三結義，你竟然找到兩位投合的朋友，結了拜把兄弟。上課的時候，老師講得唾沫橫飛，你卻躲在下面看小說，要不就是畫人物、畫兵器，什麼青龍偃月刀、朴刀、方天畫戟、金箍棒、狼牙棒、大銅錘……你覺得你的方天畫戟畫得最好。你心裏最嚮往的則是當皇帝。你覺得當皇帝實在是太威風了，你很想嘗嘗坐在金鑾殿上受群臣朝拜，然後叫他們「眾卿平身」的那種味道。當然，三宮六院七十二妃對你也有莫大的吸引力，雖然那個時候你對男女之間的事可以說還完全不懂。

你那個時候實在太幼稚，對政治一點常識都沒有，五星紅旗的天下，居然想當皇帝，尤其幼稚的是，你竟然在你的小板凳

（你們那個時候每個學生都有一條專用的小板凳，是在操場上聽報告用的）底面寫上了「御用」兩個字。這一下完了，很快就有積極份子告了密，班主任召集全班為你開了一次「幫助會」（也就是批判會）。接著又發生了一件奇怪的事，說是班上有同學被偷了東西，班主任把大家集中在教室裏，不許出去，然後派了幾個幹部到寢室裏去搜查。結果並沒有搜查到那被偷去的什麼東西，卻在你的皮箱裏搜出了一紮你母親給你的信。班主任便把這一紮信當作從敵人那裏繳到的武器一樣，呈給了校方——你後來知道，那位班主任其時正在申請入黨，你母親的信成了他向黨表現忠心的證明。

那一年你的操行成績得了丙等，因為「思想反動」。丙等也就是不及格，離開除也就是一線之遠。那個時代，丙等的操行成績基本上是懸而不用的，如果不幸得了丙等，就意味著你這一輩子檔案裏都會有一個大污點，入團、入黨沒有份，參軍沒有份，升學也沒有份。但你那時完全不知道這個問題的嚴重性，你才初中二年級，十三歲，這是你成年以後，尤其是文化大革命當中才懂得的。

不過那個時候你實在太年輕，太容易忘掉這些不愉快的事情，何況初三的時候學校舉行大比賽，你居然一個人得到了數學比賽第一名、演講比賽第一名、作文比賽第四名，發獎的時候，一連上臺三次，實在很風光。大部分老師都很喜歡你，尤其是校長，老是把你叫住，跟你聊兩句話，摸摸你的頭，不掩飾對你的欣賞。

一九五七年，你初中畢業了，決定到武漢去讀高中。你離開學校的前一天，校長把你叫到他的辦公室，說：「唐翼明啊，你要去武漢考高中了，可你有一年的操行是丙等，沒學校要你的。我昨天已經私下裏給你改成了乙等，以後說話做事可要小心啊。」

九年以後，在那場「史無前例」的運動中，你一開始就被打成反革命，滿校的大字報要把你批倒鬥臭，你的各種檔案也被陸續地披露出來。你這個時候才知道你早就是一個有「特務嫌疑」的「內控對象」，所以你高考雖是全省第二名，但沒有一所大學錄取你，因為你名落孫山的命運早在你報考之前就決定了。你也是在這個時候才懂得你初中的校長為你做了什麼事，承擔了什麼樣的風險。沒有他，你就連高中都上不了，那麼以後整個的生命史大概全部要改寫了，他是你生命中又一個重要的貴人。

▲你的父母／1957 年攝於紐約

你從來沒有忘記這位敦厚的長者，你記得他是中等個子，略顯豐滿的臉，長得很正氣，又有一種慈祥的氣象。你覺得他很像孫中山。你一直希望有一天能夠帶著你的著作去看望他，送上你深深的敬意，讓他知道他當年賞識的學生沒有辜負他的期望。可是偏偏當你能夠回國的時候，他卻已經去世了。

你至今還常常想起他，你的心上已經永遠地刻上了這個平凡而又偉大的名字：王會安，你初中的校長。

呆鷹嶺

一九五七年暑假，你從衡陽縣新民中學初中畢業，北上武漢，後來考進了武昌實驗中學。從此就再也沒有回到衡陽，跟新民中學的同學也都失去了聯繫，其中雖然有幾個人時不時地出現在你的記憶中，但你想這一輩子大概再也不會見到了。

但不料整整半個世紀以後，二〇〇七年的冬天，你竟然在臺北見到了五十年未見的老同學鄒發祥，他是被臺灣請來訓練射擊

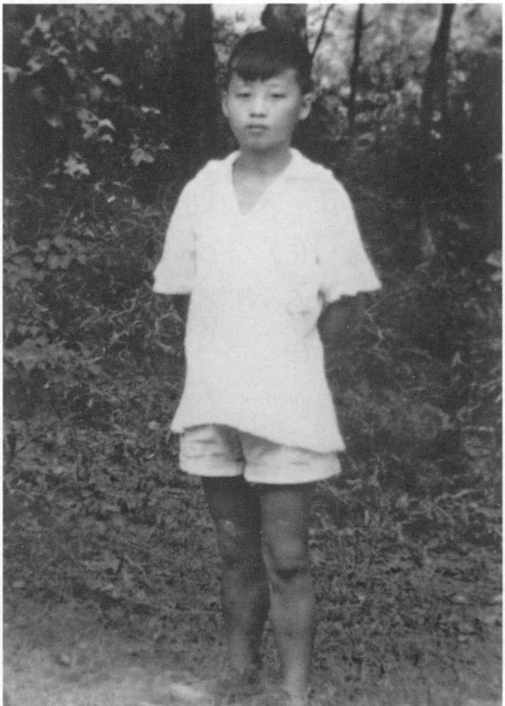

◀初中三年級的你，瘌痢頭已經好了，又長出了滿頭的「秀髮」。／1956 年攝於衡陽縣私立新民中學

運動員的。他離開新民後成了運動健將，後來又成了國家隊的射擊教練，教出了好幾個世界冠軍和國手。臺灣這個時候正在準備參加二〇〇八年的北京奧運，不知道通過什麼關係，居然請了他來做教練，在臺灣待了四個月，訓練基地在桃園。那天週末，他特地到臺北來看你，你陪他在臺北玩了兩天，又在你的山居住了兩夜，聊起許多塵封的往事，居然還會像五十年前那樣相視大笑。臨別時他要你在筆記本上寫幾句話，好回去後帶給新民的老同學看，你就提筆寫了四句詩：

同學新民共車衣，呆鷹嶺上看鷹飛。
重逢已是白頭後，夜話滔滔仍忘機。

這裏提到的呆鷹嶺，就是新民中學所在的地方。因何得名，無人知曉，你其實一直懷疑「呆鷹」或許因當是「岩鷹」，在衡陽話中，「呆」和「岩」是同音的。像老鷹那樣機靈的猛禽說是「呆」，好像沒有什麼道理。而它盤旋在天際，偶爾會棲息在高岩之上，名之曰「岩鷹」還說得過去。但你卻又很清楚地記得，當時大家都寫作「呆鷹」，不知原因何在？

呆鷹嶺其實是學校所在地的名稱，並非一座山。衡陽屬湘南丘陵地帶，在南嶽衡山之陽，故名衡陽。承衡山之餘脈，小山小嶺綿延不斷，所以你們家鄉很難找出幾塊大的平川。這呆鷹嶺也是丘陵地帶，你們學校四周幾乎都是山嶺。學校跟山嶺之間零零星星地散布著一塊塊的農田。有一條小路通出去，可以走到三四里之外的小鎮，再走十幾里就到了衡陽市。所有的老師和學生全都住在學校的宿舍裏，平時的活動範圍也都在學校。偶爾在夏天暑熱季節，帶一床竹蓆，穿過農田，走到附近山間的林中空地上，席地而坐，聊會兒天，然後各自讀書。四周是蟲鳴鳥唱，倒比在教室裏反而更能集中注意力，卻又多一點野趣。這通常發生在期末考之前正課已經上完的復習周。如果同學中有一兩個稍微富有一點的，買一兩筒黃豆、一兩筒花生米，配著附近的山泉水，時不時地嚼幾顆，也就是你們的 picnic 了。

坦白講，學校的樣子，你已經不太記得，拼命思索也只能想出個大概。這學校並沒有什麼堂皇的大門，那門一點都不氣派，你也不記得門上是否題有校名。你只記得那門前是一大片黃土地，這黃土坪一直延伸過去，幾乎包圍了學校大半圈。操場、籃球場、鞦韆都分布在這黃土坪上。黃土坪過去有幾戶農家。進門之後，左右就是傳達處、教導處、校長室等等，再往前走，中間是天井，兩邊對稱地排著幾進房子，第一進是跟校長室等連在一起的，是兩層樓，樓下是老師的教研室，樓上則是學生的寢室。後面幾進都是平房，就是你們的教室。右邊又有一個天井，天井的那邊是另一片平房，醫務室、工具室、廚房則在那邊。再過去就是老師的宿舍了。

你記得那個時候每一屆是四個班，那麼全校就應該是十二個班，所以至少應當有十二間教室。每班以五十人計，全校也就大概六百來學生，老師跟行政人員加起來可能還不到一百人。在你讀初二到初三之間的那個暑假，學校在教室的後面蓋了一個大禮堂，在當時的你看來，那算一個很氣派的建築了。開會時放椅子，平時則當食堂，放著一張張方桌，每桌八人，算起來應該有百來張桌子，所以那禮堂還真不算小。禮堂的最前面是一個大講臺，後部還有很大一塊空間，放著單槓、雙槓、跳箱、體操墊，你們常常在那裏上體育課。而你記憶最深刻的是那禮堂很高，四周都是很大的玻璃窗戶，所以在你們鄉下就顯得格外摩登而且闊綽了。

你記得那個時候，你們每天只吃兩頓飯，清早起來先是自習兩個鐘頭，到了九點左右開始吃早飯。早飯多半是稀飯，好像也並沒有饅頭或包子。稀飯用大木桶裝著，用長長的帶木柄的鐵勺舀。一直要到下午四點，才吃一天中的正餐。這一餐是乾飯，可以吃飽，有三四個菜，每週還打兩次牙祭。所謂牙祭，就是至少有一個肉菜，而不打牙祭的時候自然都是蔬菜。這在你們鄉下是已經無可抱怨的了，一般農家吃得比你們差得多，每天兩頓稀飯，有時稀飯裏還要加蘿蔔纓子（即曬乾的蘿蔔葉子，通常是用來餵豬的）甚至野菜，一年到頭也吃不到幾次肉。今天看來不可思議，但你們那個時候以為全世界都是這樣的。後來還進一步認識到，你們已經是全世界生活過得最好的三分之一的人，其他三分之二的人正在受苦受難，有待你們去解救哩。

抓麻雀

你前面說過，進了新民中學你就到了天堂，雖然每天只吃兩頓飯，但基本上能吃飽，每週還打兩次牙祭，這是在金溪廟做夢都做不到的。但是你也得說實話，你還是常常覺得餓，對這一個發育中的孩子，營養畢竟是太不夠了。所以你直到初中畢業，身高還只有一米三二，現在想想簡直不可思議。餐外補充一點營養，那是連想都不要想的事情，一方面是離小鎮太遠，更重要的是根本沒有餘錢。

每天傍晚時分，偶爾有些農婦會提著一籃一籃的炒黃豆到學校門口來賣，一分錢一小竹筒，真的很便宜，有些學生就會買點來吃。你記得在初一的時候，還只能看著別的孩子吃，饞得連口水都要流出來了，可身上就是摸不出一分錢來。那個時候你母親每個學期寄給你五十塊人民幣，這五十塊一到手就全部交給了學校，學校包了一切，包括作業本。將近期末的時候，再退你兩塊錢，充當回家的盤纏。你在第一個寒假被伯父的幾個耳光打出來之後，便不再回老家了。後來期末退回的兩塊錢便可充做平時的零用。因為你寒暑假不再回金溪廟，你母親又加寄你一點錢，這樣你手頭便寬裕一些，於是偶爾也可以買買黃豆吃了。

但還是不夠，你們同學就自力更生，想方設法給自己找點吃的。你還記得當時這種補充營養的花樣主要有三種。一種是秋收以後，稻田會長出一種小豆子，小到只有綠豆的四分之一，咖啡色，你們把它叫做「泥豆」。晚飯後晚自習之前，你們就成群結隊地到水稻田裏去尋找這種泥豆。通常一兩個鐘頭也可以弄到個半斤八兩，回來炒了吃。

還有一種是抓青蛙。抓青蛙有兩種辦法，一種辦法是白天去釣，用一根小竹竿，前端綁一條繩子，繩子前面繫一個棉花球，到菜地裏或野草堆裏上下震動，青蛙見了以為是昆蟲，便跳起來一口咬住吞下，自然就被抓住。另外一種辦法，是晚上用手電筒去照，這青蛙很笨，被燈光一照就不敢動了，只要用手抓起來就好。抓到青蛙以後，回來洗淨剝皮，拿到要好的老師家裏用砂鍋去煮，便是一頓美餐。

但你以為，最美味的不是青蛙，而是麻雀。但麻雀不好抓。直到大禮堂修好之後，你們才在偶然之中發明了一種捕雀法。因為那大禮堂充做食堂用，所以地上常有一些掉下來的殘菜飯粒。冬天的時候，麻雀們在外面找不到吃的，便成群地飛到禮堂裏面來覓食。這一下觸動了你們的靈感，不知道是哪一個聰明的同學首先想出一個主意，辦法是等一群麻雀飛進窗戶以後，立刻把玻璃窗都關上，十幾個同學手中拿著掃把或竹竿，跳到桌子板凳上，亂揮亂打，打得麻雀四散逃命，不敢歇腳，一個個爭先恐後往窗外飛，卻沒料到那看來空空的窗戶卻是一道道堅硬的玻璃板，撞得麻雀們暈頭暈腦。撞了幾次之後，終於不是腦震盪便是腦出血，沿著玻璃板一隻隻直往下墜，很快就成了你們這一群惡作劇的孩子們的囊中之物。只要抓到一二十隻麻雀，回去用開水一燙，把毛拔光，開膛破肚，掏出腸胃，放在砂鍋裏去燉煮，加點鹽，就是上好的美味了。

你印象最深的一次，是初三上學期期末。那年奇冷，晚上上晚自習時學校給每個班配了幾個大火盆。那火盆四周是方的木架子，中間是圓鐵盆，裏面裝白炭，燒的時候很溫暖而沒有明火。期末復習時大家就圍坐在幾個大火盆邊，一邊取暖一邊看書。也因為冷，覓食困難，麻雀們便碰上了「荒年」，飛進禮堂的麻雀也就較平時更多。有一天，你們又邀集了十來個人，去幹這種把戲，打得麻雀滿天飛。那次收穫特豐，好像有三十來隻麻雀進了你們的布袋。等你們把麻雀洗乾淨拔過毛準備停當以後，卻眼看要上晚自習了，來不及到要好的老師家裏去煮，便借了一個砂鍋把麻雀裝在裏面，放到教室的火盆裏去烹。又怕巡堂的班主任看到，一個機靈的同學想出一個好辦法，從寢室拿出一床棉被來。火盆的周圍坐滿了同學，棉被鋪在同學的膝蓋上，看來是為了保溫取暖。大家用一隻手抓住棉被的邊角，另一隻手則抓住書本，裝模作樣地看書，其實注意力全在棉被下面砂鍋裏的麻雀上。一會兒麻雀就煮好了，奇香四溢。那香味之美，你到現在還記得清清楚楚。正當你們準備飽餐一頓的時候，發現糟了，你們那位嚴厲的班主任偏偏在這個時候很不識趣地出現在教室的門邊。大家趕緊把被角扯好，一個個裝作正襟危坐的樣子。班主任顯然也聞到了香味，便在教室裏四處尋來尋去，但又終於沒有發現什麼，最後只好滿臉狐疑地離開了。老師剛走，你們便哄堂大笑，正好這時候下課鈴也響了，你們知道老師再也不會來了，便掀開被子，抄起筷子，一個人一隻。那實在是你生命中最美好的一次晚點。此後你吃過無數次中外美點，但就是沒那一次好吃。

不過令你絕對想不到的是，到了一九五八年，也就是大約兩年之後，你已經在武漢上高中了，居然又參加了一次規模比你在新民捕雀時大過無數倍的捕麻雀之戰。那是在偉大統帥親自指揮之下，在九百六十萬平方公里的國土上，所掀起的一場捕麻雀大戰。據說麻雀是四害之一，每年要吃掉許多糧食。偉大領袖龍顏大怒，決定為民除害，便號召全國人民大戰麻雀。記得有一天被武漢市規定為「全市捕雀日」，工人罷工，學生罷課，男女老少一起上陣，或登屋頂，或上樹梢，手持臉盆掃把，打得武漢市的麻雀滿天飛，無地可停，無枝可歇，終於一個個暈頭暈腦地栽了下來。這跟你們當年在新民中學所幹的把戲一樣，所以後來國外有些帝國主義者、反動份子紛紛譏笑偉大領袖。但你心裏卻一直很同情他，至少在這一件事上，你覺得你的心跟他息息相通。你親切地感受到了他那種詩人的氣質和天真的情懷，古人不是說過「大人者，不失其赤子之心者也」嗎？這有什麼好笑的呢？你們這些洋笨蛋，簡直就沒見過世面，哪裏知道咱們中國人的玩法？

班主任

你努力想搜索一下你記憶螢幕上初中師長的身影，立刻出現的，也最清晰的，是你的校長王會安。中等偏矮的個子，不胖不瘦，五體停勻，圓圓的臉，端正溫和，安排得非常妥帖的五官，慈祥中有一股英氣，每每令你想起孫中山。接著出來的便是一張馬臉，下巴略尖，兩道掃帚眉，寬寬的，卻並不濃，鼻子頗高，中間隆起，這使他有點像洋鬼子，個子也高高瘦瘦的。那時他只有二十七八的年紀，結了婚，但似乎還沒有當上父親。他就是你初中二年級到三年級的班主任盧達仁。你後來很驚訝地發現，他的太太居然是你的表姐——不過不是親表姐，是堂舅的女兒。

盧老師是你初中三年中接觸最多的師長。但你直到現在都還吃不准該怎麼去評價這個人。他無疑是一個聰明人，但他留在你的記憶中的印象，卻遠不像王校長那樣正派慈祥而富有同情心。每次想到他，你總是無法忘記，他那次玩弄小小的詭計，藉口班上有同學丟了東西，而把全班同學關在教室裏，卻派兩個班幹部去搜查你們寢室。結果自然沒有搜到什麼贓物，卻「意外」發現了你母親寫給你的一札信件。他把這札信件上交給學校領導，於是你就成了他積極申請入黨的貢品與祭品。你也就是在他的手上，拿到了那年的丙等操行。如果不是王校長後來替你把丙等改成乙等，那麼你到武漢就考不上高中，你的人生道路肯定就要改寫了。你努力地去想他的許多好處，但卻始終無法忘記這刻骨銘心的刀痕。你到現在自然可以原諒他，你知道在那個年代，所有要求進步的革命青年都是這樣做的。人的自私的本性，在那個年代總是穿著「無私」、「講原則」、「大義滅親」這些華麗的服裝上臺演出的。你可以不計較盧老師為了自己的前途而對你使出的這種小伎倆，但是你卻因而更加體會到王校長的愛心與偉大。你也因而知道，無論在多麼齷齪的時刻，一個真正正直的人，與不夠正直的人，他們的表現還是會有區別的。

但是憑心而論，除了這件事以外，他並沒有與你特別為難的地方。作為你的班主任，他自然明白你是班上最優秀最聰明的學生，只是努力把自己對你的欣賞不表現出來而已。你那時個子很矮小，初中三年都坐在第一排。他講課時常常就站在你的臉前，距離不到一米。有一次讀魯迅的一篇文章，他要大家把這篇文章分成幾個大段，每一段取一個簡短的小標題。他話一停，你也沒舉手就把你的分法跟標題講了出來，你明顯看到他露出一臉十分驚訝的神色，下意識地把捏在他手中的備課筆記本翻過面去。你心裏不禁得意地竊笑，因為你的分法跟標題都跟他的一樣，他懷疑你是看到了他的備課本才說出來的。還有一次他組織了一個全班的猜謎晚會，三個甲等獎居然被你包了，你到現在還記得其中一個字謎是這樣的：「莫要中間，亦不要下頭，只要上頭。尚要上頭做下頭，須將左邊做右邊」（答案且不說，讀者猜吧）。到第二次再辦猜謎會的時候，他就把你叫去，要你幫他自編幾個謎語。初三下學期，全校舉行數學、作文、演講比賽，你得了兩個第一名，一個第四名。頒獎時卻有一個最貴重的獎品——一支鋼筆還沒到貨，校長說貨到了再補發。這鋼筆一直到期末才到，那時候你已經收拾行李準備去武漢了，跟本沒把這事放在心上。有一天他特地告訴你鋼筆到了，要你去領獎。你說你不要了，他卻立刻說：「怎麼可以不要？這是你的獎品。來，我帶你去。」他居然牽起你的手，把你領到教務處去拿鋼筆。這是兩年來他對你最溫情的一次表示，也因而使你對他的不滿至少降低了一半。難道是人之將別，其行也善？

你後來去了武漢，考上了湖北省當時最好的高中。開學不久，你給他寫了一封信，也是此生給他寫的唯一的一封。向他描述新的學校是如何氣派，校園如何漂亮，生活如何舒適，同學又如何優秀。你不得不承認，這封信的主旨其實不是向你過去的師長報告自己的喜悅，乃是一個獲勝者向他過去的對手炫耀自己的得意。

你從此再沒有見過他，但那些往事卻時時浮出在你的心頭。你很想弄清楚，他當時究竟為什麼要幹那件事情？有沒有可能是學校的黨支部對他下達的命令，他只是一個執行者而已，你是不是錯怪了他？你也很想問問，他對你的真實看法，當時有沒有不得已的苦衷？後來有沒有心生歉意？但可惜，你聽鄒發祥說，他幾年前已經過世了。

老校醫

你繼續努力搜索，卻再也想不起一張清晰的老師的面孔。但是一位老校醫的身影卻清清楚楚地浮現上來。說他老，是那個時候你的感覺，現在想起來恐怕也就五十來歲吧。已經發福的個子略顯臃腫，尤其是那張圓圓的臉，總是有點睡眼惺忪的表情，架著一副眼鏡。如果你現在見到，會推測他屬於酒色過度的那類男人。但是那時在你們鄉下的學校裏，既無酒，更沒有色，所以看來也不大像。不過他來你們學校前是國民黨軍隊裏的軍醫，在軍隊裏是什麼樣的德行那可就不得而知了。

他留在你記憶中的最典型的鏡頭就是對人非常和氣，老是佝僂著腰，忙進忙出，給這個學生擦點紅藥水，給那個學生包塊紗布。他抽煙的本事很大，他可以讓一根煙粘在下嘴唇皮上，不抽，煙就垂在那裏，居然也不掉下來。他跟你很熟，你常去看病，你的瘌痢頭就是他替你治好的，你大便帶血也在他手中得到控制，所以你挺感謝他的。後來熟到有事沒事就到醫務室去逛一逛，他老喜歡開玩笑，逗你玩。有一次，他嘴上叼著煙，低著頭給你開藥方，突然問你：「唉，唐翼明，你叫什麼名字啊？」你不禁哈哈大笑，他才恍過神來，也跟著哈哈大笑，兩個人笑作一團。

你進新民中學的時候就是帶著瘌痢頭進去的，在金溪廟你從來沒有治過你的瘌痢頭，管不上，也沒錢管。對你伯父而言，那是完全不相干的事，就像鳥拉屎一樣，一點都不稀奇。到了新民

▲初中一年級還長著癩痢頭的你／1954年秋攝於衡陽

中學，居然有醫務室，居然有位校醫整天坐在裏面看病，你這才像得了救星一樣，去找這位嘴皮上叼著香煙，臉上架著眼鏡，有點臃腫的老校醫。他說：「你怎麼搞的啊？怎麼都不治啊？這樣漂亮的奶仔，以後還要不要找老婆啊？」然後他開始給你治。那辦法很野蠻，你記得他在你頭上先是塗一層碘酒，然後再塗一層什麼藥膏，頭上就像著了一盆火，痛得你坐也不是站也不是，直想叫媽。他說：「奶仔啊，要忍著啊，這沒別的辦法，你想討老婆就要吃這個苦啊。」你痛得衝出醫務室的門，跑到操場上。你突然發現迎風跑步的時候疼痛會減輕，會比較好受一點。於是從此你每天晚上吃完晚飯，就去醫務室，讓他給你上藥，然後就到操場上去跑步，沿著操場至少跑上十圈，等到頭皮麻木，不再疼得那麼厲害的時候才停下來。如此治了一年多，居然把那醜惡可怕的癩痢治好了。結痂脫皮，不久竟慢慢長出了新頭髮。到初二下半學期時，你又變成一個漂亮的奶仔了。

你的肚子痛也是他治好的。他給你吃了些什麼藥你當然不知道，你只記得過幾天就去拿藥，到後來肚子就不那麼經常痛了，大便帶血的現象也慢慢停止了。你不僅心裏感激他，而且覺得這個有點糊塗的老頭兒很可愛。他也似乎對你特別好，每次都要調侃你幾句：「唐翼明啊，以後討了漂亮老婆可不要忘記我啊！」

你後來又得了百日咳和鼻炎，也是找他看的。事實上除了他，也沒有人可以找。同學們因為都找他看病，所以都跟他熟，也常常會在背後談到他。關於他，你聽到的最令你吃驚的一個故事是，你們班上有一個年紀最大的女孩，你們念初二的時候都是十三四歲，那個女同學據說已經快十七八了，長得不算漂亮也不醜，不知什麼時候你們的班主任——不是盧達仁，是盧達仁之前的一個，姓顏，是個轉業軍人，長得黑黑的，很喜歡笑，不像盧達仁那麼嚴肅，班上的同學，尤其是男孩子們，都說他好色，對女同學特別好，不久就被傳出了跟班上那個年紀最大的女孩戀愛的事情。在那個年代，師生戀可是一樁大事，是絕對不能容忍的。後來顏老師就受了處分，而且離開了新民中學。記得離開前，還特別邀了你們幾個他喜歡的男生聚了一次，你只記得他靦靦腆腆的，面帶愧色。你心裏突然升起一股男子漢的俠義心腸，從前對他的嘲弄此刻卻被一種男人特有的同情心取代了。顏老師走了以後，你聽到一個最機密的消息，說那個女同學其實懷了孕，是這個老校醫幫助解決的。不知為什麼，你們那一群小男孩知道這樣的事情一定要保守絕對的機密，是不可以隨便亂講的。你從此以後再見到這位老校醫，就覺得他好像更慈祥更和善了，那肌肉鬆弛的團團的臉，也有點像個菩薩了。（不過，你前不久見到鄒發祥談起此事，他說那女同學懷孕的事完全是謠傳，不是真的，她跟顏老師連戀愛都談不上，顏老師是追過她，可她並沒答應。）

　　你畢業離開新民中學以後，不知從什麼途徑聽到消息，說他第二年就打成右派，被趕出了新民中學，後來不知到哪裏去了。唉，你現在居然連他的名字都想不起來。

諾貝爾夢

你如果說你曾經做過諾貝爾獎的夢，而且是科學的，不是文學的，大概沒人會相信。你一輩子似乎沒有跟科學發生過什麼關係，如果把「唐翼明」三個字鍵進「百度」搜索一下，也查不出任何一本著作或是任何一次演講跟科學有關。但你的確做過諾貝爾獎的夢，而且這個夢還很長，至少做了六年，你為此付出過很多心血。

你剛進初中的時候，就收到你母親從香港轉過來的一封信，信上諄諄勉勵你將來做一個科學家，以科學報國，不要多花時間在文史上，科學是實的，文史是虛的，前者與國計民生直接相關，後者則較遠。多年以後，你明白了你母親寫這封信的苦心，其實是叫你遠離意識形態，弄那玩藝兒太危險，不如學點一技之長。不過在當時，你自然不可能想到母親的這一層用意，只是覺得母命不可違，自當謹遵。幸好你對各種知識都有興趣，數理化對於你一點都不困難。而那時的中國也正當除舊布新之際，向蘇聯老大哥學習，早日建成共產主義，是當時全民的理想。而所謂共產主義，就是「樓上樓下，電燈電話」，就是「工業化加電氣化」（那個時候還沒有「現代化」這個詞）。接著又搞大躍進，而且提出了一條總路線，要「多、快、好、省地建設社會主義」。所以當時全國青年學習科學的熱情是很高的，有一句話說：「學好數理化，走遍天下都不怕。」雖然這句話後來頗受批判（說是只專不紅），在當時學生的心目中卻幾乎是一種信仰。

所以你在中學六年中花在數理化和外語上的功夫比花在文史上的功夫要多得多。

一些小小的勝利也鼓勵了你的野心。初中三年級的時候，全校舉行數學比賽，賽完之後你把握十足，因為所有的題目你的答案都是正確的。可是第二天清早，你從寢室裏走出來，正好碰到你的數學老師，他一直都很喜歡你，因為你的數學成績在班上總是最好的。他正在天井邊刷牙，含著一把牙刷，滿口的泡沫，一眼看見你，就說：「唐翼明，你這次怎麼搞的？題題都對，但是有一題的演算過程卻錯了。本來第一是你的，現在卻拿不到了。」你問他是哪一題，他就詳詳細細地告訴了你。你聽了不服氣，說：「老師，我沒有錯。」然後把你的思路告訴了他。他當時沒有做聲，下午又把你叫去，跟你說：「我們把你的演算法討論了一遍，沒想到你這小子發明了一種新演算法，我們的教科書和老師參考書上都沒有，而且你的辦法比原來的辦法簡單。算你好運氣，第一名還是你的。」這件事情讓本來就自信的你更有了自信的理由。還有一次，一道幾何題全班都做不出來，你那天晚上卻在夢裏把它解出來了，爬起來寫下你的答案，第二天跟老師的解答完全一致，你自然又洋洋得意了一陣。

到了高中，你最崇拜的老師是教物理的張仲軒老師。你的物理成績是班上最好的，數學也一樣。在高三畢業考大學的前夕，你們曾經搞過一種所謂「攻關戰」──那是大躍進當中流行的術語。一次把幾百道數學題寫在紙上，用繩子牽起來，沿著教室的牆壁掛得滿滿的。大家坐在教室裏一道道地做，誰先做好誰就可以離開。常常一連幾個鐘頭鴉雀無聲，一個個都在埋頭苦幹（那時候的學生還真乖，也真拼），你通常是最先走出教室的一個，

▲高中時代的你，望著遠方的天空，是不是在做諾貝爾夢呢？
／1959 年攝於武漢

而很多同學連一半題目都答不出來。高中三年，首先碰上反右，然後是大躍進，大辦鋼鐵，緊接著是教育改革，最後遇上了三年自然災害，所以那幾年一次競賽都沒有搞過。直到臨畢業前，劉少奇主政，才搞了一點「復辟」。高三下學期，你趕上了三年來唯一的一次競賽，是全武漢市俄文演講比賽，而你又偏偏拿了第一名。

這些小勝利讓你有點飄飄然，忘乎所以，忘記了你是「外逃的反革命份子」的「狗崽子」，忘記了你是「中國人民頭號敵人」蔣介石的侍從秘書的兒子。你自以為長在紅旗下，熱愛新中國，崇拜毛澤東，雖然沒有入團（你當然入不了），但也不是落後份子。你犯的一個最大錯誤，就是把高考（那個時候叫全國統考）等同於舊時代的科舉，以為是憑成績、憑本事，「成績是硬道理」，如果我考第一第二，難道能不取我嗎？於是你填報志願的時候，就完全不切實際，你第一志願連北大、清華都不屑填，而選擇了一個你當時認為最有前途、最重科學的大學，那就是剛剛興辦才兩年的中國科學技術大學。校長是由中國科學院院長郭沫若親自兼任，授課的教授大多是科學院的院士（當時叫學部委員）。你報的系是地球物理系，這個系是研究人造衛星、火箭、導彈之類前沿科學的。人類的第一顆人造衛星三年前（1957 年）才由蘇聯發射成功，當然世界上沒有比這更尖端的科學技術了。你那時相當狂妄，以為進這樣的大學這樣的系如探囊取物，舍我其誰？以後再拿諾貝爾獎，為咱們中國人爭一口氣。三年前，楊振寧跟李振道兩個華人第一次得到此獎，但他們畢竟是人在美國，你則要在新中國的土地上成為拿諾貝爾獎的人。

其實也不能說你太狂妄，事後證明，你是有資格做做這個夢的。你後來任教的三陽路中學校長兼黨委書記趙箴，原本是武漢市教育局的人事科長，你高考落榜後，被你的母校湖北省實驗中學留下當老師時，她親自看過你的材料。趙箴因為賞識你，跟你私交很好，有一次她私下告訴你，你當年的高考成績是全湖北省第二名。她說，當年湖北省高考成績五科平均在九十五分以上的一共有五個人，你是第二名，也是唯一沒有錄取的一個。湖北省是教育相當發達的一個省，武漢市高等學校數量之多在全國是前三名（其他兩個是北京和西安，那時上海還不在內），那麼以湖北省第二名的成績在全國算起來，應當在前十名之內，至少也不應當落在前二十名以外吧。那麼，如果公平競爭，進入科技大地球物理系的確也就是探囊取物而已。

但是那一年你竟然名落孫山，不僅科技大沒有取，北大、清華也沒有取，連武大都沒有取，全國重點大學沒有一個要你，地區性的大學，如華師、武師也沒有你的份，最後，連專科學校也沒有你的份。你這樣說，不是為了營造文章「層層遞進」的語氣，而是照實描述，因為錄取的名單當時就是這樣一批一批先後公佈的。總而言之，幾乎你所有的同學都榜上有名，連經你輔導的最差的一個印尼僑生（你是班上的科代表，有責任輔導成績差的同學），數學期末考只考了九分的李 XX，都被錄取了。但你終於沒有聽到宣讀自己的名字。那個時候，省實驗中學的高考升學率幾乎是百分之百，考不上任何大學（包括專科）的簡直就是異數中的異數，而偏偏就被你碰上了。

你在床上躺了三天三夜，不吃不睡，總算沒有發瘋。上大學的夢破滅了，諾貝爾獎的夢自然也跟著醒了。你從來不服輸，這一次服輸了。

你這一輩子注定跟諾貝爾無緣。去他媽的！

2009、9、8

何校長

你記得你是一九五七年七月來到武漢的，兩個月後，你就考進了武昌實驗中學。那是一所名校，當時所有的人都確認，那是全湖北省最好的中學，連校名都是毛澤東題寫的。它坐落在武昌司門口附近一個叫西卷棚的地方，據說那西卷棚就是當年科舉時代的考試場。校門口對面一個古舊的牌坊上寫著「唯楚有材」四個大字，彷彿在昭示著當年應考士子們的飛揚意氣。

那年你一個湖南衡陽鄉下的放牛娃，居然以第二名的成績考進了這所雄冠湖北全省的名校。十五歲的你，免不了有一些躊躇滿志，走在兩旁布滿夾竹桃的紅石大道上，你想來有一股英姿颯爽的味道。你那時像塊海綿，在這個美麗的校園裏，拼命地汲取一切可以汲取到的水分和養料。三年裏，你的成績始終名列前茅，凡遇到考試比賽，不是第一，便是第二。臨到高中畢業那年，你還為學校奪得了全武漢市俄文演講的冠軍。你意氣風發，老師們也都很喜歡你，雖然因為出身不好，你入不了團，當不上班長，但是你一直是課代表，好歹也是個技術幹部。

高考到了，你滿懷信心，五門考試下來，你確信自己發揮得很好，你覺得你有把握考取任何一所最好的大學，最好的科系。你多少有點狂，連清華、北大都不屑於報考，而瞄中了一個當時剛剛創辦才兩年的中國科學技術大學，因為這個學校最有前途，校長由中國科學院院長郭沫若親自兼任，任課的老師，就是科學院裏面那些令人欽仰的科學家們。你並沒有覺得這很難，你以為以你的成績，這不過是探囊取物，沒啥了不起，你那時的理想是拿諾貝爾獎。現在的你，想起當時的你，覺得實在天真幼稚得可以，真像陸放翁詩中所說的「早歲哪知世事艱，中原北望氣如山。」所以上帝要給你一點懲罰，殺殺你的氣焰，結果高考放榜的時候，毫不客氣地讓你名落孫山，居然連個專科都上不了。這是你求學生涯中第一次碰到如此重大的挫折，你完全不能接受，躺在床上三天三夜，不吃不喝，覺得前途一片渺茫。

而且最糟糕的是，別人考不上，可以待在家裏，可你沒有家，你在武漢最近的親戚是一個表姐，你總不能待在表姐家裏吧？那麼你要到哪裏去睡覺呢？你要到哪裏去吃飯呢？你不是沒有父母，但他們遠在臺灣，而且是可怕的「外逃的反革命份子」（你後來知道正是因為這個原因，讓你在報考大學之前就已經注定了落榜的命運），所以實際上你等於是一個孤兒。你想起狄更斯的《大衛・柯柏菲爾》，你的處境比書中的主人公也好不了多少。

但是，你居然絕處逢生。一天，你被叫到校長的辦公室，坐在辦公桌

▲初為人師時／大約攝於1962年

後面的就是全校師生都熟悉的何為校長，你自然也認識他，你心裏一直對他有好感，因為他總是那樣溫文儒雅。才三十多歲，戴一副銀邊眼鏡，做報告的時候，普通話裏夾著一些東北腔，尤其把「人」字念成「銀」字，讓你至今還記憶深刻。年輕的何校長從眼鏡片後面懇切地盯著你，說：「唐翼明，校領導經過研究，決定把你留在我們自己的身邊培養。」一開始你不大懂，便問：「校長的意思是……」他說：「你就留在我們學校做老師吧，教初中的俄文。」就這樣，你一個高中畢業生，居然成了初中教師。那一年你十八歲，你的學生們十三四歲，還有兩個僑生二十歲，比你還大兩歲。很巧，何校長的大女兒也在這群學生當中，漂亮而活潑。你很喜歡她。

你後來一直琢磨何校長那天說的話，琢磨了十幾年，何校長為什麼不直說「我們決定讓你留校」，而要說「我們決定把你留在我們自己的身邊培養」？直到二十年後，你已經當了多年的中學教師，經歷了文化大革命，改革開放後又考上了研究生，拿到了碩士學位，準備去美國留學。臨行前夕，你又去看望這位你心裏一直惦記著的何校長。這個時候，他已經是五十多歲的人了，不再年輕，但還是那樣的溫文儒雅，他竟然抓住你的雙手，激動地說：「唐翼明啊，我們對不起你啊，那時候誰不知道你是學校最好的學生，可是我們有什麼辦法呢？我們能說什麼呢？除了把你留在學校，留在我們自己的身邊，還有什麼更好的辦法呢？」說著說著，兩行眼淚從鏡片後面流了下來，一直流到下巴。就好像一個父親在對一個出息了的兒子懺悔自己當年沒有能力讓兒子深造，其實這完全不是他的過錯。你到這個時候才真正明白一個教育家的為國惜才之心，以及有苦難言之隱。你心裏其實一直感念著何校長，你很明白，如果不是他把你留在學校任教，你會是一種什麼樣的處境。也許最終你還是會找到一碗飯吃，找到一張床睡，但你很可能就從此遠離了學校，遠離了圖書館，遠離了探求知識的氛圍。再加上文革十年的摧殘，甚至可能遠離了書本，那麼你後來的一切，碩士、出國、哥倫比亞大學、博士、臺灣、政治大學、教授，大概都成了泡影。如果說沒有何校長的識才憐才，就沒有你的今天，應當不過分吧。你自己也是一個識才憐才的人，所以你懂得這背後所跳動著的那一顆愛人、愛生活、愛知識、愛一切美好事物的熱切的心。你因此尊敬何校長，尊敬他是一個真正的教育家。而且你當然知道在那樣的年代，做出這樣的決定，需要多大的愛心，又需要多大的勇氣。

你也是一個知恩感恩的人，你不可能忘記他在你最潦倒最困頓的時候，所伸出的那雙大而溫暖的手。所以後來你在幾十年的教學生涯中，也以同樣的愛心，同樣的惜才憐才之心對待你的學生。而你的學生中，也出了一批優秀的有出息的人才。你以為，這就是你報答老校長的最好的方式。你後來從美國哥倫比亞大學獲得博士以後，去臺灣侍親，在政治大學任教，每次回國講學路經武漢，你都會去拜訪他，而他每次也都牽著你的手，高興得像一個孩子，說：「唐翼明，我們回實驗中學去看看（那時他已經退休了，不過還擔任著實驗中學的名譽校長）。」一到學校，老師們同學們都圍上來，說：「老校長來嘍！」於是他不停地向每一位圍過來的老師和學生激動地介紹：「你們知道嗎？這是我們的老校友唐翼明，他現在已經是國際知名的學者啦，著作等身啊，你們要向他學啊！」你當然知道老校長的話帶了幾分誇張，但是你仍然深深地感念他那一顆真誠的心，還是當年那一顆惜才愛才的赤子之心，一顆老教育家的為國樹人的誠摯的心。

從你一九五七年進實驗中學起，他就是實驗中學的校長，現在他八十多歲了，仍然是實驗中學的名譽校長，整整半個世紀，他把他全部的青春、熱血、智慧和精力都貢獻給了這個學校。實驗中學畢業的學生，個個都像你一樣心裏充滿了對這位老校長、老教育家真誠的崇敬與愛戴。幾個月前，你又一次去看他，他又一次牽著你的手，帶你回了一趟老校園，「我們這個學校還是出了不少人才啊！」他讚歎著，又似乎歎息著，眼睛裏有自豪的光，但也有一絲失落。你覺得你理解他。你在想，今天的中國，改革開放的中國，經濟騰飛的中國，但是也問題叢生的中國，是多麼需要人才啊，我們多麼需要一千個、一萬個像何校長這樣把自己的整個生命奉獻給教育事業，真心誠意地為國育才的好校長啊！

2009、6、27

收潑油的老婦人

古語云「覆水難收」，潑在地上的水是收不回去的。京劇《馬前潑水》寫漢朝朱買臣的故事，那離開朱買臣的女人想要回來，朱買臣在地上潑了一盆水，就是要告訴他前妻，事情已經無可挽回了。

水潑在地上收不回來，如果是油潑在地上收不收得回來呢？你當然會說，那自然也收不回來。慢點，你錯了，油潑在地上，有時候是可以收回來的，尤其當這油是潑在柏油馬路上。你不信嗎？那麼讓我來告訴你一個我親眼見到的故事。

我剛到漢口三陽路中學教書的時候，二十一歲。住在簡陋的教師宿舍裏，三個老師共一個房間。當時最令我困擾的一件事是洗衣服，不僅洗起來很費事，尤其不知道洗完了晾在哪裏為好。這時候出現了一個老婦人，幫了我們的忙。那老婦人是怎麼出現的，我現在已經記不起來。只記得她是一個寡婦，帶著三個女兒，其中一個就在我們學校念書。那老婦人個子非常瘦小，最多不會超過一米四五，身上瘦得幾乎看不見肉。不過四十出頭，但頭髮已經花白。臉上也瘦骨嶙峋，是一副苦命相。每次看到她就令我想起祥林嫂。但是祥林嫂比她高大，至少還有過白白胖胖的時候，而她卻似乎從來沒有，她頂多只是像走向末路前的祥林嫂。她替我們那些住在一排單身宿舍的老師們洗衣服、洗被子。我記得似乎包一個月的衣服、被子是三塊人民幣。雖然我那時候的工資一個月也只有四十元，但抽出三塊錢解決洗衣服的問題還是上算的。何況這老婦人（叫她老婦人未免有點過分，她當時的年紀正是現在所謂一枝花的年紀，可她的樣子又讓我想不出別的好詞來形容）又老實又可靠又可憐，每月給她三塊錢還像有一點積陰德的感覺。

她總是每個星期天傍晚來學校取衣服，兩三天之後便把疊得整整齊齊的衣服送回來。有一天她送了衣服給我，轉身離去，我正好要上街買點東西，便與她同行。她聽說我要去買東西，便說她也要去打點油，於是我們便一起走向學校附近的雜貨店。我買了一包餅乾，她則打了八兩油，買了一碗鹹菜。她的家住在街對面，於是便提了東西走過馬路去。我看她走到街中，突然一個趔趄，倒在路上。油瓶自然破了，油從破了的油瓶中流出來。幸而那個時候中國還沒有私家車，街上除了偶爾駛過的公共汽車和無軌電車以外，便只有行人和腳踏車，所以那老婦人的生命安全倒不是迫在眉睫的事情。不過既然在馬路中央，到底也還是危險的。我正想走過去幫她扶一把，但令我驚訝的是，她似乎並沒有想站起來的意思。她只是蓬頭散髮地坐在那裏，發瘋似地瞪著正在漫開的油。突然，她用極快的速度扶正了半截瓶子，又拋掉碗中的鹹菜。接下來的事情更讓我目瞪口呆。只見她飛快地脫掉上身的棉布衫，立刻把那棉布衫鋪在正要漫開的油上，用棉布衫把那油吸起來，然後提起，把油擰在那碗裏。她似乎全然沒有顧及到人行道上和街上人們的目光，正盯著她的奇怪的動作，而且看著她那一絲不掛的露出肩胛的上半身，兩個布袋似的空奶子正在那裏甩來甩去。她全神貫注地做著那件事，把馬路上所有能吸起來的油，連同灰塵和泥沙都擰在她那原來裝鹹菜的碗裏，一直到她確認馬路上再沒有一滴剩油，才慢慢地端起那半瓶油和那半碗潑了又收回來的油，緩緩地立起身。她這才似乎注意到四周的目光，不過她好像也沒有覺得多麼羞恥，只是略微弓了弓背，她的注意力仍然在手上的破油瓶和半碗殘油，兩個布袋似的空奶子仍然晃蕩著。一輛公共汽車在她面前呼嘯而過，她略微停了停，再穿過馬路，走上人行道，最後消失在街對面的小巷中。

我被眼前這個老婦人的行為震撼了。那正是大饑荒還沒過完而物資還十分緊俏的年代，每個武漢市民每個月只有半斤肉、二兩油，連肥皂、草紙都要憑票供應，沒人不懂得錢和物資的金貴。但這個老婦人的行為仍然超出我的想像。那八兩油（她們全家一個月的油）對她如此之重要，我是在這一刻裏才真正理解的。我也從此確信，對於一個普通人而言，活著畢竟是第一位的，「民以食為天」，倘若連最基本的生活物資都不能滿足，則一切所謂「理想」、「禮義」，上至崇高的烏托邦，下至基本的羞恥心，恐怕都不免會流為空談的吧。

2009、8、7

一夕成名

你到現在還不是明星，以後大概也不會有成為明星的希望，而且老實說，你也完全沒有當明星的興趣，因為你已經嘗過一夕成名的滋味。

那是一九六六年六月十一日，一個普普通通的日子，但在你個人的生命史上，卻是濃墨重彩的一筆。事隔四十三年，居然很多細節竟還歷歷在目。幾十年來你努力不去想它，也很少向人談起，但你知道它已經深深地刻在你的記憶裏，或者說已經被壓到潛意識裏，無數次從噩夢中驚醒，大抵都是從這一天開始的事情在作怪。前幾天，跟一位比你年輕的朋友提到此事，她建議你寫下來，你想想覺得也對。把它寫出來，或許對健康有益，那就寫一寫吧，免得將來得了健忘症，想寫也寫不出來了。

事情發生在一九六六年的夏天，其時文革已經開始，「5·16」通知已經下達，六月一日人民日報刊出了氣勢豪邁的社論《橫掃一切牛鬼蛇神》，報紙上每天都有各地文革進展的消息與報導。你那時對政治頗敏感，思想相當進步，知道一場偉大的革命正在興起，但這場革命同自己有什麼關係卻毫無先見之明。六月十一日那天，天氣晴朗，早上吃完飯照常去學校上課、上班。你那時教初三的語文，因為初三（二）班的班主任懷孕生產，所以你同時兼任這個班的代理班主任。這個班的教室位於你們學校唯一的一座教學大樓的頂層四樓，而且是最靠角上的一間房，從窗戶裏俯看下去，是學校的籃球場，穿過籃球場，斜對面是老師的辦公區，連著幾間教研室，再進去就是行政人員的辦公區，最裏邊是校長室。

午飯後學生們趴在課桌上睡午覺，你則在教室裏巡視。突然一個女生出現在門口，叫了你一聲，說：「校長叫你去。」這個女生是學生會的幹部，活潑開朗，你平時很喜歡她。但是她今天叫你的聲音卻有點冷冰冰的，不過你也沒有多想，便趕緊跟著她，一腳跨出教室。一剎那間，突然發現自己已經踏進了一個魔術世界——整個教學大樓的第四層樓的走廊上全部掛滿了大字報，大字報是用黑色的毛筆寫的，可是很多地方卻用紅色的毛筆劃上了道道、波浪線。你第一眼看到的標題就是《揪出現行反革命份子唐翼明》，唐翼明三個字用三個紅圈圈起來，每個紅圈上還加上一個大大的紅叉，彷彿要把唐翼明分屍三塊，釘在三個紅色的十字架上，只可惜這些紅十字架卻是歪的。再望過去，所有的大字報也大都是這個格式，標題雖然略有不同，也不過是大同小異，例如「揪出」換成「打倒」、「批倒」、「鬥臭」，「反革命份子」換成「反黨、反社會主義、反毛澤東思想的三反份子」、「偽裝的敵人」之類。你那一年二十四歲，身體還算健康，心臟沒有什麼毛病，所以雖然覺得很神奇，但並未暈倒。學生正在午睡，四周安安靜靜，你跟著那位女生，從四樓下到三樓，令你不勝好奇的是，三樓的走廊居然和四樓一樣的打扮，牆上也都掛滿了黑字紅叉的大字報。於是又下到二樓，竟然還是如此，下到一樓，也一樣。你當時心中最大的疑問是：所有這些大字報怎麼會突然在半個小時之內都冒了出來？在這之前，學校不僅沒有一張大字報，也都沒有關於你的任何消息。

教學大樓下到了底，接下去穿過操場，操場的頂端是跟居民區隔開的牆壁，你發現那牆壁上竟然也貼滿了大字報。接著進入教師和行政人員的工作區，發現所有的過道上、牆壁上也是一色的大字報，連每張大字報的大小、紙張也都一模一樣。這個時候你的心裏除了驚訝便只剩下佩服，保密工作做得如此之好，效率如此之高，行動如此之一致，都是你這個二十四歲的青年生平第一次見到。穿過整排的教研室和辦公室，便來到了最裏間的校長室。你們的校長叫趙箴，是一位中年女子，比你大一輪，那時也不過三十五六歲，她和你關係相當好，應該說她很器重你。她是一個南下的老幹部，東北人，十六歲就入了黨，人很直爽，書雖然讀得不多，但卻頗識才而且愛才，她常常在大大小小的會議上誇獎你，說你雖然只有高中畢業，卻比許多大學畢業生教得更好。你那時頗感謝她，所以工作也特別賣力。她人很和氣，對你則和氣中還帶著幾分親熱。可是那天一踏進她的辦公室，卻發現辦公桌後面是你從沒有見過的一張冷臉，她也沒叫你坐下，劈頭就是一句：「唐翼明，你還有什麼事沒有向黨交待的嗎？」你一時反應不過來，什麼事沒有向黨交待？你的情況她不是都一清二楚嗎？你也從來沒有向她隱瞞過什麼，也沒什麼可隱瞞的，所以只回答了兩個字：「沒有。」於是她提高了聲音，用更加嚴厲的語氣說：「到了這個時候，還不老實交待！」便揮了揮手，示意那個學生把你帶出去，於是你跟著那個女生走出校長辦公室，穿過琳琅滿目的大字報，來到夾在教研區和行政辦公區中間的一個小房子，你記得好像是當時學生團委的辦公室。房子小小的，大概只有十來個平方米，門對著辦公區中間的走道。屋裏已經空空的，看來是把東西都搬走了，只剩下一張桌子兩把椅子。你剛進屋，轉過身來，立刻就發現有兩個學生手持水火棒，站在門口，像一對門神。你在椅子上坐下來，發現桌面上有一層灰，你用手指沾了唾沫在上面畫了幾個字，你記得是：「相信群眾相信黨」。

又過了幾分鐘，突然聽到門口一陣喧囂聲，原來是學生午睡結束了。立刻就有人搬了一張桌子，橫攔在門口，你伸出頭一望，看到一個老師領著一群學生從操場上走過來。仔細看時，你又吃了一驚，原來領頭的老師是與你交情還不錯的一個朋友。他們一邊走一邊憤怒地呼喊著：「打倒現行反革命份子唐翼明！」很快就湧到了你所在這間辦公室的門口，你也同時被那兩個手持水火棒的學生推上了門口剛擺好的條桌，一陣怒吼：「低頭！彎腰！」兩雙大手立刻就從你的背上壓下來，你突然想起一句俗語：「在人屋簷下，不得不低頭。」於是也就乖乖地低頭，彎腰。後來你不久就知道了這個姿勢將成為這個有著九百六十萬平方公里、十億人口、五千年文明的國家，在連續十年當中遍布全國的經典姿勢。只是後來又略有發展，即兩手還要手心向上，像鳥的翅膀那樣張開，挺直，抬高，聰明的中國人給它起了一個形象的名字，叫做「坐噴氣式飛機」，或簡稱為「坐噴氣式」。這名詞其實很時髦，因為噴氣式飛機那時候才發明不久，全中國可能還沒有多少架。但這種人體式飛機倒是在短短的時間內就立刻風靡了這個偉大古老的國度。你有幸成為這種人體噴氣式飛機最早的乘客（或駕駛員？或模仿者？）之一。

你當天就以這個漂亮而時髦的姿勢站在小桌上，底下是團團圍住的學生和若干積極的老師。人越聚越多，口號越來越響，這個姿勢不知道維持了多久，現在算起來應該不會超過五個鐘頭，因為六點鐘放學，喊口號的人也餓了，總是要吃飯的吧。你那個時候很年輕，體力也好，場面又是如此新奇和刺激，讓你來不及感受疲倦和痛苦。天色暗下來了，門前的人也漸漸地散了，你也終於被放了下來，但手持水火棒的兩位學生一直很負責任地守在門口。不久就送來了一碗飯，飯上面還有一些菜，你居然也沒有覺得什麼味口不好，竟狼吞虎嚥地把它吃了。後來又來了幾個學生，背了兩條條凳和幾塊木板來，在牆角上架起了一個臨時的床鋪。你心裏明白，今天晚上大概就要睡在這裏了。

你突然覺得要小便，便問那兩個手持水火棒的學生，他們竟不知道如何辦，於是一個人跑去請示「上級」，回來的時候手裏拿著一個痰盂（這玩意兒大陸今天已經很少了，但在你年輕的時候則到處都有）丟在牆角，說：「就拉在這裏。」在學生面前拉尿，你覺得很不習慣，但終於沒有辦法，憋了半天還是拉了。後來你又想大便，一位手持水火棒的學生又跑去請示，終於批准，不過增加了兩個手持水火棒的學生，四個人押著你穿過操場，去教學樓下面的廁所，因為老師所在的教研區和辦公區是沒有廁所的。當你走到操場中央的時候，突然被幾個還沒有離校的學生發現，於是你立刻聽到一陣吆喝：「唐翼明出來了！」不知道從哪裏立刻就跑出來許多學生把你給圍住，而且人數有越來越多之勢。隨著口號聲、叫喊聲，有幾隻拳頭就打到了你的臉上跟頭上，又有幾隻腳踢到了你的腿上、屁股上，那四個持水火棒的學生想要攔阻，但似乎也攔不住，或許他們也覺得不必太攔，於是你在拳腳交加之中穿過操場，走進廁所，蹲上茅坑，四個手持水火棒的學生則守在廁所門口。你喘了一口氣，慶幸其餘的學生沒有跟著進來。這個廁所一共有四個茅坑，中間只用三塊水泥板隔開，水泥板不到一人高，上面是空的。你正在方便時，突然發現有一團東西從後面越過水泥板掉在你的腳邊，接著就有一陣沖鼻的臭氣散發出來。你當然立刻就明白，那是一坨大便，看來你的後面正蹲著另外一個喜歡惡作劇的小男孩。不過你很幸運，那個不高的水泥板畢竟起了一點作用，使得他沒有辦法瞄準，所以那坨大便並沒有擊中你的頭，而且那個惡作劇的學生似乎膽子還不夠大，丟了一坨大便之後就匆匆地跑了。你完事之後，蹲在茅坑上猶豫了很久，一直等到確認那群對你施以拳腳的學生已經不耐煩地離開，你才站起來繫好褲帶，在那四個手持水火棒的學生的簇擁之下，用跑步的速度穿過操場，回到那個小辦公室。

你終於累了，於是躺到臨時架好的木板床上。一時間睡不著，你跟自己說：唐翼明，你終於出名了。不過倒真沒想到是以這種方式。幾個頭銜也讓你覺得實在承受不起，「反黨」、「反社會主義」、「反毛澤東思想」的「現行反革命份子」，這頂帽子實在是太高了一些。解放的時候你才七歲，除了學校你沒有到過任何地方，對毛主席你更是佩服得不得了，毛選四卷一出來你就從頭到尾仔細地通讀了一遍，一本《毛主席語錄》剛出來不久，三百多條，你就可以從頭背到尾，說你「反黨」、「反社會主義」、「反毛澤東思想」，實在是有點奇怪。不過，你剛才從一張大字報上瞥見了「拓荒者詩社」和「反革命小集團」幾個字，你有點明白了，那是幾年前你還在省實驗中學教書的時候，跟幾個喜歡文學的年輕老師組織的一個詩社。可是，你們除了寫詩作文之外，並沒有幹過什麼反革命勾當啊，而且在你看來，你們寫的詩文也都是革命的啊。就算有點懷才不遇的小資產階級情調，值得這樣翻天覆地嗎？但你那個時候畢竟年輕，痛心了一陣，流淚了一陣，最後還是睡著了。直到第二天早上醒來，你才比較清醒了一點。你終於明白，你已經被關在這個小屋裏，自由不再屬於你。

現在回想起來，一九六六年六月十一日，對於別人，只是一個普普通通的日子，但對於你來說，則是一個「飛躍」。你從此告別了幼稚，成了一個不可救藥的懷疑主義者。

2009、7、12

荒謬的剎那

你一直認為，人的記憶不是連續的，而是斷斷續續點狀的，能夠深深地留在你的記憶裏的，總是那些最亮的點，或最黑的點；最美的點，或最醜的點；最好的點，或最壞的點；最高興的點，或最悲哀的點。還有一種點，不怎麼好形容，想起來也許啼笑皆非，你姑且名之為荒謬的點，這也許是你一輩子最難磨去的地方。你對十年文革的記憶就是由這許許多多的亮點黑點美點醜點所組織起來的，而其中最難忘的，卻是一些荒謬的點。比如一九六六年六月十一日，那一天中午你從巡視午睡的教室走出來，突然發現滿校都是你的大字報，所有的人都變了臉，朋友成了仇人，學生成了敵人，那種荒謬的感覺真是難以言傳。

你在文革當中碰到第二個這樣的點，是在兩個月以後。你在團委辦公室裏關了二十多天，這中間上面派來了工作組，說要執行政策，決定把你從團委辦公室放出來，到群眾中接受批判，也說服了學生不再亂動拳腳。如此又過了一個多月，突然從北京刮過來一陣破四舊、橫掃牛鬼蛇神之風，立刻席捲全國。偉大領袖四十年前在《湖南農民運動考察報告》中所寫的對付地主老爺們、大奶奶、少奶奶們的手段全都被搬了出來，再加革命群眾的創造發明，增加了若干新花樣，於是全國興起了抄家、燒書、戴高帽、掛黑牌遊街示眾、坐噴氣式連帶拳打腳踢的批鬥，一時風起雲湧，壯觀非常。所有跟牛、蛇、鬼、神牽得上關係的人都一概被揪了出來，脖子上掛上各種各樣的招牌，例如「歷史反革命」、「現行反革命」、「走資派」、「三反份子」、「地主」、「富農」、「不法資本家」、「右派份子」、「摘帽右派」、「反動學術權威」，乃至於「壞份子」、「流氓」、「妓女」、「破鞋」，真是琳琅滿目。本來是「六億神州盡舜堯」，結果一夜之間變成了一半革命群眾、一半牛鬼蛇神了。鄉下最倒楣的是地主、富農，湖南的道縣、河北的大興縣是見地主、富農以及他們的「狗崽子」就砍，連殺數天，屍橫遍野，許多戶被殺絕。在城市裏，首當其衝的就是老師，因為學校是革命小將最多的地方，所以一口惡氣就出在老師們身上。據說北京市某中學的一名女老師在八月毒日之下，被學生拉到操場，罰跪玻璃渣，曬得奄奄一息，血流滿地，突然有一個更聰明的學生提了一罐滾開水來，從頭淋下去，終於幫助這位老師提早涅槃，脫離苦海。

這股風不久就吹到武漢，吹到你所在的三陽路中學。八月下旬的一天，大概上午九點多鐘，你們四個牛鬼蛇神——最開始只有你一個反革命，過了不久，你們的校長，就是那天把你叫到辦公室的趙箴校長，也被揪了出來，罪名是包庇你這位反革命份子，於是成了走資派。再不久，副校長王榮章也被揪了出來，罪名是夥同校長執行反革命修正主義路線，當然也是走資派。最後揪出來的，則是一位一九五七年被打成右派的中年老師彭君亮，罪名不知道，頭銜只是老右派。所以此時你們學校是四個牛鬼蛇神——突然被叫到操場上。

你非常驚異地發現，那些革命小將竟然要替你們化妝。第一步是剃掉頭髮，三個男人都剃成光瓢，女校長則剃掉一半頭髮，那時有個雅號叫「陰陽頭」。你後來聽說，那剛烈的趙校長死命反抗，結果還是一個左派的女教師（那時只有左派教師的話才管點用）出來說了兩句話，校長的陰陽頭才只動了兩刀，而沒有完成。接下來的化妝是找來四個痰盂，扣在你們的頭上，那個長長的洗痰盂的棕刷子則從背後的領口插下去，又用繩子綁住，那樣子自然是模仿舊時戲臺上罪人綁赴刑場時背上所插的標子，只要一看到那標子，就知道這個人的腦袋很快要與身子分家了。這種戲碼除了舞臺以外，在我們這個國家的現實當中，也是常常上演的。不要說文革當中，就是文革以前，在槍斃犯人之前，也每每是這副妝扮，那犯人成排地站在一輛敞篷的卡車上，滿城遊街。你作為一個老師，就經常受命帶著你的學生排隊到校門口的馬路上，觀看這些綁赴刑場的罪犯遊街。據說這種生動的階級鬥爭教育課，可以讓孩子們從小就樹立階級鬥爭觀念，痛恨階級敵人——當然更重要的是從小就心生畏懼，知道如果當了反革命份子或者壞蛋就要照此辦理，所以千萬幹不得。戴上痰盂插上刷子以後，下一步就是拿來四塊早就寫好字的硬紙牌，為了使人看得清楚，紙牌都做得很大，把整個胸部都蓋住了。上面分別寫上「反革命份子唐翼明」、「走資派趙箴」、「走資派王榮章」、「老右派份子彭君亮」，自然每一塊牌子上都有一個大紅圈，加一個大紅叉。再接下去，是給你們四個人每人發一個小臉盆，一根木棍，交待你們等一下遊街的時候，要隔兩分鐘敲一次臉盆，然後自報頭銜跟名字，即紙板上寫的東西，前面加上「我是⋯⋯」，最後又有人找來一根長繩，把你們四個人的手都繫在這根長繩上，就像你們小時候把螞蚱繫在繩子上一樣。當他們替你們化妝打扮的時候，你自然不能指望他們溫文爾雅，像現在描述的這麼平靜。那是一群革命小將，在旁邊吆吆喝喝，伴隨著笑聲、罵聲，時不時地還要敲你幾下，嘴裏還要不停嚷著：「老實一點！」所以你們每個人都只能任由他們擺弄。

直到這些妝扮完畢，你心裏想，大概是要遊街了。無意間抬起頭來，看到其他三個人的行頭，想到自己也一定是這個樣子，你並不覺得驚訝，也不難過，卻突然有一種特別的滑稽感，你現在想起來覺得應該叫做「荒謬感」比較合適，從你的心底湧起，你突然控制不住自己，竟然笑起來，這一笑不打緊，你越發控制不了自己，最後竟然哈哈大笑起來。一直到一陣棍棒落在你的頭上（正確地說是敲在痰盂上），你才慢慢地停止了笑聲。意識到在這種場合，笑，是多麼不合時宜，甚至可以說是代表頑固與反動。但是當時你就是控制不了自己。這一刻，從此永遠地烙在了你的記憶深處，且逐漸壓進潛意識。後來，你的枕邊人常常說你會在睡夢中大叫大哭大吵大鬧，你知道那都是潛意識中類似的點在作怪。

接下去當然是遊街。上百人（也許是幾百人）一個個臂戴紅袖章，手中拿著水火棒之類，簇擁著你們四個在學校附近的大街上，遊了兩個鐘頭。現在留在你的記憶當中的，只是八月如火的驕陽和烤得軟軟的、粘乎乎的柏油路面，你光著的腳板（他們在你遊行前已經把你的鞋脫掉了）被燙得很痛很痛，其餘的細節你都已經想不起來了。

2009、7、13

當學生的腳踏在老師背上的時刻

一九六四年初夏，《毛澤東選集》新版問世，你去買了一套，利用暑假，從頭至尾一字不漏地讀了一遍，對偉大領袖佩服得一塌糊塗，尤其嚮往他那種包舉天下、囊括四海、氣吞八荒的氣概。他在《湖南農民運動考察報告》當中稱讚農民組織起來成立農民協會，「權力無上，不許地主說話，把地主的威風掃光」、「將地主打翻在地，再踏上一隻腳」。你那時二十出頭，雄心萬丈，也頗叛逆，這種話正對你的胃口，讀到這樣的地方，每每大呼快哉，恨不得連浮三大白。而且，這對你兩年後理解史無前例的文化大革命、橫掃一切牛鬼蛇神，造反派、革命小將、破四舊、抄家殺人、無法無天，有了一種「前理解（pre-understanding）」。但是你萬萬沒有料到的是，自己扮演的角色並非那種威風凜凜的、在別人的背上踏腳的角色，而剛好相反，正是那反動的、可憐的、被打翻在地的角色。

你在小屋裏關了二十幾天之後被放了出來。表面上是行動自由了，但處境卻更加恐怖了，因為你發現自己已處在「人民群眾的汪洋大海」之中，不僅大字報的揭發、開會的批鬥無日或止，而且突然扔來的石頭、猝不及防的拳腳乃至棍棒，也是家常便飯。還常常會被革命小將叫住：「來，唐翼明，背一段《毛主席語錄》！」他們開個頭，你就要接著背下去，直到把那一條背完。你很慶幸，這件事情難不倒你，因為那本語錄你已經從頭到尾全部背熟，你因此而免了許多打罵。

在無數次的批鬥會中，給你留下最深刻印象的一次是發生在一九六六年的八月下旬。那一天你被拉出去批鬥，你已經開始習慣了，所以也沒有覺得格外恐懼。但一進會場，便發現今天的佈置略有不同，會場的前面放了三張桌子，有兩張是疊著放的，所以比旁邊的一張高出一倍。你被叫過去，爬上那張矮的桌子，又叫你把頭低下，一塊重重的、上面寫著「現行反革命份子唐翼明」的大牌子就掛到你的脖子上了。無需說明，那「唐翼明」三個字自然是打上一個紅圈並加上一個紅叉的。然後你又被喝令把雙手向後翻起，手心向上，彎腰成九十度，這就是當時新發明的、風行全國的、著名的「坐噴氣式飛機」。你已經被鬥過幾次，所以對這種姿勢也已經駕輕就熟。你側眼一瞥，發現一個學生正往那個疊在一起的桌子上爬。待到站穩，便威風凜凜地宣佈：「批鬥現行反革命份子唐翼明大會現在開始！」接著拿出「紅寶書」，也就是《毛主席語錄》，以一種特別莊重的語調說：「請大家翻到第八頁。偉大領袖毛主席教導我們說：『階級鬥爭，一些階級勝利了，一些階級消滅了，這就是歷史，這就是幾千年的文明史。』」台下立刻響起一片口號聲：

「打倒現行反革命份子唐翼明！」

「唐翼明反黨、反社會主義、反毛澤東思想必須徹底清算！」

「唐翼明妄圖推翻社會主義制度，只有死路一條！」

「坦白從寬，抗拒從嚴！」

「唐翼明不投降，就叫他滅亡！」

這些口號其實你都已經很熟悉，兩個月以來，你已經看過、聽過千百遍了。你彎著腰低著頭，感覺到脖子上那條繩子正在慢慢地增加重量，向你的肉裏嵌進去。口號聲終於喊完了，接下去便是批判會的正戲。也就是台下安排好的積極份子們，一個接一個拿著事先準備好的批判稿，義正辭嚴地對你進行批判聲討。但是你突然發現今天也跟往常有點不一樣，因為在正戲開場之時，突然有一隻腳踩到了你的背上，你略微抬頭一看，這腳正是那位站在你旁邊的高臺上，宣佈會議開始的學生的腳。因為他比你高出一個桌子，所以提出左腳踏在你的背上，正好是一個平衡而舒適的姿勢。你突然想起偉大領袖在《湖南農民運動考察報告》中所說的「將地主打翻在地，再踏上一隻腳」，哈哈，我們可愛的革命小將不正是在遵循偉大領袖的教導，把偉大領袖的比喻性言辭複製為現實的動作嗎？你心中不能不讚歎這些革命小將的聰明。你很欣賞這隻腳，它是那樣穩穩地踩在你的背上，絕不搖搖晃晃，只是在你偶爾忍不住欠一欠身的時候，會加重力度，很有彈性的連踩幾下。這種對力度和節奏感的把握，使你想起彈鋼琴，這學生如果學鋼琴應該是一把好手，你想。美中不足的是時間略顯長了一點。也許你的罪行真是太豐富精彩，底下一個接一個地發言，居然不能自已，開始還念稿，後來稿也不念了，誰想講便講，誰想罵便罵，只可惜內容似乎重複的居多，沒有什麼新意，所以到今天你幾乎一句都記不得了。過了約莫四五個鐘頭，你看到台下的人漸次離開，但留下的空位馬上又被新來的人填滿了，你開始不大明白，後來便猜到了，原來他們是輪班的，一部分人去吃飯、午睡了。新人上來又一個個說著差不多同樣的話，你聽起來覺得重複，但發言的人並不覺得，因為他們剛才並不在會場。這樣又過了五六個鐘頭，你發現那些新來的人又陸續離開座位，他們留下的空位被一些更新的人補上。這一回你很快就明白了，剛才這些人是去吃晚飯了，所以台下的面孔與早上的面孔已經全然不同，幾乎沒有一個重複的了。

不過令你特別驚訝而且佩服的卻是背上的那隻腳，它從早上一直踩到下午，沒有換過。你不禁替它的主人感到驕傲，因為這正是你平時最喜歡的一個學生，個子很高大，雖然眼神總是陰陰沉沉的，不過總體來說還算帥氣。尤其是作文寫得不錯，你偏偏又教他語文，所以你有好幾次把他的作文拿來誇獎表揚，念給全班聽。你一向覺得這個青年頗有才華，長大後應該是一塊不錯的料子。你有點偏愛他。就是此刻你也仍然讚賞自己的眼力，看他這一隻腳，如此威風凜凜地踏在你的背上，八個小時而不動搖，真是不可多得。你沒有看錯人。不過略感遺憾的是，大約到了六點鐘的時候，他也竟然把腳從你的背上提起來，走下臺去，接著走出會場之外。你忍不住目送他，知道他是實在餓得受不了了，要去吃晚飯。這也難怪，年輕人餓得快，何況消耗了這麼多的體力，堅持了八個小時，已經十分難能可貴了。作為一個老師，你不忍心對他要求太高。這個學生的名字很特別，所以你至今還記得，他姓顏，也就是孔子最愛的學生顏回的顏，名叫西安，你估計他是在西安出生的。你曾經有點為他遺憾，為什麼沒有生在延安呢，顏延安不是比顏西安更革命嗎？

批鬥會一直開到晚上，到底什麼時候結束的現在已經記不清了。你的印象是十點以後。從早上九點開始，到這時至少已經過去了十二個鐘頭。你也很為你自己驕傲，你畢竟年輕，才二十四歲，體力很好，十二個鐘頭不吃飯，不喝水，竟然也沒有要大便小便，最可驕傲的是你一直堅持著那個正確完美的「噴氣式」，而居然沒有暈倒。你現在想，是不是背上的那隻腳還有點按摩的作用呢？

那一夜你睡得很香，也很欣慰，你對偉大領袖的教導有了具體的、形象的、切身的，而且銘心刻骨的理解。你不僅理解了「打翻在地，踏上一隻腳」這種比較粗淺的道理，也明白了「革命不是請客吃飯」、「造反有理」、「顛覆舊傳統」、「人只有階級性，沒有人性」這些比較深奧的道理。

當學生的腳踏在老師的背上的時刻，你剎那間得到了頓悟。

2009、8、5

一個耳光

算來又有十年了。那是一九九九年的暑假，你在臺灣政治大學教書，你的母校武漢大學邀請你回來講學。一群你在三陽路中學教過的學生聽說你回來了，便舉行了一個小 Party 來歡迎你，男男女女來了幾十個。聊起往事，大家都很開心。你突然想起一個女生，便問他們：「戴玉霞呢？她怎麼沒來？」大家便七嘴八舌地說：

「誰知道她在哪裏！」

「我們都不跟她來往。」

「她還有臉來？」

「哼，這種人……」

你問他們：「怎麼了？」他們說：「她那時居然敢打你，我們都瞧不起她。她也沒有臉再跟大家來往了。」你一時無話。

戴玉霞其實是一個不錯的女孩，性格很開朗，長得比一般女孩子高大，雖然談不上很漂亮，但也不醜。大大咧咧的，做起事情來很麻利，又是個幹部子弟，一天到晚高高興興的，臉上總是帶著笑，一副很自信的樣子，正是今天人們常說的那種「陽光女孩」。老師們都很喜歡她，你也喜歡她。你之喜歡她，還有另外一層理由，因為她的語文成績很好，而你是她的語文老師。她文筆不錯，你評講作文時會唸些好的習作給同學們聽，她的文章便常常在其中。

文革開始的時候，她正是應屆畢業生。一九六六年六月十一日的中午，你被當成現行反革命揪出來的那一天，從教室裏把你叫出來領到校長辦公室的女孩正是她。她當時是學生團委書記，所以理所當然地成了最早的紅衛兵頭頭。這個紅衛兵就是被後來的造反派稱為「三字兵」的保皇派。揪鬥牛鬼蛇神、剃光頭、遊街、抄家、破四舊，這批人在當時可謂意氣風發，不可一世。因為大多是幹部子弟，他們身上都有著很強烈的以革命血統自居的驕傲，「老子打江山，兒子坐江山」是他們的中心理念。而曾經被他們的老子們革過命的對象及其後代，在他們看來，自然是應當繼續加以專政的，因為「龍生龍，鳳生鳳，老鼠生兒打地洞」、「老子英雄兒好漢，老子反動兒混蛋」，只有把牛鬼蛇神連同他們的子孫後代永遠踩在腳下，這才能夠「永保紅色江山萬年長」。他們認為只有自己才有資格被稱為革命小將，也只有自己才可以為所欲為，所以後來有些非「紅五類」出身的學生也起來組織「毛澤東思想紅衛兵」的時候，他們是憤怒而且瞧不起的，他們喊出了口號：「只許左派造反，不許右派翻天！」

一次批鬥會上，戴玉霞伸手打了你一耳光。這一記來自自己最喜歡的學生的耳光，對當時的你來說，的確有不可承受之重，就像另一個名叫顏西安的學生，把腳踩在你的背上有同等的分量。你費了很大的勁去尋繹這一掌一腳背後的邏輯和合理性。你後來終於找到兩條說服自己的理由：第一，你是在背負父輩的罪孽，他們對人民犯了罪，你是在替他們贖罪。第二，你是在間接為革命作犧牲。你向自己解釋說，古今中外每當歷史的車輪轟轟烈烈地向前運行的時候，總有些路邊的小花小草被碾傷、碾死，你不幸就是那無辜的花草之一。你不應該怨恨歷史的車輪，你應該高興，你以自己的犧牲為革命作出了貢獻。你雖然難免在深夜懷疑這只是阿Q式的自欺欺人，但那個年代不自欺欺人怎麼活得下去呢？

那個時候北京「三字兵」出了兩個著名的人物，一位是偉大領袖親自接見過的宋彬彬，一位是高唱「血統論」的譚力夫，也是一女一男，你每次想到戴玉霞、顏西安，便想到宋彬彬、譚力夫。正是宋彬彬和譚立夫這些人後來組成了北京市紅衛兵聯合行動指揮部，簡稱「聯動」。「聯動」的勇士們常常深夜騎著摩托車從北京城裏呼嘯而過，揮舞著銅頭皮帶，打得牛鬼蛇神們頭破血流。那麼戴玉霞的這一巴掌和顏西安的那一隻腳，又有什麼奇怪呢？

文革後期你從牛鬼蛇神隊伍裏解放了出來，組織宣佈，前一段的審查是必要的，所謂「事出有因，查無實據」（這八個字你記得如此之清晰，大概此生不會忘記，但腦子裏總像有鬼似的，每每把這八個字同「莫須有」三個字攪在一起）。但是現在姑且「保外就醫」，暫不戴帽，不過他們警告你說：「帽子拿在群眾手裏，如果不老實，就隨時再戴上。」但實際上你是恢復自由了。有一天黃昏，你在粵漢碼頭附近散步，居然迎面撞上戴玉霞，你已經好幾年沒有看到她了。你沒有料到她竟然叫了你一聲：「唐老師。」然後囁囁嚅嚅地說：「老師，對不起你，那時候……」你趕忙截斷她，說：「沒什麼，革命嘛，我不會記恨你。」你的確沒有記恨她。那年頭這樣的事情太多了，這一巴掌雖然沉重，畢竟並不要命，劉少奇不是也挨了劉濤一巴掌嗎？劉濤還是他的親生女兒呢，戴玉霞不過是你喜歡的學生而已，有何難以理解？有何不可原諒？

你不僅原諒了戴玉霞，也原諒了顏西安（雖然你後來再未見過這個學生，但你相信他如果碰到你，也會跟戴玉霞一樣向你道歉的）。你連宋彬彬這樣的人也都原諒了，二十年後你在紐約還戲劇性地遇到了宋彬彬，雖然她貴為宋任窮的女兒，那時也還得去餐館打工，你還帶著她一家一家地去問呢。譚力夫後來據說做了北京圖書館的副館長兼黨委書記（不知現在還是不是），跟你的一個好友金宏達（也是副館長）成為同事，不也挺戲劇性的嗎？偉大領袖所發動的這場史無前例的文化大革命，集大劇、正劇、鬧劇、悲劇於一身，實在是千載難逢。你、宋彬彬、譚力夫、戴玉霞、顏西安都應當感謝命運，你們目睹而且親歷了這一場震今爍古的歷史大戲，而沒有像劉少奇、彭德懷、賀龍、林彪那樣屍骨無存，實在是很值得慶幸的。你和宋彬彬、譚力夫、戴玉霞、顏西安們，一樣都是看客，頂多算是跑龍套的，有什麼不可忘掉的過結和不可原諒的仇恨呢？你不僅願意帶宋彬彬去餐館找工，也願意跟譚力夫握手，更願意原諒戴玉霞、顏西安。

你於是對學生們說：「你們下次一定要把戴玉霞帶來。我都原諒她了，你們還不原諒嗎？」

2009、9、2

黨司令

你必須首先聲明，「黨司令」並非共產黨發號施令之意，所以跟大右派儲安平所說的「黨天下」毫無關聯。這只是一個人名，而且是你的一個學生兼好友，稱為「黨司令」，絕對是美意，毫無皮裏陽秋之嫌。這「黨司令」姓黨，不過他的名字倒並不是司令，司令乃是官號，就是軍區司令之司令，不過他也不是上將、大將之類，他只是一個普通人。但他確實當過司令，那是在史無前例的時代，他當時還是初中三年級的學生，本來要畢業的，偏巧遇上無產階級文化大革命，於是就成了革命小將。

小將不是大將，不過在那時卻威風凜凜，小將打倒大將是屢見不鮮的。文化大革命開始不久，北京一群革命幹部家庭出身的「紅五類」中學生首先起來組成了「紅衛兵」，即保衛紅色政權之衛兵也。其中鼎鼎大名的就有一個女學生，叫宋彬彬，是中共元老宋任窮的女兒。偉大領袖在天安門接見她，說：「你叫彬彬？文質彬彬的彬彬？不要文質彬彬，要武嘛！」於是宋彬彬便奉旨改名「宋要武」。一時全國紅衛兵小將大為振奮，武風大盛，銅頭皮帶四處飛揚，「五類份子」頭破血流，聞風喪膽。可是不久之後，偉大領袖忽然又帶頭「炮打司令部」，原先這些由革命幹部子弟及紅五類子弟組成的紅衛兵，一時摸不著頭腦，他們本來就是要保衛這個紅色政權司令部的，現在又要「炮打」，如何是好？而且這炮打的不是別人，正是自己的老子，這就免不了有點下不了手了。而此前被這些老紅衛兵瞧不起的非革命幹部、非紅五類出身的，或個人表現有些吊兒郎當的學生們，卻逮到了一個好機會，說老紅衛兵沒有領會偉大領袖的意思，革命革到自己老子的頭上就不革了，因此紛紛起來組成另類的紅衛兵。為了有別於老紅衛兵，乃稱自己為「毛澤東思想紅衛兵」，而將老紅衛兵蔑稱為「三字兵」、「保皇派」，自稱「造反派」。你這裏所說的黨司令就是這種時勢造英雄的時代造出來的一個司令，像當年陳勝、吳廣一樣，揭竿而起，糾集一批臭味相投的同學，組成了你當時任教的中學的第一個學生造反派組織，也名曰「毛澤東思想紅衛兵」，自任司令。那年代本來就是烽火四起，英雄遍地，有槍便是草頭王，你們的黨司令雄據一片山頭，自然也是威風凜凜。不過這位黨司令頑皮歸頑皮，本質上卻是文質彬彬，從未聽說他打過老師，或者幹過什麼出格的事。

你那時也從牛鬼蛇神的隊伍裏解放了出來，因為不是當權派，自然跟偉大領袖要炮打的司令部扯不上任何關係，頂多是個黑色的小蝦米，於是就從網子裏被放出來。你本來就不反黨，對偉大領袖更是佩服得五體投地，一經放出，自然感激涕零，覺得皇恩浩大，於是立刻參加了造反派，也自不量力地要去捍衛偉大的毛澤東思想。後來還竟然成了武漢市中學教師造反派組織當中一個核心成員，那是後話，留待以後興起時再寫。

卻說這位黨司令，並非你親自教過的學生，但之所以後來成了好朋友，可說是拜「造反」之賜（「拜……之賜」，是臺灣的流行語，已成陳詞濫調，你一向討厭，現在卻想借來用一回）。記得剛出牛棚不久，一天，這位黨司令拿了兩本日記來找你，說：「唐老師，這好像是你的東西，還給你吧。」你一看，心中大喜，簡直如獲至寶。因為這兩本日記半年來一直是你的一塊心病。自從八月你被遊街的那天，家被抄了之後（「抄家」用在這裏實在有點誇大其詞，因為你那時根本無家可抄，住在學校的教師宿舍裏，也是三個人同一間房，所以連「抄房」都算不上，準確地講只是抄了你一個箱子而已），這兩本日記就隨著你的玉硯一起被抄走了。玉硯不打緊，兩本日記可不得了。那年代，日記是最可怕的東西，凡有一點革命經驗的人，絕不會寫什麼勞什子日記，除非你下決心自掘墳墓，一定要倒持泰阿，把刀柄交給別人，才會幹這種愚蠢透頂的事（使人略感遺憾的是，你們因而少了許多革命領袖的日記，使今後研究起黨史的人增加不少困難。不過凡事也要樂觀看，這也增加許多考證的必要性，因而可以多生產幾本博士論文）。只有像你這種極為幼稚的書呆子才會寫什麼狗屁日記，到文化大革命一來才後悔不迭，但是已經來不及了。所以半年來你一直提心吊膽，生怕這兩本日記被人從中挖出反革命的罪證來（而這是非常容易的），那可就死定了。現在這位仁慈的黨司令因為同是造反派的緣故，居然把這種可以置你於死地的東西還到你的手上，你表面上裝著若無其事，其實心裏真想給他作一個揖。

當天晚上，你就決心下手湮滅罪證，趁著夜深人靜上廁所的時候，確定廁所裏的確無人，便把從日記上撕下來的紙當草紙扔進茅坑，還不放心，又趕緊放水把它沖下去。當時一邊扔，一邊就膽戰心驚，雙手發抖，生怕什麼人進來看到，那可真是跳到黃河也洗不清了。何況一次只能丟幾張，又不能老跑廁所，那時四面八方都是眼睛，人人處在監視之中，所謂「人民戰爭的汪洋大海」，每個人都謹小慎微，何況你一個剛從牛棚裏放出來的牛鬼蛇神？後來終於讓你想出一個一勞永逸的辦法。一天，你假裝過江去看住在武昌的表姐，確定無人跟蹤之後才上了輪渡。等船開到江心，假裝無事在甲板上散步，走到船舷邊看風景，反覆確定附近沒有人注意，才趕緊從懷中口袋裏掏出那兩本日記，丟進波濤翻滾的江水中，這才大大地鬆了口氣。嗚呼，大江東去，浪淘盡千古風流日記。你的少年的悸動，甜蜜的初戀，偉大的報負，都隨著滾滾的江水，永遠地徹底地消失了。

但是，你一點都不後悔，反而像割去一個惡性腫瘤一樣大為慶幸。雖然你確定這兩本日記中一個反動字眼也沒有，但是要據此把你打成反革命卻綽綽有餘。你沒有忘記你寫的一首題名為《磨山落日》的詩，你明明在詩裏說：「啊，在我們偉大的社會主義祖國，生活是如此美好，落日和朝陽一般豔麗，黃昏和黎明一樣通紅……」你現在想起來都覺得臉紅，但當時卻是你的心裏話。可是在批判鬥爭你的時候，你卻遭到這樣的質問：「我們都說偉大領袖毛主席是我們各族人民心中永遠不落的紅太陽，社會主義是人類的黎明，是人類歷史上最美好的制度，你卻歌頌落日，歌頌黃昏，豈不是詛咒偉大領袖？惡毒攻擊社會主義制度？」你雖然讀過很多歷史書，但這樣的羅織法你還沒見過先例，幼稚的你根本無力辯解，何況他們也根本不允許你辯解。千萬別把那時的批判想像成今天的博士論文答辯，那只是宣讀判決書，而且是不准上訴的。所以你丟掉了日記本，怎麼會有一絲一毫的遺憾呢？你對於把日記本還給你的黨司令又如何能不感激涕零呢？

從此，黨司令便成了你的學生而兼朋友，這關係一直維持了許多年，這中間可記的事還很多，但不是一篇文章寫得完的。去年你從臺灣退休回來，黨司令來看你，依然跟從前一樣毫無生疏之感。往事如昨，相視一笑，只是仔細看時，彼此頭上都有了幾縷白髮。

2009、8、22

烏龜孫

烏龜孫，烏龜孫，這幾個字像蒼蠅一樣在你腦子裏盤來盤去，令你無法安寧。你很不願意寫，但你又非得寫出來不可，不寫出來，就像悶熱的夏夜出的一身臭汗，不用肥皂徹底地洗一洗，看樣子是沒有辦法睡覺的。

烏龜孫，聽來像一句罵人的話，你也沒有辦法否認，它的確有罵人的意思。但是卻不屬於一般人所聽到的四川人所說的「龜兒子」、「龜孫子」一類，它實際上是你在中學教書時一位同事的名字。此人姓「吳」，大名是「XX」。這「XX」二字念起來跟「龜孫」十分接近，於是得到了這個雅號。不過文革前倒也沒人這樣稱呼他。烏龜孫的叫法是起源於文革之中，具體什麼時候你也記不清楚了，大約是在文革開始半年之後，即全國各個單位（首先是學校）的群眾分裂成為「保守派」與「造反派」兩派之後。

你在運動初期被打成現行反革命，先是被關了二十幾天的禁閉，接著被移出來住在門房隔壁一個堆破爛用品的小屋子裏。門口雖然已經撤走了兩個拿水火棒的紅衛兵，但你卻暴露在更多的水火棒和拳腳之下。住的地方又在人人必經的學校大門口，所以還遠不及關在那個小屋子裏安全。你常常被紅衛兵們呼來喝去，不過一般說來，總是以調皮的學生居多。這些學生未見得是在鬥反革命，他們不過是在發洩他們天性中的那個從原始時代殘留下來的肉食動物的虐待狂本性。汪曾祺寫過一篇小小說叫《虐貓》，你後來讀到，每每令你想起當時的情景，那些調皮學生之折磨你，也不過就跟小說中那幾個虐貓的頑童的心理差不多。一般老師是不會跟著這些學生們一起惡作劇的，哪怕最想整你的老師，也不會把「我要整你」四個字寫在臉上。他們會在背地裏策劃，然後讓學生出面，不會自己笨到跑到前臺來指揮。只有烏龜孫是個例外。他的一些作為如此之天真，跟他那一米八的個頭形成了一個強烈的對比，叫你至今忘記不得。比方說，那一天你們幾個被拉去遊街，他就高高興興地像一個亂蹦的猴子，令你這個頭上戴著痰盂、脖子上掛著牌子的犯人竟然忘記了自己的處境，居然忍不住要去欣賞他的那一臉滑稽的表情。他戴著一副厚厚的眼鏡，嘴巴嘟嚷著，老是像含著滿嘴的東西，雖然並不肥碩，但跟愚笨兩字總好像有千絲萬縷的聯繫。現在居然也跳跳蹦蹦在那裏指揮著惡作劇的學生們幹這幹那，就更令人覺得好玩了。

你那天手上繫著繩子，和其他三個牛鬼蛇神綁在一起，在八月的毒太陽下，一邊敲著手裏拿著的臉盆，嘴巴裏還要唸著「我是反革命份子唐翼明」，光著腳丫在烤得發軟的柏油馬路上遊行了四個多小時，扎扎實實地嘗到了「被打翻在地」的感覺。遊行完畢，筋疲力盡，口乾舌燥，回到寢室，正想一頭倒在床上，你突然發現你對面的那張床已經變得奇形怪狀，床上潑滿了墨水和漿糊，帳子已經放了下來，上面掛滿了亂七八糟的標語，標語上寫滿了你的名字，加了紅圈，打了紅叉。你立刻就知道這又是那些天真的孩子們幹的好事，不過他們誤把馬老師的床當成了你的床。這馬老師可真是遭殃的池魚，又不能罵那些革命小將，正是有苦說不出。後來你聽說，這件惡作劇也是在那位烏龜孫率領下完成的傑作。不過你的箱子他們並沒有弄錯，蓋子掀開了，裏面值錢的東西一掃而空，連幾本俄文原版的小說也被拿走，最令你心疼的是一塊遠房親戚送你的碧玉硯池——你一直喜歡硯池，至今陋習不改——已經不翼而飛。那塊碧玉硯池會不會落到了烏龜孫的口袋？你雖然無法斷定，但實在也沒辦法排除這種可能。

烏龜孫據說出身貧農，好像是武漢一師畢業的，文革前只是一個普通的老師，因為水準太差，無人重視。不料文革一到，卻時來運轉，居然成了保皇派的大將。有一次你們偶然在廁所裏碰見，兩個人同時抖尿的時候，你說了一句「有空時想找你談談」，他斜瞄了你一眼，搞不清是不屑一顧，還是受寵若驚，嘟噥了一句「談什麼」，便調頭走了。你也終於沒有去找他，其實你也不知道可以跟他談什麼。

對此君你印象最深的一次還是發生在一九六九年春天清隊（「清理階級隊伍」之簡稱，清理階級隊伍是專對造反派頭頭的，意思是要把混進造反派隊伍中的階級敵人——又稱「壞頭頭」——清理出去）運動之中，你第二次關到牛棚裏的時候。你們學校的牛鬼蛇神那時候總數已經達到了八、九名。你們被關在一間大教室裏，男女中間用木板隔開，長達一年之久。配合著階級鬥爭形式的需要，時不時地被拉出去批鬥一番，碰到沒有批鬥會的時候，就寫檢查，讀毛選，洗廁所，掃操場，運煤灰。每天早晚有一件事是必做的，就是站在偉大領袖毛主席的寶像前，讀語錄，喊萬歲，早上叫「請示」，晚上叫「彙報」。你們八、九個牛鬼蛇神有一個臨時的組長，是個黨員，原先的教導主任，每次請示彙報總是由他率領你們這些牛鬼蛇神高呼：「偉大的導師，偉大的領袖，偉大的統帥，偉大的舵手，我們心中永遠不落的紅太陽毛主席萬歲！萬歲！萬萬歲！」有一天早上，當組長正領著你們這些牛鬼蛇神高呼口號的時候，烏龜孫突然從外面衝了進來，大聲呵斥道：「你們這群牛鬼蛇神，我們的偉大領袖毛主席，怎麼會是你們心中的紅太陽？」你一聽十分驚訝，這位烏龜孫先生竟能說出這麼流暢的、邏輯清明的話，真叫你不得不刮眼相看。大家立時啞口無言。烏龜孫說得對呀，毛主席竟成了牛鬼蛇神心中的紅太陽，那豈不是對偉大領袖的污蔑？但反過來也說不通，他如果不是你們心中的紅太陽，難道還是你們心中的黑太陽？大家滿臉狐疑地盯著組長，組長又滿臉狐疑地盯著烏龜孫，你很想聽聽烏龜孫會有什麼高論發出來，但他居然一句話也沒有，而滿臉的義憤卻逐漸變為茫然。這樣僵持了兩分鐘，烏龜孫居然再也不說下文，卻轉身跑出去了。你們的組長想了想，決心還是喊「我們心中的紅太陽」，草草地結束了這一天的早請示。

你於是對烏龜孫的聰明有了更深的瞭解，本來想找他談談，從此便作罷論。但你也因此忘不了烏龜孫，他像幽魂一樣地在你腦子裏轉來轉去，直到現在，你半夜做夢還常常會回到文革，其中一幕就是跟烏龜孫討教：不叫紅太陽，到底叫什麼好咧？可惜每每到此，夢也就醒了。

2009、8、7

人生的灘頭

我的祖籍衡陽在湘南偏北，是典型的丘陵地帶，可以稱得上「山清水秀」四個字。我的老家金溪廟，兩邊都是山，中間則是一條被叫做金溪的小河，據說那河裏的細沙是可以淘出金子來的。我小時候就常常捧起溪沙在陽光下翻動，確有許多非常細小的金片閃爍著。這條小河大約也就幾丈寬，曲折蜿蜒，走三十里到一個名叫渣江鎮的地方，流入一條更大一點的小河，叫蒸水。然後這蒸水又曲折蜿蜒，走八十里，到衡陽城，流入湘江。這湘江就頗有名氣了，居湖南四水（湘、資、沅、澧）之首。再蜿蜒曲折數百里，在岳陽的地方流入洞庭湖，經洞庭湖再流入長江。你看過霍建起的電影《那人那山那狗》嗎？如果你看過，那麼我老家的青山綠水你也就可以想見個大概了。

湘南的丘陵多產竹，我們家鄉最常見最高大的竹子叫楠竹，可長到五、六丈高，徑可半尺，用七、八根到十幾根竹子就可以拼成一個竹排，在小河裏划。我們家鄉的小河窄而淺，不可行船，但划這種竹排則可以。於是鄉里的農民便常常砍了竹子編成排，再用一根細竹當篙，撐著這竹排順流而下，到渣江鎮或衡陽城，然後把這竹排拆散，把竹子賣掉，換的錢買點油鹽布匹雜貨，再挑著回來。這撐竹排的大抵是年輕小伙子，或身強力壯的中年漢子，因為這是一樁很辛苦而驚險的活。小溪流過高低不平的丘陵地帶，雖然也有「潮平兩岸闊，風正一帆懸」的時候（這兩句詩用在我家鄉的小溪上是顯得太誇張了一點，請讀者不要以辭害意吧），這種時候當然也可以懶散地坐在竹排上，欣賞一下兩岸的旖旎風光，但大多數時候是要作鼓正經地撐著竹篙，平衡著竹筏，免得它沖到岸邊上去了，尤其是遇到我們鄉下稱為「灘頭」的地方。這「灘頭」就是河床突然降低，水位也就突然降低，形成一道瀑布一樣的地方——當然不是「疑是銀河落九天」那樣的山間瀑布，而是一道寬寬的，落差數尺到丈餘的那種河面。這樣的瀑布遠遠望去或許並不怎麼宏偉，但對駕排的人來說卻十分兇險，因為瀑布的下邊跟兩邊通常都布滿大石頭。所以駕排的人一旦看到前面有這樣的灘頭，就必須集中全部的注意力，緊緊抓住撐排的竹篙，身上每一塊肌肉、每一根神經都要繃緊到十分，而且要反應靈活，隨時準備應付突發的狀況，一丁點兒鬆懈，一剎那打野，都會導致難以想像的後果。輕則一頭栽下去，撞到巨石上，竹散財亡，前功盡棄，重則駕排人被拋到水裏，頭破血流，弄得不好連命都會丟掉。但倘若安全地過了這個灘頭，則前面多半是一段平靜寬闊的水面，這個時候又可以坐下來，甚至躺下來，放鬆放鬆，聽聽蟲鳴鳥叫，欣賞欣賞兩岸的青松翠柏，直到下一個灘頭的來臨。

一九五七年我十五歲，在衡陽縣新民初中畢業。其時我的表姐於一年前全家遷居武漢，我那時在國內已經只剩下這位表姐是最親近的，於是徵得她的同意，把戶籍遷到武漢，暫時寄居在她家裏，一面準備功課報考高中，報考的是當時穩居湖北省第一的武昌實驗中學。一個湖南鄉下的小孩，要跟大武漢的城裏「伢們」（請用武漢話讀）競爭，我倒並沒有感到害怕，但心裏的緊張是免不了的，我知道這會是一場苦鬥，所以預備功課抓得很緊。一天清早，我站在表姐家的陽臺上，凝望天邊的朝霞，心裏想著這場即將到來的考試。我的表姐夫，那時四十來歲吧，我叫他琪哥，是鐵四院大橋處的總工程師，正準備上班，也走到陽臺上。我說：「琪哥，這武漢市的學生都很厲害吧？」不料他沒有正面回答我，卻說：「你在鄉里看到過划竹排嗎？」我說：「看過。」他說：「你知道划一趟竹排，總是要經過幾個灘頭的嗎？」我說：「知道。」他說：「人生就像一條河，也會有幾個灘頭。划排過灘的時候必須全力以赴，衝過去了，你就會有一段平靜的水程。你現在面臨的就是一個灘頭，盡你的力量去準備吧，其他的都不要想。」

一個月後，我以第二名的成績考上了武昌實驗中學，後來的事實證明，這的確是我生命歷程中第一個最重要的灘頭，如果是另外一種結果，我整個的人生大概都要改寫。自然，在我後來的生命歷程中，又有若干重要的灘頭，考武大研究生是一個，進美國哥倫比亞大學是另外一個，寫博士論文是第三個……每當面臨這樣的灘頭，我就會想起我跟琪哥的這段對話，我就會排除所有的干擾，集中全部精力，駕著我的人生竹筏，奮力地衝過去。

琪哥已經過世幾年了，他大概從來不知道，在一九五七年夏天的那個早上，在他家的陽臺上，在燦爛繽紛的霞光中，他對我說的這幾句並不長的話，對我的一生有如何重要的影響。

我永遠感謝你，琪哥。

2009、6、24

茶壺是方的還是圓的

我的表姐夫琪哥，姓龍，名英琪。我最近常常想起他，好多往事都回到心中來。

我的表姐比我大二十歲，他又比表姐大四歲，這樣推算起來，他應當和我父親的年齡差不多，所以我們實際上是兩代人。我的表姐是我母親當小學校長時從鄉下帶出來念書的，所以跟我比較親，何況我在大陸也沒有更親的親戚。我那時在武昌實驗中學念書，星期天、寒暑假便常常去他們家玩。琪哥是武昌鐵四院橋樑處的總工程師，表姐是小學教師。我因為成績好，又常常得到各種比賽的獎勵，所以他們對我都青眼有加。但畢竟是兩代人，所以從沒有過深入的交談。關於琪哥的歷史，我也知道的很少，只知道他年輕時也是一個熱血青年，在北洋工學院畢業以後曾經投奔延安，參加了薄一波領導的中華民族抗日救國先鋒隊（簡稱抗先隊），而且在陝甘寧地區做過一任縣長，但後來卻因為要治鼻病從邊區跑了出來，於是脫離了革命隊伍。這件事後來讓他在歷次運動中都要受審查，但他離開邊區以後埋首工程，不問政治，所以找不出什麼劣跡，他的貧農出身也幫了他的忙，而他為人又極低調，從不高談闊論，從不提意見，從不議論別人，所以每次都過了關，沒有戴上什麼帽子。也因此，我的表姐一家文革以前過的算是相當安穩的日子，他們兩人的薪水又高（我還記得琪哥每月的工資是一百八十八元，表姐是七十二元），所以連我這個表弟也多少沾一點光，去他們那裏總可以混上一頓好飯吃，有時還帶半塊肥皂、半條牙膏之類的東西回來。但說實話，我那時對這位表姐夫卻不怎麼瞧得起，他的從不評論時事、從不臧否人物，對一切人都客客氣氣，不冷不熱，在我看來是沒有激情、膽小怕事。

他有些話說得很在理，讓我畢生難忘。但有些話則簡直不可理喻，那不可理喻的程度也讓我畢生難忘。有一年除夕，我在他家過年，晚飯前大家坐在桌前喝茶、嗑瓜子，他忽然指著桌上的茶壺對三個兒子（他們那時的年齡應該是七歲到十二歲）說：「你們看這壺是方的還是圓的？」三個兒子齊聲回答：「圓的。」他接著問：「如果大家都說它是方的呢？」三個兒子七嘴八舌地說：「還是圓的呀！它明明是圓的呀！」琪哥卻說：「你們錯了，如果大家都說茶壺是方的，它就是方的，你們怎麼可以這樣自以為是呢？」我一時驚呆了，以為他在逗三個兒子玩，但

▲琪哥全家和你／1999 年攝於武漢

仔細看看他的臉，卻是一本正經，絲毫沒有開玩笑的樣子，而且此後便不再說話。一直到吃年飯的時候，也沒有再說什麼。

我從前對他只是不太欣賞，從此以後就有點瞧不起，我不敢相信，一個人竟可以這樣地教兒子，這簡直比我在任何小說裏看到的都荒唐。我此後再也忘不掉這件事，他那句話困擾了我好久。有一次不知道因為什麼事，我居然不顧禮貌沖著他說了一句，琪哥，你也未免太膽小了。他居然不以為忤，對我笑了一下，說，我這叫做「全軀以保妻子之徒」（漢．司馬遷《報任少卿書》），你以後會明白的。他這句話因為夾著一句古文，讓我琢磨了很久，也從此忘不掉。一直到文化大革命，我自己兩為反革命，三進牛棚，看到舉國瘋狂，一人被鬥，全家誅連，許多家庭妻離子散，才慢慢明白他這句話的意思。

以後出了國，先在紐約讀書，後到臺北教書，看到許多國內看不到的事，也讀了許多國內讀不到的書，便常常會想到琪哥，想到他從一個熱血左傾的青年，變成一個完全不問政治的人，丟下陝甘寧邊區的縣長不做，卻藉故跑了出來，一定是看到什麼特別的事情，終於嚇破了膽，於是急流勇退。我有時候為他不值，想，他當年如果堅持下去，後來好歹也會撈個部長當當，說不定還會當個副總理什麼的。不過有時候也替他慶幸，以他的性格恐怕很難經受以後一連串殘酷的階級鬥爭和良心折磨，就算當了部長，也說不定會關到秦城監獄中去。人生禍福無常，誰能說得準呢？

他雖然不是一個勇敢的人，但絕對是一個聰明的人。當趙高指著臺階下的驢子說是「馬」的時候，你是跟著說「馬」以保全自己，從而保全你那無辜的妻子和兒女呢？還是寧可殺頭、破家也要堅持說是「驢」呢？這的確是千古無解的難題。每讀《方孝孺傳》，也為同樣的難題所困擾。一方面敬佩方孝孺的硬骨頭，覺得這麼大的一個民族，總得有幾個像方孝孺這樣的人，但另一方面也覺得方孝孺呆得不值，都是朱家的人，侄兒做皇帝還是叔叔做皇帝，干你什麼事呢？值得賠上十族八百多人的性命嗎？你被殺還可以說是求仁得仁，那八百多個人為什麼要跟著你一起丟腦袋呢？

我跟琪哥的接觸並不算太多，但是他說的話居然有好幾句讓我一輩子想忘都忘不掉。我實在沒有理由瞧不起他，我應當向他好好地請教才是，至少應該好好問問他青年時代的經歷，他究竟看到了什麼？又遇到了什麼？想到了什麼？可惜已經無法起他於地下，做一次長夜之談了。

2009、7、9

全力以赴過灘頭

如果你上了一點年紀，你試著回顧一下這幾十年來你的生命歷程，無論是成功或者失敗，你總會找到幾個關鍵時刻，你的生涯如果是成功的，往往就是這幾個關鍵時刻你順利地度過了，反之，如果這幾個關鍵時刻沒有度好，你的生涯就可能失敗或部分失敗。人生就像一條流經丘陵地帶的小河，總會碰到幾個灘頭，你像一個划竹排的人，當你遇到灘頭的時候，必須全力以赴，安全地衝過去了，你就會有一段比較平靜的水程，甚至往後的人生都會相對平順。而如果沒有衝過去，輕則排毀，重則人亡，你的人生或許就因此而失敗了。

一九七六年文革結束，次年鄧小平上臺，新政開始。鄧小平所做的第一件了不起的大事，就是在全國範圍內重開高考，一九七七年招收了文革之後的第一批大學生，年底宣佈第二年將要招收第一批研究生，但只限於理工科。我當時立刻就意識到這將是一場大改革的開始，也是天下讀書人一個極其難得的轉機。中國的大學教育已經基本停止了十年，教育出現了嚴重的斷層，一方面是市面上人才稀缺，無才可用，一方面是倉庫裏人才堆積，近於黴爛。這第一次的高考和研究生的考試，將從大量堆積的人才當中拔出佼佼者以應國家急需。這些被拔出來的佼佼者也就必將成為未來中國各階層的骨幹。必須抓緊這個千載難逢的機會。

但當時令我非常遺憾的是，我只有一個高中文憑，離開學校之後又沒有再搞過數理化，在中學教的是語文，要在短短幾個月內把數理化進修到能夠報考研究生的水準，根本是不可能的。所以我就力勸我學水利的弟弟浩明去報考，但是浩明說他一九六五年考進大學，才上了一年課就搞文化大革命，所以沒有學到什麼，現在要考很困難，何況他並不怎麼喜歡理科。不久之後，教育部又加發一個通知，說第二年的研究生招考也將包括文科。我喜出望外，立刻決定報名。那一年我三十六歲，正是報考研究生的最高年限，我慶幸自己至少還具備報考的資格。同時鄧小平還做了兩項極為重要而英明的指示：第一，是不計較學歷，報考研究生並不要求有大學學歷，而只要有同等學力即可。第二，不要糾纏考生的家庭出身之類的所謂政治問題，只要本人沒有犯過大錯誤即可。這兩條措施也等於為我開了特赦之門，否則以我高中畢業的學歷和「外逃的反革命份子」家庭背景以及在文革中兩次被打成反革命的經歷，要想報考是沒有希望的。但即使這樣，當我決定報考時，我周圍的親戚朋友除了我妻子以外，沒有一個人表示支持。他們說：「你考了兩次大學，考了全省第二名，人家都不要你，你還做什麼夢啊？」但是我決心已定，我知道這是我一生中最重要的機會，無論如何我要抓住一試。如果實在考不上，此乃命也，但是如果我連試都不試，我絕對會後悔一輩子。

一九七八年二月報名，當時我可以報考的只有武漢大學中文系的古代漢語跟古代文學（後來叫「魏晉南北朝隋唐文學」）兩個專業，一直到報名之前我都拿不定主意報哪個比較好。一位跟我同時準備報考的同事（他報考數理）對我說：「你到現在連哪個專業都沒有考慮好，我看你是沒有希望了。」非常遺憾的是，後來他自己卻沒有考上。我最後選定了古代文學。我記得當時要考的是五門功課：中國文學史，古代漢語，唐代文學，外語，政治。二月報名，五月考試，我只有大概一百天的時間可以準備，而當時我在三陽路中學教書，每週要上十二節課，同時我又是江岸區語文教師培訓班的老師，每個星期要給中學教師們上一次文學史課程，這兩件事情是無法暫停的。所以我白天幾乎沒有時間來做考試的準備，只有晚上跟週末可以利用。我告訴自己，這個時候如何調動自己所有可以利用的時間，排除一切跟考試無關的干擾，並且抓住重點，不浪費任何精力，對於我是極其重要的。

首先我決定把大部分精力和時間放在古代漢語、中國文學史和唐代文學這三門上，而外語和政治只耗費最少的時間跟精力。因為很明顯，外語不可能在三個月之內有特別的提高，我那時選的是英文，我決定只花很少的力氣把一本薄薄的英語語法手冊再認真地讀一兩遍，英文單詞則完全不去管它，記得多少就算多少，不再學新單詞，因為那次的英文考試是允許帶字典進考場的，所以把精力耗費在辭彙的記憶上，既無必要又無效果。其次是政治，當時的所謂政治我斷定只會考一點基本的馬克思主義理論和時事，這都用不著做什麼準備，只要在臨考前找到一本合適的資料拼命背熟就行了。剩下的三科是專業課程，我決心把百分之八十的時間放在這三科上面。這三科內容寬廣，當時高等教育停辦了十年，所以也沒有什麼現行教材可循，以什麼作為復習的根據就成了非常棘手的問題。我憑自己的讀書經驗認為古代漢語所有的教材中以王力的《古代漢語》（四冊）為最好，也是文革前大學通用教材，這本書我已經讀過兩遍，我就靠這本書學通了古文，現在我決心在三個月內把這本書從頭至尾再細讀一遍（一共二千頁）。至於古代文學我覺得當時中國科學院文學研究所主編的《中國文學史》（三冊）是最好的、也最權威的書，這本書我從前也讀過，我決心把這本書從頭至尾再詳讀一遍。至於唐代文學，我決定以《中國文學史》中論述唐代文學的部分為重點，再旁及其中提到的重要作家跟作品。

剩下的問題就是集中時間跟精力。我的辦法是除了上課以外的一切其他事情，一概停下來不做，例如：不拜訪任何親友，不跟任何親友會面、吃飯、聊天；不給任何人寫信，包括母親（我平時每月必寫一至二封信）；不看電影，也不參加任何娛樂活動，連每天早上必打的太極拳也停下來。總之，一切可以節省下來的時間和精力都節省下來，全部花在準備考試上。那時我一家三代六口人住在一間只有十八個平米的房子裏，而且三個孩子又小，所以我每天下班回家吃完晚飯就騎自行車到學校，在空無一人的教研室裏讀書，每天深夜十二點才回家。這樣，我每天至少可以保證六個小時能夠不受任何干擾，專心致志地準備考試。如此一直堅持到五月份筆試。記得中間還有一陣碰到停電，我只好買了幾十根蠟燭，一次點十根，環立桌上，燭光搖搖，蠟油四溢，埋首書中，不亦樂乎。此情此景，恍然如昨。

筆試之後過兩個月舉行口試，口試的重點是古代文學。那時候完全不知道口試中老師會問些什麼問題，而中國古代文學浩如煙海，這一次要復習的範圍就比準備筆試的時候更不知道從何下手，我只有更抓緊時間。幸好六月份放假，全天都可以用來讀書。每天清早吃完早餐，就抱著一堆我想得到的書坐在門前的樹蔭下，脫掉上衣，打著赤膊，穿條短褲，泡一壺濃茶，不斷地翻看、做筆記，每天讀書的時間至少在十四個鐘頭以上。從二月至七月大約五個月的時間，這一輩子讀書從來沒有這麼努力過。幸好這中間基本上沒有生病，直到七月份口試前才害了一場病，是左腿的脈管炎，我一邊吃藥打針，一邊仍然不放鬆，幸而老天保佑，十天之後也就痊癒了，並沒有浪費我什麼時間。

九月份放榜，我終於以第一名的成績考上了武大中文系研究生。如果我一生中也有所謂時來運轉的時候，那麼轉就轉在這一刻上，如果我那次沒有考上研究生，此後下半輩子的命運就完完全全不一樣了。

這一段經歷讓我明白，在人生的關鍵時刻，或曰人生灘頭，如何排除干擾，集中精力，並且抓住重點，毫不鬆懈，實在是決定人生成敗的關鍵，而能不能做到這一點，第一需要意志，第二需要智慧。

2009、9、22

走進武大

一九六〇年高考填志願的時候，武大根本沒有進入你的視野。落榜之後，武大居然成了高不可攀的學府。有一次，你與一位同齡的青年老師穿過武大校園去東湖游泳，他忽然指著遠處綠蔭叢中的一幢小洋房對你說：「那是胡承暉爸爸的家。」胡承暉是你們的同事，他父親是武大的教授。你「哦」了一聲，沒有說什麼。以你年少輕狂的個性，坦白地說，你從前並沒有把大學教授當作自己的奮鬥目標。但現實卻是，你連大學的門檻都進不了，武漢大學的教授在此刻對你已經是一個飄渺的夢境，你說什麼好呢？去東湖游泳吧，這個跟你不相干。

你當時不可能也絕對沒有料想到，漫長的十幾年以後，經歷了文化大革命的狂風暴雨之後，在你被打到地獄邊緣的時候，你居然會時來運轉，你居然會踏進武漢大學的校門，你居然成了那位住在綠蔭叢中的胡教授的學生。真所謂「山重水複疑無路，柳暗花明又一村。」

還有更巧的，當你坐公車去武大，在武大校門下車的時候，突然看到當年指著胡承暉爸爸的洋房給你看的那位青年老師，他叫高宏，居然也從公車的另外一個門裏走下來，身上跟你一樣背著一個背包。你們兩個幾乎同時驚訝地問對方：「你到哪裏去？」然後你們倆也幾乎同時回答：「武大。」於是你明白，高宏跟你一樣，也是剛剛考進武大的「進士」——一九七八年文革後首批研究生，社會給了他們這樣一個雅號。他跟你一樣，也沒

▲像一個人文學者嗎？
／攝於 1990 年

念過大學——因為肺病，跟你同一年留在實驗中學——你們的母校當老師，他教數學，你教俄語。他也跟你一樣，在文革中被打成反革命，因為你們一起組織了一個「反動詩社」。不過最近這兩年大家都在埋頭讀書，見面很少，居然互相都不知道對方正在報考武漢大學的研究生，當然也更不知道對方已名登金榜。「無巧不成書」，指的是小說，其實小說哪有現實精彩？

開學典禮上童懋玲副校長致辭，其中提到，今年招到的研究生都很優秀，她舉了個例子，說，一位老教授，逢人便講：「這回總算招到了一個好學生，古代漢語居然考了九十多分。」這是文革十年以來，其實也是開國二十九年來第一次招考研究生，第一次真正按成績，而不是按家庭出身、政治條件錄取學生。這位老教授的話其實別有深意，不知道童校長聽出來沒有？後來聽說童校長口中的老教授就是胡承暉的父親，不久之後成為你的導師的胡國瑞先生。

入學之後有一天，同寢室的李中華，他原是武大畢業的，領著你去拜見系裏的蔡守湘老師。蔡老師是性情中人，全不像一個文質彬彬的大學教授，他第一次跟你見面，就大聲說：「你就是唐翼明？你的記性怎麼這麼好！你的古代漢語試卷是我改的，我給了你九十八分，有老師說，不行，這太高，哪有古代漢語拿九十八分的？我只好把其他老師都叫過來，給你挑錯，挑來挑去，最後還是給了你九十四分。」蔡老師沒有給你們開過課，但是你因此深深地記住了這位直爽的長輩。後來你在臺灣看到他出版的《唐人小說選注》，特地買了一套。可惜你這次退休回來，蔡先生已經去世了，你只見到他的兒子。

進了武大校門的你，一頭札進書海。這一年你三十六歲，本命年，相書上說，男人的事業三十六歲才定根，看來還有點像。在這個連名字都很優雅的珞珈山上，面對著山腳下浩渺美麗的東湖（它有六個西湖大），在三春櫻花，六月荷色，九秋桂子，臘冬梅香之中，在滿校園的高大的法國梧桐樹下，你的生命開始了一個新的里程，你終於放棄了幼稚的皇帝夢，諾貝爾夢，你也逃離了監獄和勞改的陰影，踏上了一個人文學者的平實而寬廣的路——其實也是你最應當走和最合適走的路。「神自有美意的安排」，如你母親常常所說的。

2009、9、27

▲你與高宏在武大校園，這已經是畢業後 18 年，你們兩個都是教授了。／1999 攝於武漢大學

關於外語

你平生最引以為傲的是外語，但是最遺憾的也是外語。你先後學過俄文、英文和日文，如果在一種正常的情況下，你這三種外語即使不說精通，至少應該相當熟練。挾這三門外語而遊世界，簡直可以東西逢緣，暢行無阻。家居則悠遊於這三門外語的典籍中，人類文化的精華幾乎可以遍覽無餘，豈不快哉！是的，你本來可以做到，但最終沒有。上帝給了你天賦，卻沒有給你充分的機會。

你念高中時學過三年俄語，那時的中國是向蘇聯一邊倒的，所以你也沒有別的選擇。俄文號稱難學，發音難，語法也難，一個名詞居然可以變出十二種形式，這在中國人看來是非常稀奇古怪的。可是你學得挺輕鬆、挺愉快。一堂課教七八個、十來個新單詞，你不到下課就背熟了，你成了班上的俄語課代表。高三那一年全武漢市俄文演講比賽，你居然拿到第一名。所以當你沒有考上大學而留校任教時，你理所當然地成了俄語老師，教了三年俄語，直到離開你的母校為止。後來你在美國留學，因為博士學位規定除英語之外須再通一門歐洲語，於是你在哥倫比亞大學又進修了一年俄語，居然通過了碩士級的考試。可是之後二十多年，你完全沒有機會用到俄語，連講幾句完整的俄語句子的機會都沒有，於是俄語對你來講，也就只剩下一段美好的記憶了。

哥倫比亞大學東亞語言文化系要求博士生，除了他所研究的那個國家的語言之外，還要懂另外一門東亞語（所以東亞系的博士至少要通四門語言：本國語、研究國的語言、另一門歐洲語、另一門東亞語，本國語和研究國的語言都要達到博士水準，另外一門歐洲語和東亞語則要達到碩士標準，考試不過關的，就不能取得博士候選人資格，也就不能開始寫博士論文），你挑選的是日文。一九八四年夏天，你已經四十二歲了，你開始學一門嶄新的語言。雖然這門語言中夾雜了不少中國的字彙，可是這些中國字無論是意義和讀音，都跟原來不一樣，所以它一點都沒有降低學習的難度，而語法之複雜，則較俄文猶有過之。你開始有點低估它，後來才知道它實在不好惹，你花了整整兩年去對付它，結果還只拿到B^+的成績，這是你在哥倫比亞大學所修的一百二十八個學分中，唯一沒有拿到A的一門功課。雖然你順利地通過了資格考試（筆試），此後二十多年，除了三次到日本遊覽跟講學以外，你也幾乎沒有什麼機會用到日文，於是這一門外語也只留下了辛苦的回憶。

三門外語中，只有英文一門你現在還可用，雖然也談不上多麼好。你年輕時學的是俄文，開始接觸英文已經是而立以後。那是文革後期，中國跟蘇聯鬧翻，反過頭來跟原來不共戴天的美帝國主義搞起了乒乓外交，中央電視臺也就出現了一個鐘頭左右的英文講座，你就跟著學。從二十六個字母開始，逐漸背熟了若干單詞，把一本講英文語法的小冊子（記得那作者的名字似乎是薄冰）反反覆覆地讀了幾遍。一九七八年報考研究生時，外語科目中你居然挑了英文，而沒有挑俄文，而且你的英文居然考得還不錯，中文系錄取的幾個學生（一共八名）中，只有兩個及格，你是其中的一個（另一個是何念龍）。而且令你開心的是，在考試場上，你居然向監考老師指出了一個試卷中的語法錯誤。那的確是一個錯誤，出題的老師疏忽了，你是對的。這事後來成了一樁美談，說，今年武大招考的研究生中，考取中文系第一名的學生，英文很好，居然指出了我們試卷中的一個錯誤，云云。所以後來放榜的時候，開始傳出的消息中說你是第一名，馬上就有你的同學跟朋友否認：那不可能，唐翼明是學俄文的。你進了研究所以後，又修了一年英文，這就是你到美國留學前全部的英文基礎。你到了美國以後，才知道這點基礎是多麼可憐，在美國人面前，你連一句完整的英文句子都說不出，老美講的英文，你也一句都聽不懂。你於是在洛杉磯進了一所專為外國學生辦的英文學校，整整念了四個月的英文，然後到紐約進了哥倫比亞大學一個美語（即美國式英語）預修班，叫做American language program，簡稱ALP，你居然只考到第四級（整個是十級）。你同時申請了東亞系的研究所。你那時已經在武大研究所畢業，拿到了碩士，成績優秀，而且已經在《文學遺產》、《文學理論研究》、《學術月刊》三個全國性學術刊物（當時這類刊物極少，《文學遺產》是全國公認的、研究中國古典文學的最高刊物）上發表了三篇文章。所以哥大東亞系研究所很高興地錄取了你，但是在通知書後面附了一條「但書」，說，你的學術表現很優異，但我們擔心你的英語水準跟不上，所以希望你在入學前讀到 ALP 第十級（最高一級）。沒有辦法，你只好拼命地讀英文。那時你幾乎從早到晚，手不釋卷，即使在等車的時候，你也在背英文單詞。寒暑假也不休息，別人一個學期讀一級，你一個學期讀兩級，居然在一年之中從第四級升到第十級。一九八二年九月你順利地進了東亞系研究所。

其實你的英文並沒有真正過關。你已經過了不惑之年，你痛切地感覺到你學起英文來已經遠沒有十五六歲時學俄文那樣的輕鬆愉快，何況你的聽力又不太好，你的右耳從小失聰（被伯父打聾的），所以你在研究所的第一年幾乎還是在騰雲駕霧，一年以後你才慢慢自如。你在東亞所研究的重點仍然是中國文學，當時根據哥大東亞系的要求跟課程設置，你必須同時研究中國歷史、中國思想、日本歷史、日本文學。你的中文根底扎實，這幫了你很大的忙，但即使這樣，你上研究所時一半以上的精力其實還是花在學習英文上面。你的英文之所以今天還能用，就是因為在哥大的九年，你下功夫最多的其實是英文。

你的記性不能說有多好，比錢鍾書是遠遠趕不上的。但是你的記性也不能說不好，至少在你的同學跟朋友中，你還沒有看到記性比你更強的人。年輕的時候背唐詩，一首七律通常只要認真地看過兩三遍，是沒有背不下來的；俄文單詞默念個兩三遍，再寫個一兩遍，也沒有記不住的。你到三十六歲考研究生的時候，考完了，你的朋友要你把題目默下來供他們來年參考，你居然把所有題目連同你的答案幾乎一字不漏地全部背寫出來。你進武大以後，因為讀書太猛，加上報考過程當中那種爭分奪秒的準備，使你的大腦過分疲勞，結果害了一場大病。你發覺從那以後，你的記憶有明顯的衰退。你於是很感歎，如果從十八歲到三十六歲之間，這十八年你能夠繼續求學，而不是過早地當了六年老師，又被文革搶去了幾乎十年的光陰，那你治學的生涯應當大不一樣。如果你的運氣更好一點，這十八年你能夠像陳寅恪那樣，遨遊在東洋西洋之間，沉浸在學術研究之中，應該也不比陳寅恪差太遠。

曹丕說：「少壯真當努力，年一過往，何可攀援？」但是他沒說，你很想努力，可上帝不給你努力的機會怎麼辦？一棵竹子，從筍尖冒土而出，到抽條發枝，筍殼落盡，變為成竹，這一段時間是決定它能長多高、多壯的關鍵，如果這一段不缺營養，不遭砍斫，它就可以長到它應該長到的高度（這種生命的潛力在它成筍的時候就已經決定了）。但是如果在這個期間沒有長到應有的高度，成竹之後遇到再好的條件，也已經無濟於事了。因此你平生最心痛的一件事就是十八歲（一九六零年高中畢業）到三十六歲（一九七八年考上研究所），這一段生命力最旺、學習能力最強、記性最好、創造力最富的時光，遭到了人為的剝奪與搶劫。

一九六三年在你第一次高考名落孫山之後，你不甘心，想再考一次，寫了一個報告給武漢市教育局（那時你在省實驗中學當老師），你在報告中寫了一句話，說：「請諸公為國家惜人才。」你的確自視甚高，但是你實在說得很誠懇啊。可是沒人理睬你，大概也沒人理解你。你喜歡陶淵明的詩，你當然跟大家一樣，喜歡「采菊東籬下，悠然見南山」的境界，但你更喜歡：「日月擲人去，有志不獲聘。念此懷悲淒，終宵不能靜。」你每每擊節吟誦，至於淚下。

但是，你還是慶幸，你還是感謝上帝，他對你還算是溫情的，他讓你趕上了末班車。你畢竟到了美國，你畢竟進了哥大，你畢竟拿到了博士，你也畢竟學了外語，而且學了這世界上最重要的幾種外語，雖然沒有學得怎麼好（你對於「精通幾門外語」之類的介紹詞，心裏常常是存疑的），但至少不是文盲。你已經比這個世界上百分之九十九點九九的人都幸運，還抱怨什麼呢？還感歎什麼呢？

2009、7、4

買衣啟示錄

關於衣服你可以寫的東西很多，但也可以說你能寫的東西最少。因為你從小嘗過很多缺衣少穿的苦頭。你在《鞋子與潛意識》那篇文章中講過的心情，也同樣發生在衣服上，你也常常為舊衣服大傷腦筋。你現在的衣服對於一個男人來講，恐怕也是太多，十來套西裝，哪裏用得上？又不上《百家講壇》，又不出席什麼剪綵儀式，這些正兒八經的東西實在派不上用場。不僅派不上用場，事實上有一大半不能再穿了。因為你當年也曾苗條的身材已經日漸「中廣」，十條褲子已經有八條無法穿了，又捨不得丟，因為套套都是好料子，有的總共也沒穿過幾回。特別是領帶，你大概有四五十條吧，真可謂多姿多采。可是丟哪一條好呢？送人吧，又不禮貌，畢竟是用過的。你到高中還常常穿打補丁的衣服和褲子，所以潛意識裏你也很難對舊衣服進行精兵簡政，正如對舊鞋子一樣。

然而對衣服，其實你真能說的又很少，因為你不懂得流行，從無追時髦穿名牌的雅癖。對衣服的布料、式樣、剪裁，也從不肯下工夫研究，又生性討厭逛街 shopping，幾乎從來沒有逛百貨商店的習慣。除偶爾被一兩個漂亮的女士綁架之外，你是「百過百貨公司之門而不入」的那種人。

但是你獨獨記得一件上衣的事情。雖然這件衣服已經早就不在了，你卻常常會想起，因為它讓你懂得花錢的道理和做人的道理。

這件事發生在一九七九年年初，大概是在陰曆除夕之前，那時你住在漢口華清街。有一天你出門散步走過一元路和中山大道的轉角處，那裏有一個服裝店。不知什麼鬼使神差，你居然往櫥窗裏看了一眼，有一件深藍色的男上裝掛在那兒，似乎是毛料的，剪裁得很好，精神抖擻地接受往來行人的檢閱。你那時正缺一件像樣的外衣，突然心中一動，便進去試穿了一下，居然神氣得很。從小到大，你還沒穿過一件這麼體面的衣服，你第一次有了強烈的不願脫下的感覺。問問價格，大約六十元人民幣，你嚇了一大跳，太可怕了，怎麼會這麼貴！你那時每月的薪水是四十元五角，所以你得辛辛苦苦工作一個半月，不吃不喝才買得起這件衣服。你只好歎一口氣，脫下衣服，快快出了門。可是走了沒多遠，你又忍不住折回來，站在櫥窗外仔細打量那件雄赳赳氣昂昂的衣服。其實當時你並非拿不出這六十元錢，因為那是文革後，你已經恢復了同住在臺灣的母親的聯繫。在你沒有跟母親恢復聯繫之前，你們的生活的確實窮得可以，那時你們一家六口人，你，你的妻子，你的岳母，一個女兒兩個兒子都已出生，三代六口，塞在一間只有十八平米的名副其實的「蝸居」裏。每個月的最後幾天總是窮得連買菜的錢都沒有，只好到床底下、灶角裏努力搜出一些空瓶子、爛鞋子去賣，換回幾個錢，買半斤一斤辣蘿蔔臭醃菜，把這幾天混過去。不過到文革末期，你在一個很偶然的機會下跟母親恢復了聯繫，從此母親便常常寄點錢來接濟你們。所以你這個時候其實已經屬於當時的富裕階層了，這六十元的衣服你是可以買得起的。可是窮日子過怕了的你，如何能忍心掏出六十元錢來買一件衣服，這豈不是太奢侈了嗎？你搖搖頭，還是離開了櫥窗。

但你心裏老是忘不了那件衣服，你第一次荒唐到在晚上睡覺時，還會去想一件衣服的事情，並且把這件事情告訴了你的妻子，她居然同意明天跟你一起去看看。於是第二天你們又跑去，又來來回回地折騰了好多次，最後下了一個狠心，把那件衣服給買了回來。次日是星期一，你穿著這件衣服去學校，那時你剛考上武漢大學中文系的研究生不久，走在寒風颼颼的珞珈山上，居然精神抖擻，步履快捷，似乎又重新回到了少年時代過年的那種感覺。最令你得意的是，走進教室那一刻，居然讓同學們一個個刮目相待，大家都說這衣服神氣。陳書良說：「唐翼明穿上這件衣服簡直像個大幹部。」一直好多天，大家還拿這件衣服做開玩笑的文章。毛慶說：「老唐到底是大師兄，我們這裏面還只有你一個人穿著像。」總而言之，這件衣服的確讓你風光了一陣子。重要的是自己覺得很開心。「人要衣裝，佛要金裝」，「人是衣裳馬是鞍」，看樣子還真有道理。你記得這件衣服並非西裝，也不是中山裝，而是後來被稱為毛裝的一種介於西裝和中山裝之間的「有中國特色」的式樣。現在如果穿著它走在街上，肯定免不了被人看作老土。

你一九八一年去美國留學，這件衣服自然就留在了中國，至於後來到了哪裏，做了什麼，早就不是你所關心的。但是這件衣服，以及買這件衣服前前後後的心理掙扎，卻是你永遠忘不了的。買不買這件衣服，在當時竟然困擾了你那麼久，事後回想起來，只能說是可笑的愚蠢。如果你當時確實拿不出六十元錢，那麼這件事便沒有討論的餘地。但是你拿得出錢，卻因為捨不得而沒有買，那只會是一件永遠無法彌補的遺憾。買不買這件衣服，對於後來的你的生活幾乎不會發生絲毫的影響，你買了不會因此而使你後來的生活變得拮据，哪怕一絲一毫。你咬緊牙沒有買，也不會因此而使你後來的生活變得寬裕，哪怕一絲一毫。但是買不買那件衣服，對於當時的你卻影響頗大，買了，你風光了好些時，愉快了好些時；不買，你會遺憾好一陣子，窩囊好一陣子。

以精確的數學腦袋來想這件事情，那答案當然是不一樣的。你多用了六十元錢，你戶頭上當然要少六十元錢，你以後當然就少六十元錢可花，你就應當會拮据一點（哪怕一點點）；你少花了六十元錢，你戶頭自然就不會減少六十元錢，你以後當然就多六十元錢可花，你以後的生活自然就會寬裕一點（哪怕一點點）。可是我的生命經驗卻告訴你，世界上的事情，尤其是有關人生的道理，精確的數學腦袋往往顯得無能為力，甚至荒謬可笑。你絕對相信，你買不買那件衣服，對你後來的生活沒有一絲一毫的影響，你慶幸你當時買了，因為它給你帶來愉快的心情。

從此你在相當程度上改正了你用錢的態度，尤其是當有朋友與學生需要你幫助的時候。

錢者，泉也。它從我們的生命中流過，它不會留下來等你，花了不會少，不花不會多，該花錢又有錢可花時就花吧，一味的省儉並非總是美德。

2009、8、20

到美國去

你從小就有一個很奇怪的夢想，要受到這個世界上最高的教育。這個夢是什麼時候鑽進你的腦袋裏的，你已經記不確切了，但你肯定那是在七歲回到老家以前。因為回到老家後你就變成了一個放牛娃，大概不會做這麼奇怪的夢。但是這個夢既然已經鑽到你的腦袋裏，就沒辦法把它忘掉，雖然放牛砍柴插秧種田，你總還時時記得這個夢。這個夢的內容對於你其實是很模糊的，到底什麼是世界上最高的教育？到哪裏才能受到這樣最高的教育？念書念到什麼程度才可以算是最高的教育？你都並不清楚。你只記得你很小就聽到過「留洋」這兩個字，但「留洋」是什麼意思你似懂非懂。你從沒想到過去美國，因為從你懂事之後起，美帝國主義就是全世界人民的頭號敵人，你痛恨美帝國主義。即使要留洋也頂多是「留蘇」，就是到那個列寧、斯達林的偉大國家去讀書。到了高考名落孫山以後，你在床上躺了三天三夜，這個留蘇的夢也跟你曾經做過的皇帝夢、諾貝爾夢一樣，徹底地醒了。你終於從做夢的時代邁進了現實的時代。到了文化大革命，你當了反革命，進了牛棚，被打翻在地，再踏上一隻腳，「黑牌高帽、口號間，美夢灰飛湮滅」，此身已成階下囚，成了被革命之浪淘盡的悲劇人物。活下來已值得慶幸，受最高等教育就等下輩子吧。

但是令人做夢都想不到的是，世事真的會如白雲蒼狗風雲突變，昨日不可能的事，今日都有可能了。中國跟蘇聯鬧翻了，卻跟美國開始修好了；文革結束了，而鄧小平上臺了；狗崽子考上研究生了，受最高教育的夢居然可以實現了。最有意思的是，你考上研究生的第二年，中美竟然建交了。你童年的夢這時候表現出強勁的活力，你馬上就下定決心，非抓住這個機會不可。你毫不猶豫，立刻通過武漢大學保衛部向湖北省公安局提出申請，你要去美國探親，去看你年過古稀的母親。看母親，跟父母團聚，自然是你心中強烈的願望，只是這背後還有一個不說更強烈，至少也是同等強烈的願望，就是去美國留學，念博士，圓你少年時代的夢。你之所以不說申請留學，是那個時候在鄧小平領導之下的中國政府，雖然比文革時代開明得多，但還沒有開明到派留學生到美國去學社會科學的程度。當時已經有一小批人被政府送到外邊去學科學技術，但沒有一個學社會科學或文學藝術的。因為在社會科學方面，馬列主義仍然是世界上最先進的思想體系，如果西方的科學技術尚有可學之處的話，那麼他們的社會科學比起馬列主義來，那實在是差得遠了，有何留學之必要？何況你在武大念的又是中文系，難道還要跑去向洋鬼子學中文不成？所以這話是說不出口的。

一九七九年一月中美建交，你四月間就提出了申請。半年過去了，石沉大海。直到那一年的初冬，武漢保衛部才找你去談話。你甚至還記得那個保衛幹事姓張，個子很矮，在男人中你已經算是夠矮的了，他居然比你還矮一截。這個小矮子態度極不友善，他斬釘截鐵地告訴你：「唐翼明，不要想去什麼美國，我正式通知你，公安廳不批准。」在那個時代，這一類管人事、管保安的人都是驕橫慣了的，因為他們手裏握著你的生死大權。他大概絕對沒想到，他的語氣把你激怒了，你大聲對他說：「為什麼？你們憑什麼不讓我出去？你給我告訴你的上級，我唐翼明不接受這個決定。」他居然一時反應不過來，大概因為從來沒有人敢這樣對他說話吧。他的上級就是湖北省公安廳，你唐翼明什麼東西，居然敢挑戰省公安廳？你沒等他反應過來，「砰」的一聲關上門就出來了。回到寢室，你把這件事講給你的同學聽，大家都搖頭歎息，一個同學（可惜你忘了是誰，是不是陳書良？）說：「唐翼明啊，你吃了豹子膽啊，你怎麼敢跟他們吵？你要出不去，以後搞起運動來，你這一輩子小鞋穿不完！」你這才清醒了，突然覺得有些後怕，有點後悔自己的脾氣太大。也很奇怪，文化大革命整了這麼久，你的脾氣還沒有被整下去？是不是考上研究生又有點得意忘形了？但你心裏有一種直覺，時代變了，這個小矮子的話沒有什麼道理！不讓你出去是錯誤的。不過你得動點腦筋，這件事情不能就此罷休。

你想來想去，決定給中共中央寫一封信，乾脆把這件事情捅到最高層。你的朋友們也贊成。這裏面有一個人是最關鍵的，你這一輩子不會忘記他的豪俠仗義，你最終能夠去美國，他實在是功莫大焉。這個人叫朱軍。在你的朋友圈中，他是大家公認的美男子，高挑挺拔的身材，英俊瀟灑的風度，尤其是與眾不同的五官，鼻樑高挺，輪廓分明。你一直懷疑他有外族血統，多年後你才從他自己的口裏得到證實，他果然是宋朝時來中國開封經商的猶太人的後裔。當然，是不是美男子不重要，重要的是他肯仗義幫忙，更重要的是他具備幫忙的能力，因為他是武漢市文革前的老市長劉惠農的女婿。你跟他本來是一個天上一個地下，沒想到文化大革命劉惠農被打成「反革命修正主義份子」，朱軍和他的太太劉小青以及他們的一圈朋友也就成了走資派的子女，降到了跟你差不多的地位。沒有這場文化大革命，你們是成不了朋友的。劉惠農在鄧小平上臺以後官復原職，而他許多在北京的戰友也官復原職。朱軍答應把你給中共中央的信送到北京中央領導的手中。你在那封信裏說，你認為湖北省公安廳不批准你去美國探親，不符合中央的新精神，你認為是地方上思想仍然不解放的表現。你還說，你推測省公安廳之所以不批准你去，原因是你的家庭背景，因為你的父親曾經是蔣介石的秘書，現任臺灣考試院考選部的部長。你說，我們中央的新精神是呼籲國共第三次合作，呼籲臺灣回歸祖國的懷抱，如果現在唐振楚的兒子要去美國探親都得不到批准，那麼他的那麼多的上級下級和同僚，如何能相信我們有合作的誠意？你這封信最後究竟到了誰的手上，誰過了目，是鄧小平本人呢，還是其他中央的高層領導人呢，你不得而知。但是那結果出來了，就是公安部通過武漢大學保衛部通知你去北京，說副部長要親自接見你。這一回張矮子的態度突然變得很和藹了，你就想這回或許有希望了。

這已經到了一九八〇年的年底，你還記得你走進北京公安部的那一天，外面正下著鵝毛大雪，你穿著厚厚的棉衣，一步跨過你這一輩子從未見過的最高的、也是最森嚴的衙門。那衙門的樣子你已經記不清了，你印象最深的是你一進去就有一股熱烘烘的暖氣直撲過來，你這一輩子到那時為止，還不知道暖氣是什麼滋味。那通道似乎很長，你走著走著就覺得熱不可擋，又不敢把棉衣脫下來。你畢竟不知道前面等著你的是什麼，這可不是武漢大學的保衛部，你要碰到的人也絕不是張矮子那一流的。你終於走進了一個大廳，有人讓你坐下來，並且給你端上一杯熱騰騰的茶水，你喝了一口，覺得更熱了，汗從你的頭上冒出來，沿著脖子往下流。前方有一張大桌，一個大幹部模樣的人走進來在桌後坐下，你猜想，這大概就是要接見你的那位副部長。你懷著忐忑不安的心情，等待著決定你命運的那一刻的到來。汗從你身上的所有毛孔鑽出來，你覺得這等待的時刻特別長。那位大幹部開口了，不料語氣竟然十分和藹，他說：「唐翼明，公安部決定批准你去美國，你們一家人都去。希望你去了美國以後，不要罵共產黨，為祖國統一多做貢獻……」下面還講了一些比較具體的話，你記不清楚了。但最後幾句你記得，他說：「我現在就給你們湖北省公安廳打電話，你明天回到武漢就可以拿到你們全家人的護照。」他果然立即抓起桌上的電話當著你的面打起來，你也果然在第二天回到武漢直奔省公安廳拿到了你們全家人的護照。一個禮拜之後，你又回到北京去美國領事館申請簽證，使你萬萬料不到的是，這次居然是老美不讓你們一家去美國，只肯批你一個人去，那原因是如果你們一家到了美國，就可能待著不走，有移民嫌疑。無論你怎麼解釋都沒用。最後也只好認了。眼看著他把你的護照上你同小兒子的合照劃去一半，底下注明：This child is not included（不包括這個小孩）。

這一天是一九八〇年十二月十八日。簽證三個月內有效，你在兩個月裏寫完了你的碩士論文，通過了答辯，於一九八一年三月十五日到了美國。事後，你記得朱軍告訴你一個有趣的細節，他說，那個接見你的副部長叫淩雲，也就是後來擔任審判四人幫的審判長的淩雲，是他岳父的老戰友。淩雲是個老革命，北京關押政治重犯的秦城監獄他是監管者之一，但不料沒多久文化大革命開始，他自己也被關了進去，這一關就是八年，鄧小平上臺才放出來。朱軍說，他看了你寫給中央的報告後，把報告往桌上一甩，說：「按中央政策就該放，這次就是蔣經國的兒子，老子也把他放出去了，莫說是唐振楚的兒子！」這個細節的真實性你無法求證，但朱軍說得這麼繪聲繪影，想來不會是編的。

2009、9、24

空前絕後的碩論答辯

我一九八〇年十二月十八日拿到美國簽證，簽證有效期是三個月，所以我必須在一九八一年三月十七日前趕到美國。我的課程已經修完，但論文還沒有開始寫，資料倒是搜集了一些。我一面向學校提出畢業申請，一面動手寫論文。我大約有六十天的時間，如果每天不少於一千字，那麼一篇六萬字左右的論文是可以完成的。我後來果然完成了，題目是《從建安到太康——論魏晉文學的演變》。

學校那邊則把我的申請報到教育部，因為我是文革後第一屆研究生，全國統一學制是三年，現在要提前半年畢業，武漢大學做不了主。教育部回答說，你們必須把這個學生的全部成績單寄過來，還要把他的論文也寄過來。審查通過了，教育部又叮囑說：這是我們國家第一個碩士畢業生，你們必須進行嚴格慎重的答辯，答辯委員會的教授不僅要有你們武大的，還要有其他學校的，而且至少要有兩名外地的。後來答辯委員會組織好了，一共九位教授，武大的五位，包括我的指導教授胡國瑞先生，武漢外校的兩位，記得有武漢師範學院（現在的湖北大學）的張國光教授，外地的則有北京大學的陳貽焮教授和中國人民大學的廖仲安教授，但廖仲安教授後來因為感冒臨時不能來，所以實際上只到了八位。

答辯在三月五日舉行，八位教授都坐在大禮堂的臺上，我則坐在臺下的最前排，有一張專用的課桌，在講臺的左下方，成四十五度角對著臺上的教授們。那一天大禮堂裏全部坐滿了人。我的同學當然都來了，不僅中文系的，還有武大七八、七九兩屆各系的研究生同學。鄰近的外校，如華中師範學院（現在的華中師範大學）、華中工學院（現在的華中科技大學）的研究生以及他們的導師們也有不少人來參加。因為這是全國第一次研究生答辯，大家都想來看看這答辯應當怎樣進行，怎麼個考法。湖北省教育廳和武漢市教育局的領導幹部，以及武漢大學的校長、副校長都來了，據說還有幾個記者。

答辯在九點鐘開始，整整進行了三個小時，到十二點才結束。我開始只就論文做了若干說明，闡明我的主要觀點，接下去就是答辯委員會的教授們發言。大家對論文基本上都是肯定的，尤其是張國光教授和陳貽焮教授最欣賞我的論文，張國光教授的發言簡直可以說是熱情洋溢，稱讚備至，我非常感動於一個老教授對一個青年學生的獎掖。陳貽焮教授也是一樣。陳先生是著名的學者，除了在北大任教以外，還擔任《文學遺產》雜誌的審查委員。我不久前剛在《文學遺產》上發表的《論李白的失敗與成功》一文，就是他審查的。他對我的那篇文章很欣賞，立刻就採用了。一個在校研究生在《文學遺產》這樣的權威刊物上發表文章，在當時是一件相當光彩的事，我跟陳先生也從此結了師生緣。後來去了美國，我們還一直保持通信，直到他去世為止。

教授們當然也提了一些意見。我現在只記得其中最關鍵的一個問題是，當時的教科書和正統派的歷史學家都一致認為，兩晉的士族階級是一個反動的階級，腐朽的階級，我卻認為士族階級在開始還是進步的。正統派的歷史學家又認為曹操在當時是代表新興的中小階級的利益，司馬懿才是代表反動的士族階級的。而我在論文中卻認為經過漢末的大動亂之後，統治階級中的皇族集團和士大夫集團，以及被統治階級中的農民起義軍，表面上看起來是三者同歸於盡，但其實是士大夫集團取得了最後的勝利。三國時代的政權其實都控制在士族的手裏，三國時代政治舞臺上的代表人物基本上都屬於士族階級。有兩位教授就問我：如何證明你這個與教科書不同的觀點？我記得我答辯的時候首先感謝老師們的愛護，接著就引用亞里斯多德的話：「吾愛吾師，吾尤愛真理。」開始為我的論點辯護。我本來就料到這個問題會被提出來，所以我準備了一大疊卡片，卡片上整理了三國時代主要政治人物的家族背景。我引用這些資料，詳細論證自己的論點。我本來還有些擔心我的觀點會不會被視為離經叛道，但是沒想到幾乎所有的教授都對我的答辯給予了一致好評，說我不僅有自己獨到的觀點，而且做了扎實的研究，有確鑿的證據。

答辯結束以後，當時的武大副校長童懋玲第一個走到我的面前，緊緊握住我的手，說：「唐翼明，你今天的答辯很精彩，謝謝你為武漢大學爭了光！」我的導師胡國瑞先生也走過來稱讚說：「你的答辯很好，我還生怕你不敢堅持自己的觀點呢。」大家散去以後，童校長特別拉著我的手，讓我和校領導以及教授們一起吃飯，那大概是我平生至此享受到的最高待遇。

答辯之後兩天，三月七日我就去了香港，三月十五日到了美國。到美國之後，我收到家裏寄來的一封信，裏面有一張剪報，報導我那次答辯的情形，稱我是改革開放以後第一個取得碩士學位的人。我看了自然高興，但令我真正得意的倒還不是這個第一，而是那個答辯會的規模，實在可以說是空前絕後。考一個碩士，而由九個教授（實到八個）組成答辯委員會，有三百多人來旁聽答辯，這簡直是天方夜譚。我自己後來在美國通過博士論文答辯的時候，也不過五個教授而已，沒有任何人旁聽。我在臺灣當教授的時候，參加和主持了無數次的論文答辯，碩論答辯一概是三個教授，博論答辯一概是五個教授，偶爾有一兩個答辯人的好友旁聽，絕大多數時候是沒有任何人旁聽的。我有一次跟我指導的學生談起這件事，看到的是兩個瞪大的眼睛，一副難以置信的表情：「真的嗎？」

2009、9、24

走進哥大

我一九八一年九月進入美國哥倫比亞大學，一九九一年二月通過博士論文口試，五月拿到博士證書，前後在哥倫比亞大學註冊十年之久。我在一九九〇年九月已經寫完了博士論文，九月二十八日到臺灣，任教於中國文化大學。這最後一年，除了口試跟畢業典禮之外，其他時間並不在哥大。但即使把這一年去掉，我在哥大校園生活的時間也足足有九年之久。一個人一生中有九年十年的時間生活在世界一流的大學校園裏，實在不能不說是一件極為幸運的事。

我很懷疑自己在三十歲之前是否知道世界上有一所哥倫比亞大學，鼎鼎大名的胡適是哥大畢業的博士，照理說我們這些讀過幾本書的人都應該知道，但是一九五五年大批胡適反動思想，我尚在衡陽鄉下讀初中，未能躬逢其盛，何況我們要批的是胡適的反動思想，至於胡適光榮的學歷跟履歷是沒人宣傳的。聽說我進了哥大以後，我曾任教的三陽路中學的一位英語老師還說：「什麼哥倫比亞？從來沒聽說過，肯定是野雞大學。」想來我也不會比他高明到哪裏去。有一點非常確定，就是我在三十九歲到達美國之前，肯定沒有做過進哥倫比亞大學的夢。就是到了美國，也是半年之後才敢有這個念頭。我到美國的頭半年待在洛杉磯，在那裏進了一個英語補習班。後來有一位在紐約附近的新澤西當大學教授的父執在電話中告訴我，你要補英文不如乾脆到紐約來，哥倫比亞大學有一個很好的美語進修班（American Language Pro-

▲陳慶叔叔和你父母／1957 年攝於紐約

gram，簡稱 ALP），我可以幫你申請。我於是來到紐約，進了哥大。

那是一九八一年八月下旬的一天，在金色的秋陽中，我來到哥大在紐約市西一一六街的大門。我站在門口呆了半晌，望著門前一左一右兩個雕刻的西臘女神，以及石柱上的兩個英王皇冠（哥大的前身是英國的國王學院），心裏真正是百感交集，恍若夢寐。我怎麼會來到這個地方？

三十年前你在衡陽金溪廟，這個時候正是土改工作隊來封你伯父的門的時候，你還記得那個深秋的下午，你跟堂弟抬水回來，站在廚房的門口，淒涼的斜陽把你長長的身影投射在黑色的泥巴地上。二十年前，你高考落榜，高中畢業生的你被老校長收留下來在母校教俄語。十年前的你，還關在牛棚的「五不准」學習班中挨批鬥。五年前，文革還沒有結束，四人幫還囂張得很，大家還戰戰兢兢。三年前這個時候，你還沒有接到武大的錄取通知書，你那時候還是個只有高中畢業生學歷的中學教師……你現在怎麼會在這裏？在這個世界一流學府的門口？這是真的嗎？但看來是真的。

▲▲大女兒出生 108 天／1969 年攝於武漢
▲全家福／1978 年攝於武漢

在初秋的豔陽和爽氣中，我一腳跨過了這道門檻，我成了哥大的學生了。但不久我就發現，沒錯，我已經是哥大的學生，哥大的註冊本上已經有我的名字，但是這個學生卻帶點編外的性質。等我念完了ALP以後，沒人能夠保證我繼續是哥大的學生，哥大的研究所需要另外申請，能否批准尚在未定之天。我拿到申請表，在那位父執——他叫陳慶，是紐約新澤西洲羅格斯大學教授——的指教下填好了表，附上我在武大的成績單、碩士論文，和在國內幾個雜誌上發表的三篇文章，向哥倫比亞大學東亞語言文化系（Department of East Asian Languages and Cultures，簡稱EALAC）提出了申請。

一九八二年年初，我得到了東亞系的回函，上面說：我們很高興地接受你為本系的研究生，不過有兩條「但書」：第一，你在武大研究所的成績非常優良，但我們現在還不接受中華人民共和國的學位，所以你在本系需要從碩士念起，不能直接念博士。第二，鑒於中華人民共和國的外語教育狀況，我們很擔心你的英文是否夠用，你既然已經在本校的ALP就讀，那麼我們希望你在今年秋天入學前要讀到ALP的最高級，即第十級，你才可以進入本系研究所。

第一條我很願意接受，我在中國沒有念過大學，念兩個碩士也是應該的，正好可以給我自己多一點時間讀書，何樂不為？至於第二條，對我卻是一個很大的挑戰。我在中國學的那一點可憐的英語，再加上在洛杉磯補習的幾個月，到紐約後才考到哥大ALP的第四級，上面還有六級，如果我按照正常程式，一個學期念一期，那我一共還要三年才能把ALP修完，換句話說，我要到一九八四年秋天才能進入東亞語言研究所，再加上八年的努力

（在美國常春藤盟校，花八年時間念個文科的碩士加博士是很正常的），我才能拿到博士。我現在已經四十歲了，到那時我不是五十歲了嗎？何況到一九八四年這個錄取書還有效嗎？這一點通知書上並沒有說明。所以上策是在一九八二年九月以前修到ALP最高一級。我想了想，這不是完全沒有可能，因為ALP的規定是一級級地考，你只要考過就可以進入下一級，沒有限定你用多長時間。我已經嘗試過，在一九八一年秋季念了兩級，從四級修到了六級，如果我拼命，在一九八二年的第一學期（五月初結束）我就可以升到第八級，然後利用暑假四個月的暑期班，再拼拼命就有可能在九月進研究所之前修到最高的第十級。只有這樣，我才能保證自己真正進了哥倫比亞大學，否則只能算是哥大的外圍而已。

我意識到這是我人生的又一個灘頭。沒有別的選擇，只有再一次全神貫注，全力以赴，抓緊你的竹篙奮力地衝過去。你會勝利的！

一九八二年九月，我終於修到了ALP第十級，我也終於在哥倫比亞大學東亞語言文化系註了冊。我對自己說：你終於進了哥大，你現在可以宣稱，你是哥大的學生了。

2009、9、27

關於憂鬱症

邱吉爾晚年常常蜷縮在壁爐邊。一次，他的妹妹戴安娜陪他聽廣播，廣播裏正在談邱吉爾一生的豐功偉業，他的妹妹扭過頭來對邱吉爾說：哥哥，我真羨慕你，你這一輩子過得這麼精彩，取得了這麼多的成就。不料邱吉爾卻頹喪地說：「我的成就很多，但到頭來卻一事無成。」邱吉爾並沒有開玩笑，事實上邱吉爾的晚年一大半時間都在這種頹喪的情緒中度過，恐怕沒有幾個人能夠理解邱吉爾的心情。邱吉爾的話當然不是事實，邱吉爾是偉大的政治家，他作為英國首相，領導了他的民族在第二次世界大戰中戰勝納粹德國，是二戰後世界秩序的重要建構者。他又是一個傑出的歷史學家，他優美的文筆讓他獲得諾貝爾文學獎。他還長壽，活到九十多歲。他顯然是一個不屈不撓的人，他一生的主要成就都是在他七十歲以後完成的。這樣一個人，居然會說自己一事無成，顯然與真實相去甚遠。但我知道，他說這話的心情卻是真實的。你可以列舉一大堆詳細的事實和資料，來說明他一生的輝煌成就，可是你改變不了他的心情。

你大概很難理解邱吉爾，因為你沒有得過憂鬱症。我能夠理解邱吉爾，因為我得過憂鬱症，我有過跟邱吉爾同樣的心情，雖然我沒有他那麼偉大。

憂鬱症的症狀很難確切地描述，而且它可能因人而異。我或許可以根據我自己的經驗，大致的向你描繪一下。在憂鬱症發作時，你覺得你頭頂上籠罩著一片厚厚的烏雲，你見不到一絲陽光；你覺得你處在一個橡皮堡壘中，四面都沒有出口，而那橡皮牆卻是你無論如何也摧毀不了的；你覺得你被扣在一個厚厚的玻璃罩中，你跟外界的人和事物的一切接觸都似真若幻，總隔著一層東西；你知道你的四肢和腦袋還在，但是你彷彿失去了指揮它們的能力，你覺得你什麼都做不好，什麼事都讓你覺得非常艱難；你喪失了做事的能力，也喪失了做事的興趣；你以往最喜歡做的事情，你現在也覺得毫無意義，提不起興致來；你隨時隨地處在一種緊張、恐慌、無助的心情之中；你慢慢變得害怕與人接觸，與人談話，能不出門便不出門，甚至連電話鈴響你都感到緊張和害怕；你告訴自己不要緊張，不要害怕，但是你做不到；你開始變得意志軟弱，你害怕單獨去做任何事情，因為你沒有把握、沒有信心、沒有安全感；一個悲慘的或者恐怖的電影鏡頭都可以讓你傷心流淚好久；而且你變得優柔寡斷，什麼事情你都做不了決定，你拿著服務生送來的菜單可以半天點不了菜，因為你不知道點哪一個菜好。總而言之，你像突然變了一個人，不是外貌變了，而是性格變了，這讓你的親友困惑，也讓你自己感到惶恐。而且更重要的是，你不知道這個日子何時是個了結。你覺得活下去實在太累了，於是你想到解脫。

這就是我所感受到的憂鬱症，我由此理解了自殺的人為什麼會自殺，我相信這個世界上絕大多數自殺的人其實都是死於憂鬱症。尤其是那些看起來很優秀的人，很有成就的人，他們的自殺我敢肯定百分之九十九是因為先得了憂鬱症。文學藝術圈中尤其常見。佛吉尼亞．沃爾夫、梵高、海明威、川端康成、茨威格、柴可夫斯基、卡夫卡……都是。為什麼偏偏是這些優秀的人容易得憂鬱症，甚至導致自殺呢？我不是醫生，我無法解釋明白。我想，或許是這些人在奮鬥的過程中對自己要求太高，積累了太多的壓力，這些壓力導致了憂鬱症的爆發。而發病以後，他們往往又不能面對一個變成了無能的自己，他們也不堪忍受生活品質的沉淪，當他們看到這一切幾乎沒有改變的希望時，則寧可選擇結束自己的生命。

當然，我們不能說普通人就不會得憂鬱症，我相信一個人在遺傳上如果有憂鬱的因子，而不幸在某一個時刻又壓力過於沉重，特別是各種壓力紛至遝來超過他所能夠承受的限度時，都會得憂鬱症，也都可能導致自殺。只是患上了憂鬱症，甚至自殺的普通人，社會上很少關心，大家都不知道他們的名字罷了。憂鬱症這個名詞二三十年前還很少聽說。二十七八年前我在美國第一次得此病的時候，我對它還完全沒有概念。有個朋友對我說，你可能是 depression，我那時連 depression 是什麼意思都不知道。這些年來，憂鬱症這個名詞慢慢開始為人們知曉，甚至有變成流行詞的趨勢。在臺灣這個詞已經流行了若干年，我常常在地鐵上看到一個什麼基金會的廣告，說臺灣四分之一的大學生有憂鬱症的傾向，或已經患有程度不等的憂鬱症。不久前，內地的一家報紙甚至說深圳有百分之二十的人患有程度不等的憂鬱症。我無法斷定這些數字的可靠程度，但是我相信，患憂鬱症的病人的確越來越多。是從前我們不知道這種病呢？還是現代人的生活方式加速了這種病的流行？我不知道。

但是一般人對憂鬱症還是知道的甚少，我們通常會對一個心情憂鬱的人說：你為什麼這樣憂愁呢？什麼東西值得你這樣憂愁呢？你為什麼這樣悲觀呢？你為什麼不振作呢？你應該振作起來，快樂起來。可是我們不知道，當我們這樣對一個憂鬱病患者講話的時候，就無異於是對一個下肢癱瘓的病人說：你應該站起來啊！你為什麼不站起來呢？看你兩隻腿好好的，有什麼理由不站起來呢？你要努力站起來。那麼聽的人只有苦笑而已。許多患憂鬱症而自殺的人，正是死在看似熱情實則冷漠的、完全缺乏理解的指責聲中。

憂鬱症是一種精神病，而且會反覆發作，得了一次的人，就可能會有第二次，第三次。在肉體上你也許看不出什麼明顯的症狀，可病人在心理上、精神上卻痛苦至極。這種病最可怕的是它從內部摧毀你的自信心，摧毀你的意志，也摧毀你產生快樂感和幸福感的能力，最終摧毀你生活的欲望。憂鬱症患者需要的是耐心的傾聽，細心的關懷，理解的同情和持續的鼓勵，對症的藥物治療也是必不可少的。

關於憂鬱症我還有許多話想說，留待下一篇吧。

2009、7、4

再談憂鬱症

我平生最屈辱最痛苦的經驗，不是文革中被打成反革命關進牛棚，不是挨學生的耳光，被打翻在地還踏上一隻腳，而是患憂鬱症。迄今為止，我已經患過兩次憂鬱症，會不會患第三次，我不敢說。但如果有上帝，我願意懇求上帝，千萬別再考驗我一次。但誰能打包票呢？憂鬱症恰恰是一種很難根除的、隨時有可能復發的、極其可惡的頑疾。英國著名小說家維爾吉尼亞・伍爾芙，就是被反覆發作的憂鬱症，弄得失去了活下去的勇氣而投河自殺的。我的朋友，德國著名的漢學家馬漢茂，也是因為憂鬱症而跳樓的。我認識他很多年，見面不多，但每次見面他總是熱情洋溢，滔滔不絕，我做夢也料不到他患過憂鬱症。後來聽一些更熟悉內情的朋友告訴我，他從四十歲第一次憂鬱症發作，每隔十年發一次，到第三次他終於沒有挨過去。他死在臺灣的一家醫院，居然當著他太太的面，從窗口縱身而下。我的朋友和學生中因憂鬱症而自殺，或雖未自殺而折磨得死去活來的人還有好幾個。假定我們以一般的常識來判斷，這些人似乎都沒有要自殺的理由。甚至可以說，他們連痛苦的理由都沒有，差不多就是自尋煩惱。他們不愁衣食，也有一定的社會地位，有的甚至還可以說是相當成功的人。可是他們的痛苦是真實的——你不知道，我知道。

我第一次患憂鬱症大約開始於一九八一年的深秋，在我到達美國半年之後。初到一個新世界的驚奇和興奮漸漸淡褪，而重重的煩惱和壓力卻紛至遝來。一棵四十歲的大樹連根拔起，栽進一片陌生的異鄉土地，一切都不一樣，一切都重新開始，舉目皆是異類，開口幾同白癡，那種困窘難堪非過來人是很難體會的。美國夢（American Dream）前景渺茫，新生活舉步維艱。「頓頓三明治，天天ABC」，也讓我精疲力竭，胃口倒盡。有一天發生了一件怪事，讓我驚恐不已，現在想起來還有後怕。那一天上完英語課，我背著書包回到曼哈頓北一五八街的宿舍，這是紐約的一個貧民區，混雜地住著黑人、西班牙裔和少數華人。我住的是一個華人老闆的房子，四樓，由一棟老公寓改造而成。下了地鐵，還要步行十來分鐘，穿過骯髒破爛的貧民窟，才能走到這座公寓。公寓的中間是一個過道，兩邊對排著十來個房間。老闆是一個單身漢，七十來歲了，自己住了兩間，其餘便分租給剛到美國的窮學生或打工的。那天正是深秋，下了地鐵，在哈德遜河邊蕭瑟的秋風和枯黃的落葉中走回寓所，滿身是疲憊，滿心是淒涼。上得四樓，發現靜悄悄的，原來我是第一個回來的租客。從過道裏走向我自己的房間，好像穿過一間空蕩蕩的鬼屋，只聽見自己的腳步聲在背後踏踏地響，心裏湧出一股莫名的恐懼與悲涼。推開門，把書包放下，脫掉外衣，抽出一層五屜櫃，準備換一件衣服。突然，一件奇怪的事情發生了，我發現自己已經不能動彈，我取出了衣服，卻沒辦法把抽屜再關上，甚至連把衣服套在身上的力氣都沒有了。我並沒有感冒，沒有發燒，頭也不痛，四肢都健全，但就是不能動，身體彷彿只剩下了一個軀殼，所有的肌肉、血液和精氣神，都從這個軀殼裏被抽乾了。這個軀殼現在彷佛是一個蠶蛻，意識倒還在，但這意識無法指揮自己的手腳。我沒法判斷到底發生了什麼事，一滴眼淚從眼睛裏流了下來，然後是第二滴，第三滴，然後就不停地流，流得滿臉都是淚。一個空殼子就這樣留在了地板上，一分鐘，兩分鐘，五分鐘，十分鐘，半個小時，一個小時，一個半小時。窗外暗下來了，夜色落了下來，這個殼子還在地板上。我想，我大概永遠起不來了，我大概會這樣死去。如果這樣死去是不是就是羽化？或者叫金蟬脫殼？

然而我沒有死。兩個多鐘頭以後，精氣神慢慢回到了我的軀殼裏，我竟然又可以動了。我終於把抽屜推了進去，我終於爬上了床，我終於和衣而臥，睡過去了。第二天早上起來，我還是我，但覺得自己不再是原來的那個我了，從前那個個性很強、很有主見、很驕傲、很自信的我，正在慢慢地離去，我非常惶恐地發現這種令人驚悚的變化。現在住在隔壁的幾個年輕人過來喊：「唐翼明，我們今天晚上去看場電影吧。」我站起來就跟他們去了，而從前我通常是不去的，因為我有太多的書要讀，我自己沒有起念去看電影，別人是叫不動我的。現在電視中出現一個恐怖的鏡頭，我會突然覺得害怕，害怕得轉過頭去不敢再看，眼淚也跟著流了下來。有時跟這群朋友去散步，穿過一塊墓地（美國的墓地常在路邊，沒什麼稀奇的），我居然也會無端地覺得淒涼和恐懼。怎麼了唐翼明？你怎麼變成一個懦夫了？那個天不怕地不怕的唐翼明到哪裏去了？

這就是起頭，憂鬱症的起頭。第二年夏天讀完了美語進修班（American Language Program），升進東亞研究院以後，隨著功課壓力的增加，這種情形一天比一天嚴重，你自己感覺到，過去那個堅強無畏的我漸漸蛻出你的軀殼，而一個軟弱畏葸的我，竟然擠了進來，一步步把原來的那個我擠出去，在你的身上正在上演一場真假美猴王的怪劇。可你還得撐著，你每天還得起床，還得吃飯，還得背著書包上學去，還得跟同學老師打交道，也還得辦一切你需要辦的事情。你還要努力裝著若無其事，你害怕別人看出你的變化，或者說你羞於承認和呈現這種變化。於是你辛苦地掙扎著，兩個我在你的身上撕扯著，外表的我努力地維持著舊模樣，艱難地去應付外部世界，裏面的那個我卻提不起一絲興趣來，而且知道自己不再是原來的自己。開始還希望這種撕扯不至於太久，希望不久之後還會恢復原樣，兩個我合二為一，成為你原本的真實的自己。但一天天拖下去，這種可能性越來越渺茫，兩個我撕扯得愈加厲害，而這種痛苦你無法告人，也羞於告人。到後來，你終於挺不住，你希望找個人傾訴，可是你發現沒有人聽得懂。「你不是好好的嗎？」別人說。「你只是自尋煩惱。」另一個說。「要振作啊，老唐。」再一個說。你覺得羞辱，你不說了，你開始絕望。有人介紹你去看心理醫生，你跟心理醫生見過兩次面。那是個老美，你那破爛的英文怎麼說得出你這種微妙的深層的痛苦呢？那老美也不知道怎麼幫助你，於是只好不了了之。你連心理醫生也不再看了。

你的心思越來越專注在自己的內部，你的心力和精力都消耗在你內部那兩個我的掙扎與爭鬥上。你漸漸對外部世界失去了興趣，對他人失去了興趣。你本來是一個有心於用世的人，甚至不妨說是一個很有野心的人，現在你卻對國家大事世界大事都了無興趣。你本來是一個喜歡社交也善於社交的人，現在卻對朋友和熟人都失去了興趣。你本來是一個很愛美的人，現在連對美女都失去了興趣。你的痛苦無法告人。更重要的是，你那殘存的驕傲阻止你把現在這個懦弱畏葸的毫無自信的自己展露在別人的面前。這種情形日復一日，越來越令人難以忍受，而且看不到盡頭。一個我告訴你，這一切會結束的，不可能永遠如此，你會恢復，你會回到原來的自己。另外一個我說，恐怕未必，也許這種局面永遠沒有了結，情形會越來越差。前面一個我說，如果真如你說的，那我寧可不要，我無法忍受這個沒有希望的自己，我不能忍受這樣沒有品質的生活，我寧可自己了斷自己，也不要這樣活下去。另外一個我默然。但是前面一個我不肯相信事情真會這樣，他告訴自己，你必須咬緊牙關，你必須奮力衝過這一段黑暗的時期，闖過去，你就是一條好漢，闖不過去，你便是一個孬種。

是的，你還有一條路，你可以買一張飛機票，明天就離開這個當初你那麼熱切盼望的，現在卻令你進退維谷的該死的美國。可是，前一個我說，你要知道，你可是全中國改革開放後第一個拿到碩士學位的人，你是以第一名考進武漢大學中文系研究生班，又是第一個畢業的。你別忘了你那天離開武漢時，有一百多個親友到車站來替你送行，他們眼裏流著淚，他們捨不得你，也多少把你當作一顆正在冉冉升起的明日之星。你現在這樣蔫頭鎩羽地落荒而逃，你何顏見江東父老？你會讓他們多麼失望。不要忘記你自己說過「百折氣未減，丘山空阻留。」（《長江遠眺》，1975 年）不要忘記你說過：「快加酒，杯莫歇，我輩豈是碌碌客？平生志向我自知，豈為沉醉避風雪？一杯能壯英雄膽，赤手搏虎心如鐵。」（《勸酒歌》，1975 年）好了，現在大家都知道了，唐翼明原來是一個隻會說幾句大話，寫幾句豪言壯語，眼高手低志大才疏的人。如果真是這樣，你還不如乾脆跳樓了好。不，不，你偏不信，你這一生不是闖過了一個接一個的灘頭，降伏了一隻又一隻的老虎嗎？這回的老虎是你心中的老虎，也是更可怕的老虎，但你還是要鬥鬥看，寧可死於虎口，也不做逃兵。

終於，苦鬥一年半之後，轉機來了。那一個學年末（一九八三年五月），成績單發下來，你修的四門課兩門是 A，一門是 A-，另一門是本來就不計分的 R，所以你的成績可以說是全優。你得到了哥大最高的獎學金——President Fellowship。President Fellow是一種很高的榮譽，只授予前百分之五（Top five percent）的研究生，是可以終生寫在履歷表上，使人刮目相看的一種資歷。你再一次證明了自己，即使是在白人成堆、強手如雲的美國一流的常春藤盟校裏，你仍然是優秀的。更重要的是，有了這個獎學金，你不僅免除了所有的學費（每年約三萬美金），而且吃喝住用都不愁了，你不必因經濟問題而加重父母的負擔了。那年暑假，你又好運驚人地只用三個月就拿到了美國的綠卡，因此你有可能把妻子兒女接過來，一家重新團聚了。還有一件重要的事，你無需隱瞞，你居然贏得了一個美國女孩的愛。她是那種典型的金髮碧眼的姑娘，她的祖先是乘著五月花號從英國到新大陸的第一批移民。她的愛，讓你親近了美國這個民族，親近了美國這塊土地，徹底解除了你的陌生感與不安全感。

於是，你的信心恢復了，憂鬱症逃走了，你霍然而愈。你到底降伏了吊睛白額虎，過了景陽岡。天又晴了，陽光重新燦爛起來。

2009、11、12

三談憂鬱症

我第一次憂鬱症痊癒之後二十年沒有再發。我以為這隻老虎已經被我打死了，我甚至還有點懷疑，我那次得的到底是不是憂鬱症？我讀到過一位美國學者（一時記不起他的大名來）關於壓力和疾病的一本書，說一個人在一段時間裏承受的壓力超過他能夠負荷的極限就會生病，他甚至把這些壓力一一列舉，並且數量化，例如：一個人失戀，他的壓力指數是二十；離婚是二十五；喪親是三十；失業是十五；搬家是十；移民是二十；考試不及格是十；被上司責罵是十；如此等等。假定某個人他能承受的壓力極限是六十，但他在一段短時間裏先後遭遇離婚喪親和失業，這些壓力累積起來是七十，於是他就會生病。但他沒有說一定會得憂鬱症，可能是別的什麼病。我想我在剛到美國不久就是因為各種壓力加起來超過我能夠負荷的極限，於是就病了。到底是什麼病？或許是憂鬱症，或許是別的什麼病。不過我明白，總之是屬於某種精神障礙，大概是沒有問題的。那個時候「憂鬱症」這個名詞還不怎麼流行，我自己內心深處總不太願意承認那就是憂鬱症。二十年之後我不幸又碰上了這隻老虎，才知道他並沒有被我打死。當然，這次碰上的老虎是那隻舊老虎的兒子也說不定，但我這次再不懷疑，我碰到的的確是老虎，由此證明前面那次碰到的也確實是老虎。

一九九九年七月我父親突然去世。那天我剛從臺北飛到紐約，第二天就接到父親病危的電話，我止不住嚎啕大哭，直奔飛機場，終於弄到一張票，立刻飛回臺北，但還是沒有見到父親最後一面。平時父親在不覺得，現在走了，才突然覺得自己的世界已經缺了一角，再也補不回來。我目睹父親的遺體推進火化爐，出來便是一堆骨灰，撿骨師把他攤在我們面前的桌面上。作為長子，我第一個用竹筷把一塊還沒有完全燒化的骨頭夾起來放進骨灰罎裏，我的心哀傷而麻木，原來人生就是如此。「格乎上下者藏於區區之木，光於四表者翳乎蕞爾之土。」（陸機《弔魏武帝文》）這是我成年以後第一次直面至親的死亡，而我自己也已經快六十了。幸而我母親還在，我的天還沒有完全塌下來。我的天全部塌下來是二〇〇三年十月，那一天我正在政治大學旁邊的一個小餐廳裏跟我指導的一位學生邊吃飯邊討論她的論文，突然接到家中菲傭打來的電話，說母親得了急病要我趕回去。我立刻叫了計程車趕到家，母親已經不能說話了。急送醫院，是腦溢血，兩天後就去世了，沒有留下一句遺言。我再一次目睹母親被送進焚化爐，再一次用竹筷把母親的骨頭撿進骨灰罈裏。

從前父親過世的時候，還有母親，現在母親也過世了，我已經什麼都沒有了。我終於成了無父無母之人，而自己也年過花甲了。我從此失神落魄，多年沒有發過的心絞痛又發作了，血壓也升得很高，終於在次年八月住進了醫院，開始正式服用降壓藥。出院後，血壓又升起來，再去看醫生，換了一種藥，血壓很快降了下來，脈搏也變得很慢。開始感覺還不錯，但半個月之後就不對勁了，覺得心情越來越低落，怎麼也高興不起來，睡眠不安，精神恍惚，一個大而透明的網正在我的頭頂張開，慢慢地落下來，終於把我罩在裏面了。我仍然生活在這個世界裏，我仍然跟我周圍的人來往，我仍然教我的書，做我的事，沒有人看出我有什麼變化，可我自己知道，我同他們之間有了一張無形的膜，把我同他們隔開來。我大部分時間生活在那個膜裏面，不停地咀嚼我自己的憂傷痛苦，我對膜外的事情一件件失去了興趣。

我趕快停了藥，經過幾個月，情形才稍稍好了一點。可血壓又高起來，這次看了另外一個醫生，開了另外一種藥，服下去效果也是出人意料地好，血壓正常，心跳很低。我有點擔心要重演幾個月前的故事，果然又演了。才一個多禮拜，我的心情突然又跌落到極點，趕快停了藥。但這回心情卻完全好不起來了，而且一天比一天嚴重。那張透明的網，更加牢不可破，我對網外的事情越來越沒興趣，但我還得跟網外的世界打交道。網內的我，啃噬著自己的靈魂，滿嘴都是被咀嚼的痛苦、孤獨與絕望。網外的我，拼命支撐著疲憊的身體，去應付網外的人與事。兩個我不斷地撕扯，兩個我都掙扎得很辛苦。負載著這兩個我的身體，也百病叢生。我開始心悸盜汗，每天早上醒來就是一身汗，枕頭床單濕成一片，白天要更換四、五次汗衫，剛剛洗完澡，穿上汗衫，又濕了，又得再換。睡覺越來越困難，吃飯越來越沒有味道，無論是睡覺或吃飯，都不再是一種享受，而是一種痛苦。而不吃不睡的時候，也還是痛苦。這痛苦像汪洋大海，無邊無際，看不到盡頭。這痛苦像茫茫大霧，讓你看不清上下左右的一切，你在裏面高一腳低一腳、心驚膽顫地摸索前行，隨時可能掉進無底的深淵。這痛苦像一個橡皮堡壘，你左衝右突，總是被彈了回來，你找不到任何出口。有個中醫甚至告訴我，我這種病古代叫做「百合症」，所謂「宗氣血脈，百不合之病也。」我開始確知，二十年前發生的事情又重新發生了，而且這次比上次更嚴重。

我已經常常想到死，死的念頭像討厭的蒼蠅一樣，不斷地在腦海盤旋，無論如何也驅趕不掉，發出嗡嗡的叫聲，讓你厭煩不已，也恐懼不已。你還有一點理智，不斷地警告自己：「Don't do anything stupid！」這樣才沒有認真地去計畫自殺。

你不僅對外部的世界漸漸失去興趣，你甚至變得害怕那個外部的世界，你提不起興致去做任何事情，也不想見任何人。只要有可能，你寧肯把自己關在屋裏，一步都不出去。事實上，每當你出去要辦一件事，你都得跟自己鬥爭半天。去？還是不去？你不斷地猶豫著。你下不了決心。你殘存的理智告訴你必須要去辦這件事，但是另一個你卻不想出門。所以你總是不斷地把事情往後推，找各種藉口說服自己，不拖到最後一刻，你是不會去做的。到了最後一刻，你往往也只能做一個胡亂的決定，你沒辦法判斷這樣對不對，只因為這是最後一刻，你不得不做決定了，你不得不硬著頭皮把手上的卦擲出去，到底是陰卦還是陽卦、勝卦，你只好聽天由命。你一天一天縮進自己的殼裏，你外表看起來「靜」，而內心則時時刻刻都在痛苦地「動」，而這「動」是像鐘擺一樣地在「是」與「不是」、「做」與「不做」之間來回擺動，你的精力和心力急速地消耗在這種痛苦的來回擺動中，事情卻沒有任何進展。你筋疲力盡。你怔忪不安。你內心軟弱、空虛、痛苦、絕望。電話鈴響了，你都會立刻驚恐起來，接一個電話對於你都是一件艱難的事。於是你希望不要有人打電話來，也不要有人寄信來。最後你甚至會把電話插頭拔掉。你努力縮進自己的殼裏，但那痛苦還是沒有減少。你開始鄙視你自己，覺得自己什麼都不行，什麼都不如人，什麼都沒做好，這一生一事無成。而此後你更是什麼也不能做，你就是廢物一個了。可是另一個你還記得，你曾經是一個多麼驕傲的，多麼自信的，多麼有能力的人，你完全無法接受現在的你，這個你是從前的你所鄙視的，所厭惡的。唉，不如死了的好！你多麼希望明天早上不要醒來。坐上飛機，你甚至也暗暗盼望，這架飛機會失事墜落。

你也去看醫生，但似乎沒有什麼藥能幫助你。你也試著找人談，但似乎沒有人能聽得懂你。你還有一個在臺灣出生的小妹妹，她的智力、能力、學歷、資歷，都遠遠在你之下，但她是有愛心的，你覺得跟她談一談，還不至於太丟臉。她卻跟你說，哥哥，你應該接受你現在的自己，你就是這樣了，每個人都會這樣，就活在當下吧，你就承認自己只能這樣，不是很好嗎？人都有軟弱的時候，人的盡頭就是神的起頭。你要相信神，向神禱告，人是軟弱的，神才是萬能的。於是你跟她去教會，去聽牧師講道，去跟弟兄姐妹們一起聚會。但是另一個你總是心不甘情不願，他說，這些道理沒有邏輯，這些人說的話幼稚可笑，這些人的行為也跟幼稚園裏的小孩差不多。於是在教會裏你還是兩個我，一個我在跟大家禱告，在跟著叫「阿門」、「阿利路亞」，另一個我在懷疑，在譏笑，於是教會你也不想去了。

你本來那麼喜歡書法，現在連提筆寫一個字的興趣都沒有。你本來那麼喜歡朋友，那麼喜歡跟人打交道，現在卻慢慢變得害怕社交害怕見人。你有時被一群教會的弟兄姐妹拉出去郊遊野餐，大家有說有笑，你卻怎麼也高興不起來，你覺得你是一個局外人，你的身體跟他們一起走，你的心你的靈魂卻仍然在那個透明的堅實的罩子裏。你到後來甚至不會笑了，你臉上的肌肉已經僵硬，勉強作笑的樣子也極不自然。你以後還會笑嗎？你可能永遠都笑不起來了。

這一回，你真正明白你是得了憂鬱症。開始你還不信，這種情形拖了一年，你終於相信了，醫生也明確地告訴你，這就是典型的憂鬱症。但你一直迴避著去精神病醫院。難道我就是個精神病人了？我會精神分裂嗎？我會發瘋嗎？我會失去理智嗎？我會一步一步走向精神的深淵，直到死亡嗎？猶豫再猶豫，最後終於下定決心，直接面對它，去看專治精神病的醫生。我永遠忘不了我第一次走進精神病醫院的感覺。雖然我周圍的病人基本上都還只是輕度的精神病患者，但那情形已經足夠讓我感到淒涼恐懼。他們大都有人陪著，有的自言自語，有的手舞足蹈，有的滿臉麻木，有的走起路來高一腳低一腳。我恨不得立刻逃出來。唐翼明，你從此以後就要跟這些人為伍了嗎？你以後也會變得跟他們一樣嗎？不，不，唐翼明不可能走上那條路。你已經戰勝了一次憂鬱症，你會再一次戰勝它的。醫生告訴我，憂鬱症大多來自遺傳，誘發它的往往是精神刺激和各種壓力，慢慢引起生理變化，腦子裏兩種元素發生匱乏，一是腦清素，一是多巴胺，這個時候就要靠藥物來輔助治療，補充這兩種元素。於是他給我開了藥。說來還真神奇，我服了他的藥一個月以後，情形開始變好，先是睡眠變好，後來心情也慢慢平復下來。半年之後，已有明顯好轉。一年之後，基本復原。「繼續吃吧，就把它當維它命，」他對我說。這是一個年輕的帥哥，不過三十幾歲吧，我想很多女病人應該會迷上他。到現在我已經服他的藥三年多了，其實兩年前我就已經完全痊癒，但我還在繼續服。因為這該死的憂鬱症我實在已經受夠了，我不想再一次掉進那個令人恐怖的網中。

2009、11、19

美的記憶

你努力想追溯一下你的對女性美到底是什麼時候開始有感覺的。你的腦子裏首先浮現出一雙豐滿的大腿。那好像是你在老家金溪廟的時候，住的老屋子卻叫唐家新屋，那是一片︹字形的建築，前面的空地就是供大家晾曬柴禾的禾坪，有好幾十間房子，住著二十來戶人家。起先應該全是姓唐的，但你在那裏的時候已經有好幾家雜姓住了進來。這一雙豐滿的大腿，就是那幾家雜姓中的一個大姐姐的。你想她那時候大概應該是十七八歲吧，夏天天熱，傍晚的時候，大家都穿著短衣短褲，在禾坪上走來走去，或端一把椅子，坐在那裏乘涼。小孩子們最喜歡聽大人講鬼怪的故事、狐狸精的故事，一面嚇得心裏砰砰直跳，一面又聽得津津有味。滿天星星下涼風習習，那是一天中最快樂的時刻。也許是狐狸精故事中美女的傳說啟動了你對女性最初的想像與悸動，而坐在你旁邊的大姐姐的一雙有著美麗的曲線，而又格外鮮嫩豐滿的大腿，就成了你那最初的想像與悸動的附麗。這雙大腿從此就在你的記憶裏烙下了對於女性美最初的感動。直到今天你還是覺得大腿是女子身上最性感最動人的部分。你最喜歡看年輕的女子在夏天穿著短褲，尤其是近年來流行的極短的熱褲，在面前走來走去。

再接下去，你記憶的螢幕上出現的是另一個大姐姐腰部露出來的美麗的肌膚。那個大姐姐並不住在唐家新屋，而是住在附近不遠的一個小山村裏。她的父母是你伯父的佃戶，她在土地改革前還常常到你伯父家來挑水，扯豬菜。你也常常跟著她一起去玩。有一次你注意到她長褲的上方靠近腰的地方，不知什麼原因，可能是裂了縫，露出一塊肉來。它是那樣的細嫩鮮美，令你從此忘不掉。長大之後看印度電影，婦女們都露出腰間一圈美麗的腹地，你非常讚歎印度人對於女性美的準確把握。你後來對肚皮舞以及時下女子的露臍裝，毫無衛道式的反感，應當是導源於此吧。

再接下來令你時不時記起的，就是你美麗的小學老師那一張分外活潑甜美的臉。那是一張豐滿的圓圓的臉，臉上有兩個酒窩，嘴巴、鼻樑、眼睛、眉毛，一切都那麼線條分明，那麼和諧地配搭在一起。臉上總是漾著笑的漣漪，從下巴延伸到嘴角，從嘴角掠過酒窩，延伸到鼻翼，又從鼻翼掠過面頰延伸到眼稍，再從眼稍擴大到鬢角。那一張臉和臉上的笑都是那樣的甜美，讓你後來讀到楊貴妃的時候，總覺得楊貴妃的臉剛好就是這樣，不然唐明皇怎麼會那麼鍾愛她呢？你們班上幾位頑皮的男生常常一起談論這位美麗的女老師，其中一個有一天竟然誇耀地說他看到了這位女老師洗澡。不能說絕對沒有這種可能，因為老師的宿舍靠近山邊，山邊有條小路是這個學生上學的必經之路。這引起了你們其他幾個人的極大的豔羨，又極大的憤怒，終於找個機會把那個傢伙痛揍了一頓。後來這位女老師聽說嫁給了小鎮上的供銷合作社的主任，那個主任你也認識，瘦瘦的像個猴，一張刀背臉，你們一個個無可奈何地歎息說：「真是一朵鮮花插在牛糞上。」

此後你見過許多美麗的女子，也跟幾個女孩談過戀愛，奇怪的是，總沒有人給你的印象勝過兒時的那些記憶。你理智上知道，這些女孩應該比前面三個都漂亮，可是你情感上卻總覺得她們無法超越那三個美麗的「初戀」。

不過在你四十多歲的時候，卻有過一次真正的驚豔。那時你在美國哥倫比亞大學讀博士，一個週末，你正在空蕩的東亞圖書館裏那一排厚重典雅的書桌前伏案讀書，突然聽到一聲熟悉的呼叫：「唐翼明！」你抬起頭來，發現正是你的導師夏志清先生，身邊有一個女子。夏老師接著說：「來，來，我來給你介紹一位臺灣的美女。」你這才注意去看他身邊的女人。你突然有種觸電似的感覺，圖書館裏的燈光本來是暗暗的，這時四周彷彿都亮了起來，那女人彷彿是一個亭亭玉立在蚌殼中央的西臘女神。那是一種奇怪的感覺，你從前沒有過，後來也再沒有同樣的感覺。那種感覺令你無法正視女人的臉，你事後甚至相信你並沒有看清楚那張異常美麗的臉。那女人大概三十左右，你只覺得她嫺靜典雅，別的都形容不出來。「她叫胡茵夢，」夏老師接著說。其實胡茵夢這個名字你早就聽說過，但完全沒有想到她會如此地震憾你。不久前你讀到李敖的牛皮，說時下的一個明星「哪裏比得上我的前妻胡茵夢漂亮！」有人不以為然，你倒覺得李敖這回說的還不算離譜。你在臺北的時候，本來有許多機會認識胡茵夢，你的朋友中跟胡茵夢稔熟的頗有幾位，但是不知道什麼原因，你卻從來沒有想要再見胡茵夢。

如果要在你的記憶螢幕上再搜索幾張美麗的面孔，那麼有一張是在夏威夷遇到的。那應該不是一張純種的歐美白種人的臉，你相信她很可能是個南美洲的女子，比方說巴西人，或者是專產美女的委內瑞拉的。你無法描述那個女子，你只能用「其美不可方物」這樣的陳詞濫調來形容你的印象。她應該不是一位影星，只是一個普通的年輕女子，而且還牽著一個一歲左右的小孩。你忍不住稱讚她的美麗，她也愉快地回答說：「謝謝你。」

說到影星，你最鍾情的應該算凱薩琳·澤塔鐘斯（Catherine Zeta-Jones），尤其是她跟安東尼奧·班德拉斯合演《佐羅》（Zorro），以及跟《007》主角康納利合演《將計就計》（Entrapment）的時候。你覺得這是全世界近二十年來最美麗的女性。可惜後來嫁給了道格拉斯，還生了兩個孩子。哎，沒想到鮮花又插到牛糞上去了。對不起，道格拉斯先生，別生氣，你不是想說他特別醜，你只是覺得這樣的女人，屬於全世界，是不應該嫁人的。

2009、8、26

▲哥大東亞圖書館，你就是在這裏見到胡茵夢／1991年5月攝於哥大

水餃生涯

初到美國時，吃不慣 cheese，但三明治中每每有之，不吃也不行，只得捏著鼻子，皺著眉頭往下吞，這時就想起《世說新語．排調》第十則記陸玩的故事，說：

> 陸太尉詣王丞相。王公食以酪。陸還，遂病。明日，與王牋云：「昨食酪小過，通夜委頓。民雖吳人，幾為傖鬼。」

我雖然沒有狼狽到「通夜委頓」的地步，但對 cheese 的確沒有好感，所以聽說有中國人把 cheese 譯為「氣死」，就不禁心有戚戚，為之莞爾。但在美國一住十年，久而久之，竟然對 cheese 的看法漸漸改變，從討厭到喜歡。尤其是猶太人做的 cheese，有若干種頗中下懷，其中居然還有加辣椒的，大為我這個湘人所喜。有些高級的 cheese 配紅酒食之，簡直可以稱為美味。今日居漢，頗恨不易得此，思之怏怏。

在美國還習得另一種本事，就是吃生魚片。第一次在友人慫恿下鼓勇舉箸，然而中心惴惴，很像第一個吃螃蟹的人。不料後來越吃越有味，有一段時期竟然到了三日不吃面目可憎口中無味的地步。後來到臺北任教，因為臺灣曾經日人統治，故「sashimi」(生魚片的日語讀法)常常可以吃到。如今回到武漢來，就不那麼容易了，只有到五星級飯店吃高級自助餐時才有此物，所以操起空盤，首先瞄準的第一個目標往往就是生魚片攤。

人的味蕾大概在少年時代特別敏感、特別發達，小時候吃的東西每每終生不忘。所以人人都說家鄉菜好吃，媽媽做的菜最好，其實大多數人的家鄉並非美味之都，媽媽也不是五星級廚娘，所謂好吃，不過是兒時所培養起來的習慣而已。但以上我自己的經歷卻也足以證明人的味口並非「花崗岩的腦袋」，是可以「改造」的，是可以進行「再教育」的。不僅可以接受本國貧下中農的「再教育」，也可以接受西方資產階級的「再教育」。

而我一生中在味口的改造上做得最為成功的一件事則是對於水餃的接受。我是個湖南人，從小以米飯為生，一頓不吃米飯就彷彿根本沒吃飯似的，所以向來對北方人吃的水餃並無好感，也無興趣。雖然吃了水餃還不至於委頓到「幾為傖鬼」，但也絕無心生留戀、盼望再吃之意。然而「事物的發展往往不以人的主觀意志為轉移」，這種習慣居然在我赴美之後也漸漸改變。抵美初期，有兩件事印象最為深刻，一是苦學英文，一是猛吃三明治（因為最便宜）。我曾經做了一幅打油聯寄給國內親友，上聯是「頓頓三明治」，下聯是「天天ABC」，橫批「不亦樂乎」。但三明治實在不能頓頓吃，尤其是夏天的中餐，因為三明治是早上自己做的（買不起），兩塊麵包，中間抹點果醬、花生醬，夾兩片「氣死」，然後放進書包裏，到了中午，就變得軟乎乎的，真像一塊狗屎。有一次我剛吃下去，就噁心得全吐出來了。幸而天無絕人之路，後來來了一個武漢的朋友，他隻身闖美，舉目無親，是我去飛機場接的。此兄吃苦耐勞，頭腦靈活，居然在紐約幹起包水餃、賣水餃的營生，而我就是他的第一個顧客兼推銷員。此後，我的冰箱裏就常常有此兄做的水餃，或煮或煎，或自食或待客，都比三明治強得多了。最近在武漢一個朋友的聚會上，我又遇到這位二十多年不見的仁兄，相見甚歡，聊起水餃往事，竟像同在一個戰壕打過仗的戰友一般，也可算是一段佳話吧。

我的水餃生涯從美國開始，居然延伸到臺灣。因為我在臺灣基本上也是隻身獨住，而「豪宅」又偏偏位於郊區的外雙溪山上，半小時車程之內沒有食物可買，我懶惰成性，不耐烹煮，於是就常常買一堆水餃，重施在美國習得的故伎。十幾年下來，居然嗜痂成癖，食之不厭——也不敢厭，蓋「不可一日無此君」也。

原以為退休回武漢之後，我的水餃生涯應當可以告一段落了吧，不料天將降大任於斯人也，必須天天食之以水餃——彷彿我在大陸還有些大事要做似的。所以一年多來，有一半的時間仍然以水餃果腹。令人欣慰的是，武漢的水餃居然做得比臺北還好，「灣仔」、「思念」，越吃越念。看來，這一輩子跟水餃是結了不解之緣了。如果有人問我：你這一輩子有沒有一個持久的戀人？我會不假思索地答曰：「水餃。」走筆至此，忽得俚詩四句，聊附文末，以紀念我的水餃之戀：

天將大任降斯人，
必饜水餃乃通神。
命定生涯何敢怨？
應知是處有饑民。

2009、6、24

一個進不了天國的基督徒

你的父母都是虔誠的基督教徒，你在臺灣的妹妹也是。他們都一直努力想要把你也變成一個基督徒，將來能夠到天國享受那永恆的幸福與快樂。你也的的確確做過若干次努力，但遺憾的是，你至今還不能算是一個真正的基督徒，雖然你也受了洗。將來會不會？看來希望不大。

你當年從大陸到香港，你母親在香港等你，見面不久她就開始向你「傳福音」。一周後到了美國的洛杉磯，寄居在表哥家裏，那是一九八一年的三月，可洛杉磯一點都不冷。你跟母親坐在表哥的花園裏，在如茵的草地上，在和煦的陽光下，你們母子整天整天地長談，主要是你講述從一九四九年初跟父母分開以後這三十二年間的經歷。你雖然已經三十九歲，但還是像個孩子一樣，在母親的面前傾訴你鬱積了三十多年的痛苦與思念。一絲一縷，一點一滴，想把那陰暗、骯髒、血腥、酸苦，從胸膛裏扯出來，在母親的面前洗淨。你母親靜靜地聽著，時不時插一些問話，有時母子倆相對流淚。但是到最後你母親總是說，這一切都是神的安排，神自有他的美意，我們要相信神，你看這一切不都過去了嗎？我們不是又團聚在一起了嗎？我跟你爸爸從前也都經歷過絕望痛苦，自從信了神，我們就把一切的重擔都交給神，我們現在過得很快樂。媽媽最大的希望，就是希望你也成為一個虔誠的基督徒。你似懂非懂地看著你的母親，你覺得你的母親的確沒有你所想像的那麼痛苦，尤其是她對生活的那種篤定的態度，讓你覺得不可思議。你知道你的母親很愛你，她說的話一定是她內心真實的感覺，所以在你母親一再的啟發開導之下，你終於接受了你母親的建議，願意受洗，成為一個基督徒，而且你覺得這是你孝順母親的最好方式，你不能違逆她的意思。

在同母親與親友聽了幾次佈道之後，終於在一個禮拜天，你接受了洗禮。你還記得那儀式大體上是這樣：即有信徒抬來一只大盆放在教堂佈道桌前邊，裏面注滿了水，然後給你套上一件大的塑膠外套，有四個弟兄把你抬進水裏，然後再由牧師在你的頭上淋了一些水。這樣你的過去和罪孽就都被洗乾淨了。然後那四個弟兄再把你從水裏抬出來，於是你也就成了一個新人，從此被神接納，變成了神的子民。從此，你跟教內的男人，不論長幼，不論輩分，皆稱弟兄，而跟教內的女人，皆稱姐妹。這以後你再參加教堂的禮拜時，也就可以喝弟兄姐妹們傳過來的紅酒，據說那是耶穌的血。你也就可以跟弟兄姐妹們分食薄餅，據說那是耶穌的軀體。你喝了耶穌的血，吃了耶穌的軀體，你也就有了神性。當然你也從此有了義務，那就是每次做禮拜的時候你要貢獻錢給教會，會有值班的弟兄或姐妹拿著一個布袋走到你面前，你就把錢放在裏面（不論多少，那是不公開的）。此外，作為一個虔誠的基督徒，還應該把你收入的十分之一都貢獻給教會。這一點你的父母都是恪遵的，你記得有一次碰巧教會的負責人送收條到你家裏來，你替父母收下，一共二十幾萬新臺幣，那的的確確是你父母當年薪水的十分之一。

你在洛杉磯受洗之後，跟著母親和表哥表姐以及其他的親友，每個禮拜天都去教堂做禮拜。但奇怪的是，你無論如何都沒辦法說服自己真正相信基督教。不僅在理智上，你無法相信有一個控管人間一切吉凶禍福的人格神存在，也無法理解《聖經》上所說的那些教義。而其中最不能令你接受的，竟然是那做禮拜的方式。每次進了教堂，大家坐定之後，牧師或者什麼負責人就領著大家一起唱聖歌，讀《聖經》。一次聚會往往會有一段聖經是聚會的主題，詩歌唱完之後，由一個牧師領著大家大聲誦讀一遍，接著就有幾個信徒被安排到臺上輪流發言，都是用自己的親身體驗，或者發生在自己和親友身上的故事，來說明這段聖經如何正確，如何偉大，如何不可思議。再接下去，就是信徒們自由發言，也是先唸一段聖經，接著講自己的體驗，然後又是唱聖詩，呼口號，例如「神啊，我愛你」、「神啊，你真是英明」、「我們天上的父啊，你是如此地愛我們」、「一人得救，全家得救」、「我們都是你揀選的子民」，如此等等，還夾雜著一聲一聲的「阿門」。你突然覺得自己又回到了「文化大革命」中的中國，回到毛澤東思想學習班，回到了毛澤東思想活學活用會。你記起你們如何朗讀最高指示，如何鬥私批修，如何用自己的故事或別人的故事來證明偉大領袖的教導如何正確。你記起了你們如何唱語錄歌，如何呼口號，如何大家千篇一律地講著同樣的頌詞。你的頭開始暈起來，然後連心都開始痛起來，你簡直要抱著腦袋衝出教堂。難不成你轉了大半個地球又回到原地了？到底是基督教抄襲了中國的文革？還是中國的文革抄襲了基督教？對剛剛從文革夢魘中逃出來的你，這種禮拜簡直是一種酷刑，令你坐立難安。可你又不能向你母親說明，她是聽不懂的。

所幸你的母親只在洛杉磯待了一個月，你母親走了之後，你第二天便從表哥家裏搬了出來，另租了一間房子，從此你也就免除了去教堂受洋罪。半年之後你到了紐約，一頭栽進哥倫比亞大學的書堆裏，再也用不著去親近上帝了。十年之後你回到臺灣，開頭兩年還跟父母住在一起，時不時地還是陪他們上教堂做禮拜，但其實你只是去盡孝道，不想令你父母難過而已。牧師們在台上口沫橫飛，言之諄諄，你則在下面聽之渺渺，有時竟然鼾聲大作，使得你妹妹不得不用胳膊把你撞醒。兩年後你搬出去到外雙溪獨住，雖然外雙溪的教會受你父母之託來找過你好幾次，你都要了滑頭，借故推掉了。

幾年前你第二次得了憂鬱症，在苦海裏掙扎了將近兩年。你的妹妹又帶你去上教堂，你也盼望真的有一個神能把你從苦海裏拯救出來。可是大概因為你始終不太誠心，所以每次都沒有看到什麼效果。有一個牧師甚至單獨為你開課，你聽了兩次還是逃走了。又有一群弟兄姐妹輪流在他們家裏聚會，每次都誠誠懇懇地來邀你赴會，甚至專門開了車來接你。你也深深地被他們的善良感動，可是你還是冥頑不靈，老是入不了法門，去了幾次，最後還是藉故婉拒了。你深深覺得對不起他們，但你實在提不起興致，跟他們一起玩那種天真的遊戲。

現在落葉歸根，回到偉大的祖國，憂鬱症也好了，也再沒有教會弟兄姐妹們來關心你。看來，你是永遠進不了天堂了。阿門！

2009、9、23

沒有我不肯乘的飛機

我第一次乘飛機是一九八一年三月十四日，我剛滿三十九歲不久，按中國人的說法就算四十了。真所謂大器晚成，這一飛就飛了半個地球，從香港經日本飛到美國的洛杉磯。母親後來提到此事，總喜歡笑著說：「明兒不飛則已，一飛沖天。」算一算這已經是二十八年前的事了。許多細節已經模糊，但那「大姑娘坐轎」的新鮮感覺則始終記憶如新。穿行於雲海之上，翱翔乎金光之中，直覺身出塵寰，人在仙境。半年後又從洛杉磯飛到紐約，抵達時間是晚上，飛機盤旋在紐約的上空，看到底下是一座巨大神奇到無可比擬的珠寶山，完全無法相信人的力量如何可以造出如此宏偉的奇觀，一時驚呆，只可借用佛曰「不可說，不可說」來形容自己當時的感受。我想，假定我命中注定只能活到四十歲，也要死在到達紐約之後，如果死在到達紐約之前，就未免太遺憾了。

此後，凡是遇到飛機可以把我帶到一個陌生地方的機會，我都不會放過。究竟到過多少地方，我也記不清，粗略算一下，四十個國家一百個城市，應該只多不少吧。有時候一年坐十幾趟飛機也是常有的。每到一個地方，就在我的生命中展開一片新的世界，永遠不會感到厭倦。我很小的時候，還在鄉下念小學，就有兩個很奇怪的夢想，一個是要受到這個世界上最高等的教育，一個是要遍遊這個世界最美麗的地方。一個窮鄉僻壤的小孩，居然有這樣的奢望應該是很奇怪的。但這確實是我兒時兩個持久的

dream。以後生活的風浪把我打得暈頭轉向，滿身傷痕，連活著都是問題，以為這兩個夢是永遠沒有實現的一天了。不料今日居然幻夢成真，命運實在待我不薄，一切過去的挫折苦難都無需計較了。

一百年前，美國女詩人米勒曾經寫下這樣的詩句：「沒有我不肯坐的火車，也不管它往哪兒開。」我的忘年交，老詩人曾卓常常跟我們這些年輕的朋友提到這句詩，我永遠忘不了他朗誦這首詩時那一臉熱切的期待和遺憾的迷茫。二〇〇一年九月，他病重的時候，我特地從臺北趕來看他，他那時已經是癌症晚期，每天靠注射嗎啡止痛。兩天後我再去看他，他遞給我一張紙，上面是他用顫抖的手寫的一首詩，那題目正是《沒有我不肯坐的火車》。我讀著讀著，眼淚忍不住流了下來，啊，一個如此熱愛生命的生命，就要與生命告別了，他已經不能再坐著他心愛的火車去探索那神奇的遠方了。曾卓比我整整大二十歲，但是我們之間一點代溝都沒有。我們相交三十年，他是我一生中最喜歡、最契合、也最欽佩的少數幾個亦師亦友的朋友之一，對人的熱愛，對生命的熱愛，對生活的熱愛，對一切新鮮事物的好奇，是我們兩人之間最大的共同點。我想把他這首在生命的最後時刻送給我的詩，也是他的絕筆之作抄在下面——雖然沒有徵得他的同意，但我想他會高興的——以表達我對他深切的懷念，同時也轉贈給我所熱愛的年輕的朋友們：

在病中多少次夢想著
坐著火車去作長途旅行
一如少年時喜愛的那句詩

「沒有我不肯坐的火車
也不管它往哪兒開」

也不管它往哪兒開
到我去過的地方
去尋找溫暖和記憶
到我沒有去過的地方
去尋找驚異、智慧和夢想

也不管它往哪兒開
當我少年的時候
就將汽笛長鳴當做親切的呼喚
飛馳的列車
永遠帶給我激勵和渴望

此刻在病床上
口中常常唸著
「沒有我不肯坐的火車」
耳中飛輪在轟響
臉上滿是熱淚
起伏的心潮應合著列車的震盪……

2009、6、28

下輯

人生的馬車有兩根韁繩

我年輕的時候常常對一些比我更年輕的朋友講：「人生像一輛馬車，這馬車有兩根韁繩，一根捏在上帝的手裏，一根捏在你自己的手裏。上帝捏的那一根我們無能為力，但是自己手裏的這一根要緊緊地捏好，你的人生如何，將大部分取決於你手中的這根韁繩捏得如何。」我不是有神論者，我說的上帝是一切我們不可操控的力量的總合。

離開大陸近三十年，而今落葉歸根，最令我欣慰的是老朋友們全都平安，且都各有成就，大家見了面，居然都還記得我曾經說過的這句話，認為在他們的人生道路上這句話多少起過些激勵作用。

我的看法至今沒有變，我還想把這句話送給更多更年輕的朋友，希望他們在人生的旅途上牢牢抓好自己手中的韁繩。但在我自己的內心深處，這句話的含義其實是有些變化的，主旨沒有變，但比重有調整。年輕的時候覺得自己手中的這根強而有力，上帝手中的那根我知道它存在，卻不肯多想。隨著年齡增長慢慢明白，其實上帝手中的那根是更加強而有力的，相形之下手中的這根則越來越覺得它的力量有限，何況能不能捏好也並不完全取決於自己的意志。

人生最重要的許多方面在我們出生的時候，就已經被決定了，我們對此是沒有選擇餘地的。比如你出生在什麼樣的時代，是你可以選擇的嗎？你出生在什麼樣的國度和地方，是你可以選擇的嗎？你出生在什麼樣的家庭，有什麼樣的父母和兄弟姐妹，又是你能夠選擇的嗎？而這些對於一個人的命運無疑都至關重要。還有，你生下來體質如何，強還是弱？你的 DNA 裏面有沒有包含癌症、高血壓、糖尿病、精神病……等等基因，你可以決定嗎？你生下來智力如何？智商多高？情商多高？偏於形象思維還是邏輯思維……你可以決定嗎？而這些對於一個人的一生有多大的影響，顯然不待多言。至於我們活在世上的日子，那不可控的事件也幾乎無日無之，大至戰爭，小至車禍，都非我們個人的意志所可避免，而這些對於一個人的命運又有多大的影響，自然也不待多言。所以我從前說人生的馬車有兩根韁繩，現在我還是說人生的馬車有兩根韁繩，但是我心裏明白，這兩根韁繩力量的比重在我內心深處是逐漸在變化的。少年氣盛，得意時幾乎不可一世，覺得天下無不可為之事，現在才明白那是太狂妄了，太高估了自己。如果年輕的時候覺得三分天意七分人，那麼現在我則想修正為三分人事七分天。孔子說「五十而知天命」，看來他老人家也是在五十以後才看清這個問題的。

驟聽起來，以上的話有些消極，不足用來鼓勵後生，作為一個終生從事教育的人，至少要更多地強調後天的努力。我當然明白這層意思，儒家當中荀子一派就是特別提倡這種精神的，荀子說：「人性惡，其善者偽也。」就是強調後天教育與學習的重要，所以「人定勝天」的思想也由荀子首先提出，正是順理成章的事。但是，在這一點上我還是最欽佩孔子的周延。孔子一方面提倡「學而不倦」，他說人要效法河水，「不舍晝夜」地前行，強調主觀努力的重要，但是他也同時告誡我們，要「畏天命」，並且說「不知命，無以為君子也」，就是說，上帝手中的那根韁繩是強而有力的，是可畏的，明乎此才能做一個君子。

說清這一點其實並不消極，反倒有許多積極的意義。在你人生遇到低潮的時候，在你經過盡力拼搏，而仍然不遇，仍然失意，仍然沒有成功的時候，你不會過於自責，而明白你只是終於拗不過上帝手中的那根韁繩而已。「豈能盡如人意，但求無愧我心」，你仍然可以心平氣和地生活下去。當你春風得意、功成名就的時候，你不會誤以為你的成功全是來自於自己的聰明才智和努力奮鬥，而「貪天之功以為己有」，你會常存感恩之心，感謝命運的垂青和玉成。這樣你也就不會因成功而驕矜，而狂妄，而自以為無所不能，而得意忘形，而忘記平等地對待他人，而忘記以哀憫之心，同情那些競爭中的失敗者、弱者。

我說上帝手中的那根韁繩更加強而有力，請不要誤會我要你放鬆你自己手中的那根韁繩，畢竟我們所能捏住的只是這一根，我們得好好地捏住，以配合上帝手中的那一根。當上帝給你機遇的時候，你要能夠抓住這個機遇，否則機遇就跑掉了。上帝總是把機遇留給那些隨時準備好的人。

盡人事以待天命吧。Always get ready！

2009、5、4

人是一隻蜘蛛

人是有思想的動物，所以老是會追問生命的意義：人活著是為了什麼？人生的意義在哪裏？這是個一直困擾人類，又一直沒有得到滿意答案的問題。無數的先聖往哲都嚴肅地思考過這個問題，也試圖給出答案，但似乎並沒有一種答案真正徹底地解決疑難，讓所有的人都滿意，所以直到今天人們還是會為這個問題所困擾。其實大多數人在大多數時候，都把這個難解的問題懸置起來，儘量少去碰它。但是人生一遇到挫折苦難，尤其是面臨生死存亡的境地，這個懸置的問題就會不招而至，苦苦地纏著你。性格執著、不肯馬虎，而又實在找不到答案的人，最後便只好走上絕路，以自殺了結。人之自殺多半並非因為衣食不繼，而往往是精神上無望，不知道活下去到底有什麼意義。這個世界上只有人會自殺，貓不會，狗不會，其他動物也不會（動物界據說也有類似自殺的行為，像鯨魚成群衝向沙灘而死，但這多半可能還是另有它因，至少我們尚無法斷定這是自殺）。因為動物不會思想，不會像人那樣去追尋生命的意義。

人生真的有意義嗎？我的答案是：沒有。生命偶然地降生到這個世界上來，本來並沒有什麼意義。再問：人生沒有意義能夠活得下去嗎？我的答案是：活不下去，至少活得不好、不愉快。一個完全沒有意義的生命不值得活下去。人生既沒有意義，而人又需要意義才能生活得好，這樣一個矛盾如何解決？我的答案是：你看到過蜘蛛嗎？蜘蛛必須把自己懸掛在網上才能活得好，但是空中本沒有網，怎麼辦？蜘蛛自己吐出絲來結張網，然後把自己掛在網上。人就是蜘蛛。人生本沒有意義，人替自己編造一個意義之網，或說價值之網，然後把自己掛在這個網上，才得以心安理得地生活下去，一旦這個網破了，人就得再編一個網，死而後已。正像許地山的小說《綴網勞蛛》當中的主人公尚潔一樣。

人就是蜘蛛，但人還不如蜘蛛。因為每個蜘蛛都有能力吐絲結網，把自己掛在網上，而人卻不是每個人都具備吐絲結網的能力。結果許多人一輩子都沒有網可掛，或者只有一張破爛的網勉強地掛，於是生命便很痛苦，很迷惘，嚴重的便會厭世，會輕生。如果再問：世上有沒有現成的網可以掛呢？答案是：有的，世上有種種的現成的網可以掛。古往今來，種種的宗教，信仰，成系統的人生哲學，便都是這樣的網。我們常說人必須有個信仰，其實就是說我們既不能自己吐絲結網，或者靠自己吐絲結不成一個較為完整的網，那我們就必須找一個現成的網來把自己掛上。我們得感謝往聖先賢，孔子，老子，釋迦牟尼，蘇格拉底，耶穌基督，穆罕默德……，他們都是為人類織網的人。前人有句話說：「天不生仲尼，萬古長如夜。」我年輕時不大懂這句話的意思，以為說得太誇張，後來才明白這話其實很實在。孔子是第一個為中國人編織一張較為完整的意義與價值之網的人，當然後來又有許多傑出的人物把這個網加大、加寬、加密。沒有這樣一個網，中國人就免不了一生在黑暗中摸索，在虛空中飄蕩；有了這樣一個網，我們就免去了許多摸索與飄蕩之苦。

當然我們也可以不掛孔子這張網，而掛釋迦牟尼的網，掛蘇格拉底的網，掛耶穌基督的網，掛穆罕默德的網，甚或自己編織的網（如果你吐絲的能力足夠的話），都無不可。但總得有一個網，有網比沒網好，完整的網比破爛的網好。不過，我們也得明白，這個世界上並沒有一張現成的、十全十美的網，雖然許多蜘蛛都宣稱，它所掛的網是十全十美的。

我自己是一隻奇怪的蜘蛛，我尊重每一張現成的、相對完整的網，但又不相信任何一張網是唯一的、絕對完美的網。我寧願把每張網上我最喜歡的部分都取一些，我自己也吐點絲，綴成一張我自己高興的網，然後在那上面隨興遊走。

2009、5、12

生命的品質比生命的長度重要

人都希望活長一點，古今皆然。活得好的人固然希望長生不老，恨不得把人間的榮華富貴永遠地延續下去。就是活得很差的人，也不想短命，理由是「螻蟻尚且偷生」、「好死不如賴活著」。

活得好，就想活得長，這好理解。活得壞還想活下去，我想是因為對未來抱著希望，要飯的朱元璋，鑽褲襠的韓信，相信自己不會一輩子要飯，一輩子鑽褲襠，所以要活下去，才有當皇帝、當大將的可能。如果一個人確信自己一輩子只是一個「螻蟻」，確信一輩子只能「賴活著」，恐怕想法就不一樣了。

近二十年來，中國人生活好了一些，求長壽之風似乎也盛了起來，不再「一不怕苦，二不怕死」，書店裏凡跟長壽有關的書都賣得特別好，這當然是好事。但是，我總覺得人把太多的心思和精力花在追求長壽的問題上，並不明智。我不反對延長壽命，但是我覺得有兩個前提必須先弄清楚：

第一，延長壽命是可能的嗎？第二，延長壽命是有益的嗎？

似乎沒有人懷疑過這兩個問題，但是我個人卻深表懷疑。先說第一個，自古求長生，只有失敗的例子，沒有成功的例子。真正長壽的人，包括吉尼斯記錄上記載的，恐怕大多得之於偶然，並非刻意求之者。在長壽問題上，「求仁而得仁」並不容易，決非「我欲仁，斯仁至矣」那麼簡單，何況即使真的是求仁得仁，又如何去證明呢？比方說，我活到九十五歲，怎樣去證明我是因為想活到九十五歲，並努力爭取活到九十五歲，因而活到九十五歲的呢？同樣無法反證，如果我不孜孜以求地力爭活到九十五歲，那我就真的活不到九十五歲了嗎？所以，長壽是否可求，至少是一個無法證明的問題。嵇康在《養生論》裏說，生可以養，壽可以延，但說來說去也無非只是打些比方，並無確證。事實上，這個問題恐怕永遠是一個懸案。

第二，即使能延壽，延了壽就真的很好嗎？比不延壽更快樂嗎？更有成就嗎？這問題同樣的懸，這只要看看古今做出大成就大事業的往往並非長壽之人，即可知矣。而長壽之人，同時又大有成就者反而不多。活長一點是不是更快樂？那就更沒有把握了。而適得其反的例子倒還不少。遠的不說，比方說近代的周氏兄弟，兩人在五四時期都名噪一時，號稱「雙子星座」。魯迅五十五歲就死了，國人敬仰至今。周作人如果與乃兄同時死去，名聲雖不及乃兄，但也不至於差很遠，不幸而活到八十四歲，則不僅背上了漢奸的臭名，解放後還一再受批，終於在文革中淒慘死去。他自己生前感歎「壽則多辱」，想來對此已深有感慨（那時他還不知道死的時候會更慘）。可見，即使能延壽，也未必是件好事。

人生最大的神秘莫過於壽命，我活到九十五歲便是九十五歲，無人能夠證明我本來應該活到一百歲，因為不努力，所以只活到九十五歲；或者我本該只活到九十歲，因為努力而活到了九十五歲。在我看來，到底能活多長，根本不必勞神去多想。故意斫喪自己的生命當然不可取，但戰戰兢兢、苦心孤詣以求多活個三五年，也類似水中撈月，十之八九是什麼也撈不到，即使撈到點什麼，也不過是幾條蝦子，甚至一個癩蛤蟆，可以肯定不會是美麗的月亮。

壽命是否前定，即前人說的「生死有命」，這事我們無法證明，卻也不應匆忙否定。現代醫學已經顯示，一個人一輩子可能生的大病大多已經由基因所決定，由此推去，那麼一個人生命的長短恐怕大抵上也是由基因決定的。那麼，這與古人說的生死有命，又有多大差別？達人知命，故置生死於度外，陶淵明說：「縱浪大化中，不喜亦不懼。應盡便須盡，無復獨多慮。」錢鍾書《老至》詩云：「徙影留痕兩渺漫，如期老至豈相寬？迷離睡醒猶餘夢，料峭春回未減寒。耐可避人行別徑，不成輕命倚危欄。坐知來日無多子，肯向王喬乞一丸？」我在生死問題上的態度跟陶、錢差不多，即順其自然，不去多慮，既不「輕命」，也不「乞」求延壽。

古人說：「及時當勉勵，歲月不待人。」又說：「晝短苦夜長，何不秉燭遊？」「及時」就是抓住現在，抓住現在遠比寄望將來重要，與其白耗心力去追求毫無把握的延年益壽，何不多花點心思和力氣去努力提高生命的品質、增加生命的密度？多做點事，也多追求點幸福與快樂？

長生而可求也，雖執鞭之士，吾亦為之；如不可求，從吾所好！

2009、6、26

人生不可規劃

我在臺灣的時候，常常聽到一個說法，叫「人生規劃」或「生涯規劃」，現在大陸似乎也開始流行了。老實說，我是不贊成這個說法的。我們可以規劃許多東西，大至一個國家的建設，小至一個家庭的油鹽柴米，但唯獨人生（或生涯，在我們現在所談的這個話題中，人生跟生涯這兩個詞的意思差不多）不可規劃。

我知道我這樣說，是不會有多少人點頭稱是的，尤其是年輕的朋友們，在他們口中，「人生規劃」（或「生涯規劃」）正時髦著呢。尤其是上進心強，自信心強，經歷也頗順利的人，他們正踩在人生的起跑線上，正忙著做人生的規劃呢。這些規劃當然形形色色，因人而異，比方說，想當官的，就規劃著三十歲一定要升到副處級，三十五歲正處級，四十歲副局級或局級，如此等等。想做生意的，就規劃著二十五歲以前一定要賺到第一個十萬，三十歲一百萬，四十歲一千萬，如此等等……

我想給這些朋友潑一瓢冷水：想想可以，別太認真。我的經驗告訴我，你這些規劃大抵上都不會如期實現，你的人生，絕對不會按照你的規劃來進行。如果真能按照你的規劃一一實現了，那只能說是一種奇怪的巧合，大概跟被雷打中的機率差不多。這道理很簡單，因為你不是上帝，而你的人生，卻是由上帝決定的，你現在居然想代替上帝來規劃你的人生，在上帝的眼裏，你實在是太狂妄、太可笑、太幼稚了。除非上帝一時童心大發，想逗著你玩，才會讓你實現了你的人生規劃（多半也只是在一小段的時間裏，因為上帝沒有功夫陪你一直玩下去）。所以我說，那機率就同被雷擊中差不多。

我回顧自己的前半生，幾乎沒有什麼重要的事情是我自己規劃的。我出生在一個還算不錯的家庭，父親是做官的（當然是國民黨的官），母親是小學校長（別忘記那年代一個女子當小學校長並不簡單）。哪裏想得到，我七歲以後就到了鄉下去砍柴放牛了，只差一點沒當乞丐。我放牛時躺在草地上，常常想，哪一天我能夠每年賺到三十六塊人民幣，就很美滿了。為什麼是三十六塊呢？因為當時大米是一毛錢一斤，三十六塊就可以買到三百六十斤大米，我每天就可以有一斤大米吃（現在的青年會覺得我的食量未免太大，但你去問問你爺爺奶奶，如果他們是鄉下長大的，就知道這其實是普通的食量），這樣我就不會餓死了。哪裏想得到，幾年之後，我居然奇蹟似地得到一個上初中的機會，三年之後又到了武漢念高中。我讀書好像很輕鬆，印象中凡有考試比賽很少有落到第三名的，於是也就頗自信，有點意氣風發，考大學的時候覺得任何大學任何系都不在話下，簡直如「探囊取物」。可哪裏料得到，高考居然名落孫山（我倒是考了全省第二名，但上帝不讓我讀大學，我也沒辦法）。於是，一個高中畢業生，年方弱冠，就教起初中來了。這是我從來沒規劃過的事，心裏自然悶悶不樂。然而更倒楣的事情還在後面呢。文革爆發，五年之中，我居然二當反革命，三進牛棚，差一點把命都送了。那時候想，完了，這一下可真是永世不得翻身了。哪裏料得到文革居然結束，鄧小平居然復出，國策居然大變，我居然以第一名的成績考進了武漢大學當研究生。更料不到的是三年之後，我居然又進了美國哥倫比亞大學。在踏進哥大校門的那一刻，我實在是百感交集（請你從字面意義上，原始意義上，去理解「百感交集」這四個字）。這下時來運轉了吧，前途無比光明了吧，但是我想告訴你，各種各樣巨大的壓力，讓我在美國的頭兩年過得比文革還痛苦。我得了憂鬱症。差一點想放棄一切。不過我撐過來了。八年苦戰之後拿到博士，後來又去臺灣當教授，做了十八年，如今退休又回到武漢。我想告訴你，所有這些我都沒有事先規劃。

所以，我過去的六十多年的生命經驗告訴我，人生是無從規劃的，我的人生並不是我所規劃的結果。我也曾經規劃過，但所有規劃都是白搭。孔子說：「五十而知天命。」我想，孔子大約在五十歲以前，也做過若干生涯規劃，到五十歲終於明白，人生其實不可規劃。生命是一條大河，千回百折，它當然有自己的軌道，但在還沒有形成河流之前，誰也不知道它會有怎樣的軌道。

我還想說，規劃人生，不僅不可能，也沒有意義。我們為什麼要去規劃它呢？生命之奇妙不正在於它的不可預測嗎？如果你真正把人生規劃好了，然後人生也真正按你的規劃一步一步地實現了，那豈不是太 boring 了嗎？所以我從來不算命，不僅因為我不相信算命，也因為我並不想知道我以後的命運會怎樣，我寧可讓她蒙上一層神秘的面紗。唯其神秘，所以美麗，如果預先都知道了，我反而會覺得很無聊。

最後，我想提醒所有看到這篇文章的朋友，別誤會我是個有神論者或宿命論者，其實我不是。我說的「上帝」，只是一切我們自己無法掌控的力量的總和，如此而已。

2009、6、15

人生不可不立志

我說過，人生不可規劃，但我希望朋友們不要誤會，以為人生既不可規劃，那就該聽天由命，隨波逐流。我以為，人生雖不可規劃，但是人生一定要有方向，這方向就是我們平常講的志向。

規劃是具體的，方向則是比較抽象的，兩者並非一事。如果用我們國家的流行術語來說，那麼志向是路線方針的問題，規劃則類似於具體計畫和指標。「志」字，上半部是「之」字（篆文「之」楷化以後便成「士」）下面是「心」字，《說文解字》說：志字，「從心，之聲。」是個形聲字，其實它也是個會意字，「心」之所「之」（這個「之」是動詞，意思是「往」）即是「志」。所以《說文解字》又說，志者「意也」，就是說，「志」就是一個人的意向，所以志並不是具體的目標，而是人內心所嚮往的方向，簡而言之也就是人生的方向。人生不能預定具體的指標，卻不能沒有方向。

孔子非常重視立志，他說自己「吾十有五而志於學」，「志於學」，可見不是什麼具體的目標，而是方向。他又說：「三軍可奪帥也，匹夫不可奪志也。」這不可「奪」的「志」，顯然也不是什麼具體的計畫跟指標，否則，把一個人的腦袋砍掉，所有他的計畫和指標不都被摧毀了嗎？怎麼說不可「奪」呢？孔子又常常喜歡跟學生們討論志向，有一次他自述自己的志向是：「老者安之，朋友信之，少者懷之。」可見這也跟人生規劃是兩碼事。

人不可能規劃自己的人生，因為那是上帝的事，而我們不是上帝。但人卻可以，而且必須為自己的人生立定方向，這方向如果堅定的話，就是上帝都奪不走的。所謂「殺身成仁」、「捨生取義」，這「仁」和「義」就是志的問題。你可以殺了我，但是成仁取義之「志」卻是殺不死的。也正因為志不可奪，所以古今中外才會有許多烈士。

人生不可規劃，但人生必須立志。立定了志向就是有了主心骨，就不會懵懵懂懂，就不會東倒西歪，於是人生也就有了意義，有了價值。雖然這意義與價值都是我們自己賦予的，但於人生卻是非常重要的。一個沒有志向的人，也就不知道生命的意義與價值究竟在哪裏，活著也就是活著而已。他沒有什麼原則需要堅持，也沒有什麼方向需要遵循，人東則東，人西則西，隨波逐流，渾渾噩噩，他對生活沒有什麼探求，也沒有什麼反思。西方的哲人說：「沒有反思的生活是不值得過的。」孔子說：「噫！斗筲之人何足算也！」沒有志向的人，也就是孔子說的「斗筲之人」。

所以立志是人生的頭等大事，無志則無靈魂。一個志向堅定的人，無論遭受到什麼樣的橫逆和挫折，他的精神永遠不倒。只要機遇一來，他總會成就一番事業（這事業不一定多麼轟轟烈烈，不一定名震遐邇），這番事業也許跟他原來的設想（即所謂規劃）完全不一樣，但一定有所成就，即成就了他的自我。這樣的人不一定是歷史上的龐然大物，但卻是一個堂堂正正的人。對一個年輕人，立志有格外的意義，「少有大志」者，多半都有所成就，至少是一個生活得精彩的人。從小無志而居然成就了一番大事業的人，好像從古到今，未之曾聞。俗話說「三歲看八十」，並不是無稽之談。

前文說過，規劃是具體的，志向則是比較抽象的。正因為具體，所以容易改變，容易被摧毀，所以不可靠；正因為抽象，所以頑強，所以難奪，所以能持久。一時不遇，尚有他時可待；一事不成，尚有他事可作；太公八十遇文王，一息尚存，此志不滅，終有所成。這就像巨石底下的小筍，彎彎曲曲，東鑽西鑽，它總是會找到一個縫隙，頑強地伸出頭來，抽枝吐葉，長成一棵勁竹。除非上帝之手一定要掐掉這支小筍，那當然無話可說。

總之，我要說的是，人生雖不可規劃，但人生卻不可不立志，「有志不獲騁」（陶淵明詩），「齎志而歿」，則是人生最遺憾最可悲的事，「出師未捷身先死，長使英雄淚滿巾」（杜甫弔諸葛亮詩）！勉之哉，慎之哉，我的年輕的朋友們。

2009、6、16

論朋友

儒家講人和人的關係，有所謂五倫，即君臣、父子、兄弟、夫婦、朋友①，現代社會的人際關係大約也還是這五種，只是君臣關係似乎已經不存在，但今天的上下級的關係，老闆跟雇員的關係，領導跟群眾的關係，大體上也還是古代君臣關係的一種演化，當然內容已經有了很大的不同。

一個人生活在社會中，也就是生活在人和人的網路之中，處理好五倫的關係，是人生快樂的必要條件，生活中的不愉快，甚至悲劇，常常是來源於這五倫的關係處理不好。五倫的次序是舊時的排法，自有舊時的道理，今天應當怎麼排，似乎可以重新斟酌，我個人最看重的倒是最末的一種，即朋友關係。這不一定能得到大家的認同，我也沒有想要求大家認同的意思。或許五倫的重要性對於每個人都不一樣，有人認為處理好上下級關係最重要，有人認為處理好同父母的關係最重要，有人認為處理好同配偶的關係最重要，也有人認為處理好同兄弟姐妹的關係最重要，各人有各人的處境和情況，本來無須一律，所以我說的僅僅是我個人的看法。

何以我最看重朋友關係呢？因為我覺得五倫之中只有朋友是

---

① 五倫之說原出於《中庸》：「天下之達道五，曰：君臣也，父子也，夫婦也，昆弟也，朋友之交也。五者，天下之達道也。」又《孟子·滕文公章句上》，「聖人有憂之，使契為司徒，教以人倫：父子有親，君臣有義，夫婦有別，長幼有序，朋友有信。」

完全憑我個人的意志和好惡挑選的，而且也可以憑我個人的意志和好惡隨時調整與終止這種關係。而其他幾倫則非如此，例如上下級關係，碰到什麼樣的上司和下屬，並非全由自己決定，關係不好，也不見得想擺脫就能擺脫。可惡的上司得忍受，無論是忍氣吞聲，或曲意逢迎，都是很窩囊的事，辭職不幹又有飯碗問題。碰到討厭的下屬也不是你想趕走就能趕走，尤其是公家機關，那下屬說不定還頗有來頭，隨便得罪不得。又如父子關係，有怎樣的父親，固然不能選擇，有怎樣的兒子，也絕非求仁得仁。父子關係如何，很大一部分靠運氣，關係好當然是福氣，可如今父子之交淡如水的也頗不罕見，尤其是兒女成家之後。夫婦關係，過去也是沒有選擇自由的，現在倒是可以自由挑選了，可挑選時走了眼的也比比皆是，結果倒成了怨偶。要想離婚可不如結婚那麼容易，財產、兒女、親戚、朋友，剪不斷理還亂，叫人騎虎難下進退維谷。兄弟姐妹關係就更不必說了，從前說同氣連枝，而今天的社會再不是幾代同堂，兄弟姐妹一旦成家則各奔前程，住得近的過年過節還可以來往一下，住得遠的能通個電話也就算不錯了。

朋友則不同，跟什麼人交朋友，交情深淺，往來疏密，或斷或續，皆可操之在我。氣味相投，則傾蓋若故，常常比疏遠的父子兄弟關係更為密切。而且朋友的結識往往是在為一個理想或一樁事業奮鬥之中而相知相惜，因而不僅志趣相合，也常常利害相關，挫折時相勉勵，困窘中相扶持，成功時則痛飲黃龍。而萬一發現所交非人，可以立即斷交，不必辦任何手續。人生之成功常常得益於有幾個或一群好朋友，人生之快樂也常常來自於一兩個知己或一群好友。少年時代和青年時代交的朋友，古人所謂「總角之交」、「布衣之交」，大家都尚未發跡，所交在意氣，與利害無關，更值得珍惜。

與朋友相交最重要的一條原則是講信用，孔子說「與朋友交言而有信」，孔子的弟子曾子說他每天都要反省自己，其中一條就是「與朋友交而不信乎？」一個不講信用的人，是交不到朋友的，因為沒有人願意跟這樣的人交朋友。「信近於義」，一個講信用的人必然是一個有原則、講義氣的人，是一個可以信賴的人。這樣的朋友是危難時的支柱，是人生的財富。

好朋友不必性格相同，不必才能相同，不必職業相同，不必社會地位相同，更不必年齡、性別相同，但必須氣味相投，其中最重要的就是對人生的價值取向大體一致，而且相互理解，相互欣賞。其中各方面都契合的也就是所謂知己[②]。真正的知己是很難遇的，也許一生都碰不到，前人慨歎：「相識滿天下，知交能幾人？」人生如果能夠遇到真正的知己，哪怕只有一個，也就可以滿足了，魯迅贈瞿秋白一聯云：「人生得一知己足矣，斯世當以同懷視之。」

交朋友要區別益友損友，這是孔子早就提醒過我們的[③]，不過我以為這前提仍是自己，什麼樣的人，就會選什麼樣的朋友，而且不僅你選人，人也選你，所以最後總是氣味相投的人湊在一起，好人必有益友，壞人必有損友，所謂「物以類聚，人以群分」。好人而多損友，壞人偏多益友，這樣的事情是不大可能發

② 「知己」的「知」就是因理解而欣賞的意思，並非只是簡單的認識、知道。

③ 孔子曰：「益者三友，損者三友。友直、友諒、友多聞，益矣；友便辟、友善柔、友便佞，損矣。」

生的。社會上常常看到不同的朋友圈，一圈人大都進取，各有成就，而另一圈人則大多沉淪，各有劣跡，這是理有必然，一點都不奇怪。

我慶幸自己一生交了不少好朋友，同齡的，年長的，年輕的，同性的，異性的，都能維持著長久的友誼，而且大多是優秀的人，有成就的人。我珍惜他們，這是上帝賜給我生命中最美好的禮物。

2009、5、5

好德與好色

孔子曰：「已矣乎！吾未見好德如好色者也！」

可見「好色」是天性，「好德」則不是天性；正如「慈」是天性，「孝」不是天性；「利己」是「天性」，「利人」不是天性一樣。何以「好德」、「孝」、「利人」並非天性，卻被稱為「善」？因為這些是「群」所需要的，人類的理性能夠理解保己必須同時保群，才不致於為禽獸所滅。因此人能夠在理性的指引下超越天性而培養出「好德」、「孝」、「利人」等善行，即道德。這也即是人之異於禽獸的地方，也即是人能戰勝禽獸而為萬物之靈的原因。孟子曰：「人之異於禽獸者幾希！」就是感歎人若不守住這一點理性之光，也就跟禽獸沒有多大差別了。

天性無須教育，道德則須教育，所以孔子說：「性相近，習相遠」，即是此意，「性」者，天性也；「習」者，道德也，後天所習得者。人的天性都差不多，但後天的教育不同，所習不同，於是人與人的道德水準就可以相差很遠，所謂「人之相去如九牛毛」（語出《晉書・華譚傳》）魯迅感歎，人和人的差別有時比人和禽獸的差別更大，這是實在的。教育之重要也即在此。道德比天性更高，但並不與天性相背，其實是為了更好地發展天性。因為「群」與「己」都得到保障，每個人的天性才能夠更充分地發揮。所以提倡道德也決不是、決不須消滅天性，宋儒「存天理，滅人欲」之所以不通就是不明此理。「存天理」是為了更好地滿足「人欲」，絕不是為了消滅「人欲」。「天理」即從

「人欲」見之，無「人欲」則無世界，「天理」又何所用之？文革中「狠鬥私字一閃念」，其實就是宋儒「存天理，滅人欲」的翻版，歷史已經證明了它的荒謬。

天性比道德更強而有力，是不可違抗的，道德表面上與天性抵觸而深層則是天性的守護，只有理性高的人類才可明白此點，但仍須教育。

孔子並不反對天性，他感歎的是沒有人徹底明瞭道德之重要，沒有人把道德發揮到如天性一般的強度，人的理性很少能達到如此的高度。孔子此語的原意是說：「好色」很自然，如果一個人「好德」也跟「好色」一樣，該多好啊，那才是真正的「人」啊。後世有些人把孔子的話歪曲為好色是不好的，好德才是好的，結果只是造成許多口是心非的偽君子而已。

《大學》云：「所謂誠其意者，毋自欺也。如惡（音務）惡（讀本音）臭（音嗅，氣味），如好（讀去聲）好（讀本音）色。」也是同樣的意思。討厭惡臭（即臭味），喜愛好色（即美色），是人的本性，難道有人喜歡大便討厭鮮花的嗎？如果硬要這樣說（的確有人這樣說，只是不如此直白而已），那只能是自欺，而目的是為了騙人。可惜這個世界上自欺欺人、口是心非的偽君子還並不少呢。

原始儒家並不諱言「好色」，除上引兩例外，亞聖孟子也說過：「好（讀本音）色，人之所欲……知好（去聲）色，則慕少艾（年輕的美女）。」可是不知什麼時候開始，「好色」兩字卻變得聲名狼藉了。被人罵為「好色」是很難聽的話。戰國末年楚國有個叫宋玉的寫了一篇《登徒子好色賦》，說登徒子的老婆很醜，而登徒子居然跟她生了五個孩子，是「好色」，其實登徒子根本沒有資格被稱為「好色」，以孟子的標準來看，他恰好是不知「好色」為何物，登徒子不過是性欲強旺而已。登徒子誤背了兩千年的「好色」之名，而「好色」也與「性欲強旺」劃上了等號，「好色」這兩個字大概也就從那個時候起跟著倒楣了。其實，豈但「好色」是人之天性，就算「性欲強旺」也不是什麼醜事，「飲食男女，人之大欲存焉」（孔子語），性欲強不過跟飯量大差不多，有什麼好指謫的呢？宋朝理學興起以後，既然要「存天理，滅人欲」，那麼誤與「性欲強旺」劃上等號的「好色」自然就變得更罪過了，正人君子避之惟恐不及。然而，人的天性是多麼頑固，老天爺既然不想消滅人類，也就不會去掉人類「好色」的天性，嘴裏罵「好色」而心裏嚮往「好色」的偽君子在中國社會裏多得去了，魯迅《肥皂》中的四銘正是一個這樣的典型，難怪他老婆罵他：「『咯支咯支』，簡直是不要臉！」活該。

2008、12、12

談送禮

九月十日是大陸的教師節（不清楚為什麼定這一天），後天，即九月二十八日，是臺灣的教師節（孔子的生日），所以最近常常收到一些我兩岸的學生們發來的短信，或送來的小禮品，我都很開心。近來報紙上有不少文章討論學生到底該不該給老師送禮，有說該送的，有說不該送的。我是贊成派。學生當然應該給老師送禮，就好像兒女給父母送禮一樣，這再自然不過。對養你教你的人，在適當的時候送些禮品表達自己感激的心意是必要的，如果連這點表示都沒有，這個世界就未免太冰冷無情了。冰冷無情的世界是不適合居住的。和諧社會必須首先要有溫情，溫情都沒有的社會是和諧不起來的。

人是符號的動物，人之區別於其他動物，就是人會使用符號。語言和文字是人類使用的符號中最重要的符號。符號的功能在於它能夠表達意義。人類的了不起就因為他能夠運用各種符號來表達思想與感情。思想與感情是不具象的、看不見的，符號的作用就在於把這種不具象的、看不見的思想和情感變成具象的、可以看見的符號。思想和感情是稍縱即逝不能保存的，而符號卻可以保存。人類使用符號就可以打破空間和時間的局限，而將看不見的、無法保存的思想、情感傳遞到遠方，保存到後世。這就是人類文明能夠不斷向前發展的原因。其他動物不會使用符號，所以其他動物就只能永遠靠本能生存，而無法發展自己的文明。鳥的祖宗不懂得把造巢的方法和經驗用符號表達出來（鳥的叫聲也能表達一些簡單的情感和意義，這裏暫不討論），以供遠方的鳥和後代的鳥學習、借鑒，所以現在的鳥巢還跟一萬年前的鳥巢沒有兩樣。人的思想感情需要表達，如果不表達，那麼其他的人和後來的人就不能知道，那也就跟鳥相差不遠了。禮物也是一種符號，是用來表達感情的。從來不說「我愛你」和「我感激你」，也從來不送任何禮物給所愛和所感激的人，而自辯心裏多愛多感激，不僅無法令人信服，也沒有任何價值，你的愛你的感激也就等於零。

所以你愛一個人，感激一個人，一定要表達出來，或用語言，或用行動，或用禮物。總之，你得通過一種符號表達出來，它才有價值。像孔夫子那麼偉大的有教無類的教育家，也曾明白地說過，一個人如果要向他求教，至少要送一束乾肉（即「束脩」），否則他是不教的。因為如果連一束乾肉也不送，你就沒有求教的誠意，也沒有起碼的感激之心，我憑什麼要教你呢？

符號是用來表達意義的，但符號並不是意義本身，符號和意義之間不可能全等。禮物既然是一種符號，它是用來表達感情的，它本身並不是感情，也不能跟感情劃上等號。所以禮物的輕重並不必然跟感情的深淺相當或者成正比。孔夫子的教導難道是一束乾肉可以買到的嗎？一束乾肉只不過表達求教的誠心而已。俗話說「千里送鵝毛，禮輕情意重」，禮物的價值在於它所代表的真誠度，而不在於這禮物本身的貴賤。居陋室蓬門的原憲送孔夫子一束乾肉，如果富甲一方的子貢也只送一束乾肉，雖然都是一束乾肉，代表的真誠度卻不一樣。所以孔夫子說「自行束脩以上」，並沒有說每人都交一份相等的「束脩」，因為孔夫子要的是學生的誠心，不是搞今天的學費商品化。《詩經・邶風》有一首《靜女》的詩，說兩個青年相戀，女子放牛回來，送男子一根茅草，男子也高興得不得了，為什麼呢？因為「匪女（汝，指茅草）之為美，美人之貽」，不是茅草多麼漂亮，而是它是女子送的，代表了她的感情。

中國自古是禮儀之邦，中國傳統文化中的主幹儒家就最講究「禮」，五經中就有《禮記》一經，當然這個「禮」含義很廣，並不單指禮物，但也包括禮物在內。但是到了今天，中國人卻忘掉了「禮」的含義，也不懂得怎樣送禮，在送禮受禮的問題上，能夠把握適當分寸的人，已經不多見了。有的人反對送禮，認為凡送禮都有諂媚賄賂的成分在內；有的人吝於送禮，不懂得感情需要表達；也有人亂送禮，或者把送禮真當成賄賂。受禮的人也常常忘記禮物只是一種符號，卻斤斤計較禮物的輕重貴賤，以此來決定關係之遠近以及回報之多寡。各走極端，非狷即狂，很少人能做到「中庸」，恰到好處。而一向被中國人視為蠻夷之邦的西方，在送禮受禮的問題上反而做得比我們中國人妥當。老美喜歡搞 party，發起 party 的人如果沒有特別說明「不要帶任何東西」，那麼一般受邀的人都會帶點小禮物，或一瓶紅酒，或一個自製的蛋糕，很少有人空手而去，也很少有人送不適當的重禮。我在美國讀書的時候就常常感歎，為什麼我們中國人反而不如老美懂禮呢？

2009、9、26

論「淡泊名利」

「淡泊名利」是句好話，這話常常出現在名人的傳記，特別是悼詞或誄文中。但也常常使人起疑，一個真正無名無利的平頭百姓，是沒有人說他淡泊名利的，而一個大人物或者至少一個名人明明已經是大大的有名有利了，卻要說他「淡泊名利」，多少總有些使人覺得滑稽。更有人把淡泊名利拿來自我吹噓，甚至說成是不要名不要利，就不僅滑稽，簡直可惡了。

考古聖先賢，並不諱言名利。孔子對名很重視，子路問他為政的步驟，他說第一件事就是要「正名」，子路笑他迂，他把子路給狠狠罵了一頓。孔子又說「四十五十而無聞焉，斯亦不足畏也矣。」又說「君子疾沒世而名不稱焉。」這就明明是提倡人要出名，一輩子默默無聞是可恥的。作為儒家中心宗旨的「名教」就是「制名以為教」，可見名在儒家學說中的重要性。孔子也不諱言利，他雖然有教無類，誨人不倦，但是也明明說至少要收一束乾肉（束脩）做學費。墨子則公然提倡功利主義，這就不用多說了。真正比較反對名利的是道家，老子提倡無名，莊子討厭講利。但老子之不講名利其實是以退為進；莊子的不講名利則比較真誠，但莊子的忠實信徒是不適合生活在這個世界上的，只好做隱士。儒家到了孟子，為了突出「義」，開始排斥「利」，所以「義利之辯」就漸漸變成後世儒家的一個重要命題。其實「義」和「利」在根本上並不是像字面上那麼對立，「義」說到底還是「利」，只不過不是一人之利，而是社稷之利，百姓之利而已。

漢朝的董仲舒主張「正其誼（義）而不謀其利」，已經有點迂，到了宋儒「存天理滅人欲」，有些人把名和利說成是與「天理」對立的「人欲」，是應當消滅的，這就有點荒謬了。近人蔣經國有一副對聯說：「計利要計天下利；求名當求萬世名。」這話倒是又通達又偉大。

看來名和利的問題還真有好好說一說的必要。人們需要衣服來遮掩自己的「醜陋」，赤裸裸的身體（尤其是生殖器）總是令人難以面對的。為了文明與禮貌，這或許是必要的，但因此就否定裸體之美甚至進一步否定身體之重要，那就荒謬透頂了。名和利的問題，有點與此類似，赤裸裸的倡言名利，的確有點令人討厭，但誰又能否認名利對於人的重要性？我們一生所做的事除了愛情（注意：不是婚姻，也不是偽愛情）以外幾乎無一不跟名利有關，不是求名就是求利，或者名利兼求。古人說「世人熙熙，都為名來；世人攘攘，都為利往。」實在是一語道破實情。求職、升職、升等、升官、提薪、發財、讀書講成績，比賽爭排名，哪一樣同名利無關？哪一個人敢說「我不要」？所以求名求利乃是人生常態，沒必要遮遮掩掩。故作遮遮掩掩之態的人，往往是瞄著更大的名和利，再不就是酸葡萄。特別是對那些叫人家淡泊名利自己卻一點也不淡泊的人，切不可受騙上當。

這樣說來，你就是公然提倡爭名逐利囉，你就是反對淡泊名利囉？是又不然。我只是認為人生在世求名求利本是常態，用不著遮遮掩掩作偽君子，但這並不等於說我認為名利是人生最重要的東西。名利對人的確重要，但要認識到名利的重要性與價值有其限度，人生還有比名利更重要更有價值的東西，例如人格、正義、愛情、健康與快樂。人生如車，名利像兩個輪子，人格、正義、愛情、健康與快樂則是坐在車上的主人。沒有輪子，人生不能驅動，但車上的主人卻更加重要，忘記了主人，整個的車都沒有意義，輪子的有無就更不重要了。可惜世上的人卻常常只看見輪子看不見主人，重視輪子而輕視主人，甚至為了保全輪子而不惜傷害主人，這可真是本末倒置了。如果把淡泊名利理解為不要名利，或者把淡泊名利拿來自我吹噓，做爭名逐利的遮羞布，那我是反對淡泊名利的。如果把淡泊名利理解為認識名利有其價值限度，並且懂得要用正確的手段來取得名利，那我是主張淡泊名利的。日前偶撰一聯，竊以為可表鄙意，謹錄如下，聊博知者一笑：

錢夠用即可，多多未必善；
名有聞足矣，皦皦則易汙。

2009、2、4 立春

論人之相處是處意見不是處身體

關於愛情，臺灣青少年中有一句時諺，說：「身高不是距離，年齡不是問題。」聽者一笑，覺得不過是小孩子們的順口溜，好玩而已。小孩子們呢，也確實是掛在嘴邊說說，真正實行者還是不多。此語近年傳到大陸來，成了一句時髦的調侃語，沒人當真。每閱報上的徵婚啟示，往往第一個條件便是：身高須在一米七以上，接下去就是：年齡須在三十至四十之間。可見身高並非不是距離，年齡並非不是問題，尤其是當要結婚的時候。其實還有更重要的問題——工資、房子等等——可以統稱為麵包問題，只是有時候不便說得太白而已。

其實我是非常贊同臺灣青少年的時諺的。那些把身高、年齡列在徵婚啟示的前二位的人，可以說根本不懂愛情的真諦，甚至也不懂得人生的真諦。這些人之所以落得要靠徵婚啟示來找老婆、找丈夫，就是在愛情、婚姻、人生的問題上太幼稚了。

如果說身高、年齡跟性欲有關係，那倒是還有點道理。一個正常的男人，看到一個身材苗條正當妙齡的少女，很容易產生性的衝動。反之亦然，一個正常的女孩，看到一個身材偉岸年富力強的男人，也容易產生性的衝動。英文當中有一個詞特為描寫這種肉體的吸引，謂之「sexy」，中文譯為「性感」，是譯得不錯的。但是，「性感」、「性的衝動」乃至「性」本身，都顯然並不等同於愛情，更不等同於婚姻。性、愛、婚姻三者有密切的關係，但並不是一回事，許多人卻常常有意或無意地把它們混為一談。身高、年齡頂多跟性有關係（何況還不見得），跟愛和婚姻關係其實不大，我們什麼時候看到，僅僅因為身高和年齡合適，而愛情美滿婚姻幸福的？我們又何時看到，情人分手夫妻離婚主要是因為身高和年齡不合適的？有人斷定，唐玄宗跟楊貴妃之間沒有愛情，又嗤笑翁帆嫁給楊振寧是圖名圖利，倘若一個高挑的女人偏偏嫁給一個矮個子男人，就更不知道有多少人在背後指指點點（馮驥才有一篇題為《高個子女人和她的矮丈夫》的小說，不妨一讀），這不僅是狗咬耗子，簡直就是暴露自己對人生的淺薄無知。

人之相知，貴在知心，不在知手知足知年齡。人之相投，貴在情投，不在手投足投年齡投。人之相合，貴在意合，不在手合足合年齡合。所以漢語中有「知心」、「知己」、「情投意合」等語，無「知身」、「知體」、「手投足合」之詞。人之相交，從朋友以至夫妻，心知意合則可以終生相守，心不知意不合，即使相對五分鐘都嫌多。所謂「酒逢知己千杯少，話不投機半句多」，一點都不誇張。

康有為在《大同書》中論及孝難慈易，有幾句話說：「孝難慈易，皆因意見之故耳。不能同意見者則不能同處，能同意見者則易處耳。蓋處者，處其意見也，非處其身體也。」我非常贊同。子女最可愛的時期是孩提以至少年時代，一到叛逆的青年時代就令父母頭痛了。子女一旦和父母意見不合，要他們孝順也就很難了。歐美許多人喜歡養寵物，狗呀貓的，就是因為寵物不會講話，永遠不會跟主人意見不合。狗尤其忠順，永遠跟主人保持一致。貓有時還鬧點小彆扭，搞點獨立性。所以狗比貓更可愛，養狗的人比養貓的人更多。有些看破世情的人，或情感受過傷的人，寧肯養寵物也不要子女，或者連婚也不結，並沒有什麼不可理解的。

但男女之交，卻每每從處身體開始，倒是事實。不過，處身體只是初級階段，必然要過渡到處意見的高級階段。初級階段往往比較容易通過（當然也有例外的），高級階段則往往不易維持。從初級階段過渡到高級階段，如果不能實現「軟著陸」，婚姻就會出狀況了。「七年之癢」（現在已變成「三年之癢」了）之所以常見，很多人都怪罪於人性（尤其是男人）的見異思遷，依我看來其實是兩階段之間沒有對接好，沒有把身體上的「如膠似漆」發展成為情感上、意見上的「情投意合」。兩個人如果情投意合，那麼身高跟年齡之類的問題都會變得不重要了。反之，如果不能把身體上的「如膠似漆」發展成為情感上、意見上的「情投意合」，則即使女的美如西施，男的貌比潘安，也免不了有「審美疲勞」的一天。有部美國電影《美得過火》（You Are Too Beautiful For Me）寫一對珠聯璧合的中產階級夫妻，結婚數年之後丈夫還是出了軌，而最令女主角憤憤不已的是，那個「野女人」竟然比自己醜得多。她百思不得其解，問男人：「難道我比不上她嗎？」男人說：「不，你是太完美了。」其實，他們的問題跟美不美無關，跟身體無關，他們的問題出在，處身體好沒有發展到處意見也好。「七年之癢」大抵皆屬此類。

但身體看得到，意見卻看不到，身體是硬體，意見是軟體，硬體建設可以立竿見影，軟體建設卻曠日持久。常人只重視硬體而不注重軟體，有遠見卓識的人才會深刻懂得軟體的重要。但麻煩的是，這軟體是兩個人的，不見得能相容，即使開頭相容，而你建他不建，你建得快他建得慢，也會慢慢變得不相容了。世上佳偶少而怨偶多，或本是佳偶卻變成怨偶，其原因蓋在於此，而無關乎身高與年齡，也無關乎美與不美。報上常見有女子砸千金以整容，來挽救瀕臨破產的婚姻，實在是病急亂投醫，根本找錯了方子。

2009、9、3

如何維持激情過後的婚姻

如果不想欺騙自己，那我必須說我對婚姻感到灰心而且寒心。我這裏說的婚姻並不是特指，而是泛指，指所有的婚姻，指普遍的婚姻。請正視一下我們自己的婚姻狀況，也冷眼看看其他人的婚姻狀況，上下左右，到底有多少婚姻是堪稱幸福美滿的——雖然這樣聲稱的人或稱述別人的人也頗不少，但其實大家都明白，那往往是客套、應酬、要面子，敷衍別人，也敷衍自己。「我下輩子還要和你做夫妻」，是的，確有這樣的人，但是到底有幾個？占全部比例的百分之幾？如果大家都誠實的話，我看連百分之一都沒有。我們不得不承認大多數婚姻之所以維持著，往往並非情感的因素，而是其他的社會因素：財產、職業、子女、父母、親戚朋友，甚至僅僅只是遷就自己的惰性，「懶得離婚」，如諶容的一篇小說中所說的。

我承認我是一個婚姻的悲觀主義者，我實在不大看好婚姻這種制度，我甚至認為，婚姻也和政府一樣，如西方的哲人所說的是一種「必要之惡」（necessary evil），至少在目前是我們無法改變而只能忍受的一種制度。除了原始社會以外，古今中外的人們都生活在婚姻這種制度之中，鮮少例外。可不可以設想人類沒有婚姻制度而仍能順利地繁衍下去呢？不是沒有人想過，例如我們中國近代的思想家康有為就曾經在他的《大同書》裏設想過未來的大同社會是沒有婚姻制度的，男女憑契約同居在一起，而且為期不得超過一年（當然雙方同意可以續約），屆時就得換伴侶，生下的子女則由社會設幼嬰院公養之。其實這倒是一種比較符合人性和人道的辦法，可惜是現在還無法實現，不過在某些發達國家已頗有嘗試這種辦法的趨勢，報載在法國社會目前已有43%的男女選擇同居而不結婚，看來康老先生的設想也並非是不能實行的和遙不可及的烏托邦。不過這個辦法要在目前的中國實行起來還是相當困難的，至少我們這輩人不大可能看到。

那麼我們怎麼辦呢？在新的制度到來之前我們有沒有辦法使我們的婚姻變得美好一點？或者說差強人意一點？或者說可以忍受一點？

大抵婚姻出現問題很少是在新婚不久之後，西方說「七年之癢」，男女的激情平均可以維持七年左右，在這七年之內婚姻狀況是不會太糟糕的，不過現在西方科學家已經把這期限縮短到三年，甚至據說有一年半的，好像這「癢」也同我們社會的發展速度成正比。這不難理解，婚姻的雙方猶如行駛在海面的兩艘船，要美滿和諧，就必須方向一致，速度一致，但兩艘船各有各的發動機，各有各的舵手，如何能夠長久地保持方向和速度一致呢？這幾乎是一個「不可能的任務」（impossible mission），最佳的解決方案是去掉一條船的動力系統，綁在另一條船的後面成為駁船，這樣就和諧美滿了。如果辦不到也至少要使一條船成為另一條船的附庸，跟在後邊，隨時調整自己的方向和速度以配合前面那條船。舊式的婚姻往往比今天的婚姻更穩定，其原因蓋在此。不過這是以犧牲女人的權利為代價，而今全世界女權高漲，有多少女人甘願做附庸呢？所以新式婚姻比舊式婚姻更不穩定也就不足為奇了。世界越前進，男女越平等，個體意識越強烈，離婚的速度也就越快，這大概是不難預測的。

面對這種現實，既不能改變婚姻制度，又還想建設一個較穩定的婚姻關係，在我看來這只有調整我們的觀念一法，即我們對婚姻要有一種新的看法。今天的婚姻應該是兩個平等獨立的人建立在情感基礎上的合作關係，而非隸屬關係，雙方在婚前是平等的，各自具有獨立的人格、思想與情感，這一現代文明人的本質特徵，不應因為婚姻而改變，即兩個人結婚之後應當仍然是平等的，且也應當各自維持自己獨立的人格、思想與情感。所以，婚姻中的任何一方無權要求對方屈服於自己的意志，也無權視對方為自己的「禁臠」，不僅應當承認、而且應當尊重對方的獨立人格、思想與情感。婚後的男女雙方應當仍然享有各自的經濟自由與社交自由，包括結交異性的朋友在內。唯有這樣婚姻才不至於成為雙方或一方的監獄。

時代變了，但是許多人，至少我們中國人的大多數，觀念卻沒有變，總是在不同程度上視婚姻為一種隸屬關係，而且許多人認為這是理所當然，因為據說愛情是排他的、自私的、獨佔的。這顯然是一種不文明的落後觀念。愛情是不是天然地具有排他性、獨佔性？這問題本身就值得討論，至少並沒有誰提出過確切的科學根據。雖然在男女相悅的時候，的確會說出「我是你的」這一類的話，但那只是激情中的囈語，至少只是主觀的意願，並非客觀的事實。其實任何人都不應當隸屬於其他人，每個人在人格上都是獨立的，在思想和情感上都是自由的，這是現代文明人的起碼標誌。視婚姻為隸屬關係則必然導致婚後一方或同時雙方都失去獨立與自由，生活在一種被監視的狀況之中，於是婚姻便從甜蜜的天堂逐漸異化為可怕的監獄，甚至地獄，而一切婚姻的悲劇與婚姻暴力實皆導源於此。唯有視婚姻為平等的合作關係，互相尊重對方的獨立人格，尊重對方的經濟與社交自由，包容對方的缺失（包括所謂的「感情出軌」），才能使激情過後的婚姻得以維持相對的穩定。

這或許只是一個折中的辦法，而非徹底解決問題之道，但是我們既無力改變現存的婚姻制度，那便只有改變我們的婚姻觀念，如果既不能改變制度又不想改變觀念，那就只有離婚或是待在監獄中繼續忍受煎熬了。

2009、4、9

出名未必要趁早

張愛玲有句名言：「出名要趁早」。隨著我的老師夏志清先生捧紅了張愛玲之後，這句話也幾乎變得家喻戶曉。開始還只是在臺灣流行，現在則兩岸都很時髦了。尤其是在文藝圈中，更是被許多人奉為圭臬。

我也欣賞這句話，因為她說得坦白，不做作。其實很多人都想說，但沒有張愛玲那個膽量。同時這句話也說得很實在，名出得早，利跟著來，一生風風光光，當然比無名小卒要精彩得多。如果名出得晚，雖然總比不出名要好，但畢竟是甘蔗已經啃到根部，甜則甜矣，無奈所剩無幾何。尤其是現代某些行業，出名不早，則簡直沒有戲唱，例如模特、運動員、演員，晚了，就花枝凋零，風華不再，只能改行作別的。

最重要的還是人生年光有限，少壯能幾時？若不趁早揚名，則「年一過往，何可攀援？」（曹丕語）設想曹丕四十歲還沒有當皇帝，歷史上就沒有魏文帝了；設想諸葛亮二十六歲還沒有出山，三國的形勢可能就大不一樣，諸葛亮本人能否成為「萬古雲霄一羽毛」，恐怕也大可存疑；設想王弼二十四歲尚未注《老子》《周易》，恐怕中國歷史上就少了一個名列前幾名的偉大哲學家了。這種例子舉不勝舉，尤其在「人生七十古來稀」的舊時，人若出名太晚，說不定就永遠沒有機會了。太公八十遇文王，古今兩三千年畢竟也只有這一例啊。

但是張愛玲這句話可質疑的地方也很多。且不說出名早晚並非能由你自己說了算，更令人起疑的是，就算出名早了，就真那麼好嗎？且以張愛玲自己為例，她的《傳奇》出版時名聲鵲起，那時她還不到二十四歲，出名不可謂不早矣。但令人意外的是，張愛玲此後的歲月過得一點都不幸福。飄零異國，窮死他鄉，遺體幾天以後才被人發現。而最最令人遺憾的，是她在文學上似乎也江郎才盡，再沒有出現過什麼驚世的作品。說得刻薄一點，如果她在二十五歲就死掉，幾乎絲毫不影響她在中國文學史上的地位。張愛玲並不是一個孤例，古往今來這樣的例子還不少，張愛玲總算是有成就的名家，更多的人是像彗星一樣，只是眨了一下眼就不見了。「小時了了，大未必佳」，真還大有人在，古之仲永，今之寧鉑，皆令人慨歎不已。

還有，人出了名，好處固然不少，但壞處似乎也同樣地多。第一條，是很容易成為眾矢之的，雅一點說是「譽滿天下，謗亦隨之」、「木秀於林，風必摧之；堆高於岸，水必湍之」。俗一點說就是「人怕出名豬怕壯」、「槍打出頭鳥」。第二條，是掌聲多了，鮮花多了，常常生活在鎂光燈下，如果定力不足，難免飄飄然，昏昏然，顧盼自雄，忘了自己到底有幾斤幾兩。第三條，是開會多了，握手多了，電話多了，名片多了，從此失去了自我的空間，更無法潛下心來再讀點書，加點油，充實一下自己。出名前就飽讀詩書，志剛氣足，像孔明那樣，以後即使不再讀書（這樣的人反而會繼續讀書），也無大礙。如果出名之前準備做得不夠，志大才疏，出名之後不再加油，其結果就免不了變成趙括或是馬謖。第四條，即使純粹從自我的角度看，出名太早也未見得是什麼很好的事。一個人出名之後，往往變成公眾人物，從此失去隱私，走在路上被人指指點點，好像很出風頭，實則不勝其煩。尤其是演藝圈的明星，總免不了成為狗仔隊的捕捉對象，叫你無所逃於天地之間，連跟異性摟抱一下也立刻成了緋聞。那種生活實在只能用四個字形容，叫「不堪忍受」。

有人會問，照你這麼說來，人出名不早不好，早了也不好，那麼到底如何是好？我的回答是：早一點出名或晚一點出名，其實不是問題的關鍵，問題的關鍵是，要出名就要出實名，即根底扎實的名，有真才實學的名，是實至名歸的名。不能出虛名，出假名，出浮名（汙名、惡名則不在此文討論之內）。至於出名的早晚，就隨緣吧，不必太急，甚至出不出名也都不必太在意。陶淵明說：「不戚戚於貧賤，不汲汲于富貴。」孔子說：「不義而富且貴，於我如浮雲。」又說：「富而可求也，雖執鞭之士，吾亦為之。如不可求，從吾所好。」我想對年輕的朋友說，抓住少年時光，切實充實自己最要緊，是金子總會發光，是花總會開。「不患人之不己知，患其不能也。」「不患莫己知，求為可知也。」「不患無位，患所以立。」（皆孔子語）千萬不可為了出名，不擇手段，背叛自我，委屈自己，那就比不出名還要糟糕。

2009、6、19

如何賣自己

這個題目是從洋文（How to sell yourself）硬翻過來的，所以中國人聽起來未免有點不入耳，在歐美則是很普通的，甚至可以說是很流行的。其實在今日之中國，這話雖不好聽，但這話所代表的事實卻已經很普通，甚至很流行，說不入耳，說難聽，恐怕還是有點面子觀點在作祟，在中國有許多事是只能做不能說的，「賣自己」也屬此類。但以西風東漸之速，我預料不久的將來「賣自己」三個字也會漸漸變得入耳起來，好聽起來。

中國傳統上是一個重農輕商的社會，商為四民之末，所以中國人向來好像不喜歡「賣」字，跟「賣」聯在一起的詞語，幾乎全是負面的，如賣友、賣交、賣國、賣笑、賣身、賣直，無一不是貶詞，至於「賣自己」，更是不可思議，所以從來就沒有這種說法。古語說：「自炫自媒，乃士女之醜行。」自炫自媒都是醜行，何況自賣呢？如果真的非說不可，也要說得文雅一點，最好不要用這個「賣」字，例如《孟子．萬章篇》有句話說：「自鬻以成其君，鄉黨自好者不為。」這裏自鬻就是自賣，雖然古雅一點，但也不是什麼好詞。至於孔夫子講的「沽之哉，沽之哉！我待賈者也。」這個「沽」也是「賣」，這裏的待賈而沽，倒真有點賣自己的味道，但這話是自比為美玉，待賈而沽的目的是求見用於世，以便為人民服務，跟後世說的「學成文武藝，貨與帝王家」，意思差不多，但也畢竟不好簡約為「自沽」、「自貨」。當然，如果你真是孔夫子那樣的大聖人，或是岳飛那樣的大英雄，即使自沽自貨，甚至自鬻自賣，也都無不可，那是可以「又當別論」的。

近年來中國社會進步神速，已從農耕社會邁進了（或正在邁進）商品社會，要發財就要靠做買賣，令人豔羨的大款都是商人或準商人（「準商人」是我發明的詞，泛指那些雖非商人卻也靠買賣發跡的人），風氣所被，無論是文人雅士，販夫走卒，人人都勇於自炫自媒，自沽自貨，乃至於自鬻自賣，朋友們、同夥們也跟著起哄，凡女人（只要不是雞皮鶴髮）都稱為美女，凡男子（只要不是兩袖龍鍾）都稱為帥哥，能寫幾個大字就是書法家，讀了幾本古書就是國學大師，總之，好像人人都是一塊美玉待賈而沽，令人有滿街都是聖人之感。最好玩的是政客，尤其是靠競選為生的臺灣政客，那股自炫、自媒、自沽、自賣的勁兒真叫人佩服不已。我在臺灣就接過一張競選人的名片，是三折的，兩面都是「光榮履歷」，第一條就駭然寫著「某某幼稚園歌舞比賽第一名」，接著是「某某國小百米賽跑第二名」，如此等等，真是美不勝收。還有一位競選人，競選廣告上注明是「謝東閔（臺灣前副總統）的外孫的表哥」，至於「陳水扁的學弟」、「呂秀蓮的學妹」之類，那幾乎就隨處可見。敬歟盛哉，臺灣人才之多也！

我有時覺得自己未免有點古板，有點不合時宜，既然中國社會已經從農耕社會進入到商品社會，買賣就是最常見的事，什麼都得買，也就什麼都可以賣，「自己」為什麼就不能「賣」呢？民主社會本來人人都是聖人，孔夫子既然可以待賈而沽，我們自然也可以。何況既然生活在商品社會中，何人又能自外於買賣？整個社會都在賣，你自然也得跟著賣，你要想不賣都不行。比如說要找工作，就得寫一份漂亮的履歷，告訴別人自己有多少亮點，如何值得買，否則老闆怎麼會雇你？就是貴為大學教授，每個學期也都會接到一大堆表格，要你做自我評價，這些表格細到參加什麼學術活動、在活動中扮演什麼角色（例如主持、發表論文、講評論文、參加座談等）、有何表現等等，全要密密麻麻地繕寫，你如何能不自炫自賣？你想不自炫自賣都不行。我有一次煩了，在一列橫欄的表格中，豎著大寫四個字「記不得了」，事後想想，覺得未免太意氣用事，自己雖然快意，在別人眼裏，只會得到「狂傲自大」四個字的評語。而且再想想，你畢竟是教授已經升到了頂，才敢如此放肆，如果是個小青年求職，你還敢不借此把自己好好地炫耀一下，論斤論兩地自賣，以求得個好價錢？

所以我現在鄭重地勸告年輕後生，一定要學會如何賣自己（You have to learn how to sell yourself），這是商品社會的規律，沒什麼好臉紅的。何況你賣的是自己，總比賣假藥、賣黑心豬肉、賣毒品要好，比賣官鬻爵、收受賄賂更不知要好多少倍。當然你如果格外要好，最好在賣自己的時候也做一個誠實的商人，是幾斤就幾斤，不要摻水，是什麼貨色就什麼貨色，不要假冒偽劣。是孔子便自稱美玉，是岳飛就自稱好漢，用不著太謙虛。怕的是以陽貨而自稱孔丘，以李鬼而自稱李逵，那就不是太好，因為假話總有穿幫的一天，到那時就未免有些臉上掛不住了。

2009、6、3

借不望還，施不望報

人生在世，如何處理錢財，是一個必須學習的課題，許多痛苦，甚至災難，皆因錢財處理不當而起。我想講兩個我自己的小故事，來談談我在錢財問題上的態度，或可供青年朋友們參考。

我在臺灣政治大學教過一個馬來西亞的僑生，叫廖冰凌，是個女孩子，長得不算漂亮，成績也不特別優秀，所以我教了她一年卻沒有什麼印象。有一天一個姓鄭的女生來找我，也是馬來西亞的僑生，這學生因為原來找過我幾次，所以比較熟悉。她走進辦公室坐下來，嘴巴囁嚅著，一臉難以啟齒的神色。這孩子出身貧苦，一邊念書，一邊打幾份工。我以為她有什麼事要找我幫忙，就說：

「茱莉，你有什麼事就直說吧。」

不料她一開口卻說：「老師，你記得廖冰凌嗎？」

「印象不深，怎麼了？」

「她被英國愛丁堡大學研究院錄取了。」

「是嗎？那很好啊！」

「好什麼好，她沒錢去念。」

「為什麼呢？」

「她父親年輕時代是一個激進的大學生，後來被學校開除，從此流蕩半生，一直找不到一個好職業，前幾年病死了，母親也多病，姐妹三個，連生活都有問題，如何拿得出學費去英國讀書？她媽媽到處向親戚借貸，到現在還差十萬塊（新臺幣），她媽媽昨天趕到臺北，母女倆抱頭痛哭，想不出辦法，不知老師可不可以幫她們的忙？」

我聽了很訝異，不是為冰淩感到難過，而是為茱莉的仗義而感動。十萬塊，也不算一個小數目，是我當時一個半月的薪水，不過我是拿得出來的，就答應她：「可以。」朱莉說冰淩的媽媽會親自來找我。

第二天上午，一個中年婦女走進了我的研究室，瘦瘦的，皮膚黑黑的，是典型的馬來西亞華僑。她說明來意，滿臉是羞愧的神色，連說不好意思，「我們將來一定還給老師。」我從抽屜裏拿出準備好的一疊鈔票給她，她堅持要寫個借條，我說不必，但她還是寫了。

七年以後，冰淩在愛丁堡大學完成了碩士學位，又轉到新加坡大學拿到了博士，最有趣的是，她居然又回到臺灣，在臺灣找到一個大學教職。有一天她突然打了一個電話約我吃飯，談到這些年來的求學經歷和家庭狀況，然後鄭重其事地從提包裏拿出一個厚厚的信封，交到我手裏，說：「老師，我很慶幸自己沒有辜負你的期望，今天終於可以把這筆錢還給你了。」那時我正患憂鬱症，常常心情低落，那天晚上卻居然覺得很高興，為冰淩，也為自己。其實這筆錢我早就忘記了，現在拿在手裏倒像是發了一筆小財。

還有一件事也發生在那件事前後。一天我突然接到一個老朋友從大陸打來的電話，說他因為正在做一筆生意，需要三萬塊美金（相當於新臺幣一百萬元，是我當時一年的薪水）周轉，問我能不能借給他，他說很快就可還我。我當時手頭上也還可以擠得出來，但是我覺得倘若這位朋友生意失敗還不起，我很難接受這筆損失，所以我對他說：「你最好想別的途徑調資金，你知道我不做生意，手頭錢有限。當然萬一你實在周轉不來，你再打電話給我，我再想想辦法，看能不能幫你一部分。」後來那位朋友沒有再打電話來，可能是他已經通過別的途徑借到了錢，或者也因為我的婉拒讓他不快。我並不後悔自己的婉拒，即使因此而使這位老友不快，也就只好如此了。幸而這位朋友也理解我，我們的友誼並未因此而受損傷。我後來想如果我當時勉強借給了他，而他的生意又碰巧失敗了，我們的友誼恐怕也就難以為繼了。

在這兩件事上，我處理的態度不同，但原則是一樣的。我對於錢財的態度是：只要錢出了我的手，我就不指望它再回來。所以錢如果數目太大，不是我所能損失的，我就寧可不借。如果不是借錢，而是送禮，或者資助，我的原則也是如此，必須在我所能損失的範圍之內，但一經拿出，我就再不去想它了，絕不指望回報。打腫臉充胖子，講哥們義氣，明明損失不起，卻又心不甘情不願地借出去，借出去之後還念念不忘，還錢慢了就心生怨恨，在我看來這是既折磨別人又折磨自己的極不明智的事情。尤其是送禮或資助，心心念念想著別人回報，而且最好是回報超出自己送出的，那跟做生意、買股票有什麼區別？有一句話說：「助人為快樂之本。」但如果是這種助法，那收穫的就不是快樂而是痛苦了。

借而望還，不如不借；施而望報，不如不施。這是我在錢財問題上的一個基本態度。

2009、8、21

人不可自滿，但可以驕傲

喜歡評論人物大概也是人的天性之一，普世皆然。但中國人好像特別擅長此道，傳統源遠流長。漢末魏晉時代，此風最為發達，還出了不少專家，專以評論別人為職業。例如著名的許靖許劭兄弟，就非常認真地把評論人物當作事業來做，不僅給鄉黨人物一個一個做出評語，還要每個月根據這些人物的表現更改評語，這就是有名的「月旦評」。甚至連曹操這樣的梟雄在沒有出名之前，都要纏著許劭給他下個評語，這樣就有了「治世之能臣，亂世之奸雄」這兩句名言，一直流傳至今。沒想到這種傳統到了近代大有發展，月旦評已經被系統化、組織化、現代化，我們每個人從小到大，幾乎要不斷地經過層層疊疊的、花樣繁多的月旦評，小到班主任的評語，大到單位鑒定、組織結論，莫不是月旦評的一種延伸。

我對這一類的月旦評向無好感，但想要避免卻幾乎不可能。公開的月旦評倒還沒有什麼，最恐怖的是那些秘密的月旦評，你完全不知道它說些什麼，卻掌握著你的生死大權，而且被密封在一個牛皮紙袋裏，跟著你的屁股走到天涯海角，如影隨形，到死方休，甚至到死不休，簡直沒完沒了。文化大革命當中為了批判牛鬼蛇神，這些秘密的月旦評往往有意無意地被寫到大字報上，我這才知道，我長久以來一直是有特務嫌疑的內控對象，簡稱之為「特嫌」。這樣的東西真是百口莫辯，你自己根本無能為力，它卻可以讓你一輩子觸盡霉頭。此類事恐怕是無法可想，只要人類一天不終止戰爭和權力爭奪，大概也就永遠不會消失，只要看中外間諜片之流行不衰，即可知矣。

如果月旦評是公開的，其實倒無所謂，本人可以分辨，他人可以查證，就沒那麼可怕了。我這個人從小到大幾乎都有一條公開的評語，怎麼甩也甩不掉，叫「驕傲自滿」。後來乾脆不甩了，但我還是要辯幾句，我覺得這個評語不僅對我很不準確，而且也不適用於其他人，因為這個評語從根本上就有問題。

「驕傲自滿」這四個字，現在常常被人連在一起使用，成了一個成語。說一個人「驕傲」，幾乎就要連帶說「自滿」，彷彿二者不可分割，竊以為這實在是大誤。驕傲就是驕傲，自滿就是自滿，二者並不必然連在一起，驕傲的人不一定自滿，自滿的人不一定驕傲。把驕傲跟自滿放在一起，好像凡驕傲的人必自滿，凡自滿的人必驕傲，其實是沒有什麼道理的。且我進一步認為，自滿是要完全否定的，人不可以自滿，自滿不會帶來任何好處，只會帶來壞處。中國最古老的經典《尚書》就說過「滿招損」這樣的名言。至於驕傲，則要視情形而定，有的時候人不僅可以驕傲，簡直就必須驕傲。

自滿是自我滿足，覺得自己的罈罈罐罐都裝滿了，再不需要增加什麼了。這就很糟糕。人的罈罈罐罐，尤其是知識的罈罈罐罐永遠不會有裝滿的時候，自以為滿了，就不再裝了，人就停止了前進，停止了進步。許多人離開了學校門就不再讀書，五六十歲了，對人生的體驗還跟二、三十歲時沒有多少區別。他們拒絕接受新的東西，拒絕更新自己的觀念，很多人對社會上出現的新詞都不理解，自己甘心做一個 LKK（「老佝佝」的英文拼音縮寫，臺灣年輕人的流行語，稱呼那些跟不上時代的老頭），這是不足為訓的。我有一個好朋友，年齡比我大不了幾歲，學問做得非常好，但直到現在連信用卡都不會用，每回取錢都要親自到銀行去跑一趟。我很喜歡他佩服他，但這一點我實在替他難過。

驕傲是覺得自己不錯，看不起別人。聽起來這當然是不好的，但其實不可一概而論。如果一個人因為富有而瞧不起比自己窮的人，或者因為自己地位高而瞧不起比自己地位低的人，或者因為自己聰明、漂亮，而瞧不起比自己笨比自己醜的人，這是不好的，甚至令人討厭的，所以孔子說：「如有周公之才之美，使驕且吝，其餘不足觀也矣。」但是，如果一個人自己是一個坦蕩的君子，瞧不起那些齷齪的小人，自己是一個正正派派的好人，瞧不起那些蠅營狗苟的壞人，這有什麼不可以呢？不僅可以，跟本就應該。如果沒有這一份驕傲，如何能夠維持自己的人格，跟小人、壞人區隔開來？同一個孔子，前面批評了驕傲（因地位、才、美而驕傲），但在另一個地方他卻斬釘截鐵地說：「噫！斗筲之人，何足算也？」對於那些如斗如筲的小人壞人，表示了極大的鄙薄。你說孔子這個時候的驕傲當不當有呢？

所以我說，人不可自滿，但可以驕傲。當然不是亂驕傲，要有可以驕傲的本錢，如果自己就是個小人壞人，而以竊取的地位、錢財驕人，這種人就連提都不值得提了。

2009、9、17

我的人生八字經

魯迅說人生在世，第一是要求生存，第二是要求溫飽，第三是要求發展。這自然是顛撲不破的真理。可是「溫飽」之後的「發展」究竟包含些什麼內容，魯迅沒說，大概是考慮到人各有志，無法統而言之。有的要當官，有的要發財，有的要出名，有的要妻賢子孝，有的想兼而有之，所謂「X 子登科」（妻子、兒子、房子、車子、位子、票子……）是也。我要的略有不同，只是八個字，不妨稱之為八字經，就是自由、快樂、尊嚴、成就。下文略加分說。

第一，**自由**。自由分兩層：首先，我要我的行為由我自己的理智與感情支配，而不是受任何其他人的指揮，除非我心甘情願。其次，我要精神思想自由，這個基本上就是陳寅恪先生所說的「獨立之精神，自由之思想。」我無法忍受任何人控制我的思想，我也無法忍受任何特定的意識形態規範我的思想。我基本上不絕對崇拜什麼人，也不絕對信仰什麼理論，如果我崇拜什麼信仰什麼，那也是經過我理智的自由選擇。我最不能忍受的就是任何人企圖干涉我的自由，包括行動與精神的自由。當然，我愛自由，別人也愛自由，我的自由以不損害他人的自由為前提。

第二，**快樂**。我認為人生的根本目的就是尋求快樂。如果人活著不快樂，那活著幹什麼呢？追求快樂與幸福絕對是每個人的天性與天賦權力。以任何途徑追求快樂與幸福都是正當的，前提是要尊重別人也有同樣的權力，所以不能以損害別人的幸福與快樂為基礎。最好的社會就是大家都快樂的社會。

第三，**尊嚴**。我的尊嚴絕不允許人侵犯，這個尊嚴講的是做人的基本尊嚴，不是睚眥必報的那種狹隘的、低層次的恩怨。誰要是侵犯了我的這種做人的基本尊嚴，對不起，我是六親不認的。

第四，**成就**。成就感對於我很重要。我是「雁過留聲，人過留名」的信徒，我覺得人既然到這個世界上來了一趟，是應該留下一點痕跡的。當然這痕跡可美可醜，比如殺了很多人，也是一種痕跡，殺的人越多，痕跡越醒目，所謂「一將功成萬骨枯」是也。我無意留下這樣的痕跡。我說的成就感是指把自己的天賦才能盡可能地發揮到最大值，充分地實現自我，別讓光陰虛度，別讓生命荒蕪，如果可能，最好能留下一點東西給後世，為我們民族的思想文化傳統加一滴水。

以上八字經只是我的追求，絕不敢說「放之四海而皆準」，也無意奢求大家跟我一致。

如果有人要問：「必不得已而去，於斯四者何先？」我的回答是：「成就。」如果一生沒有什麼成就，但是活得自由、快樂，而且有尊嚴，這也算不錯的人生了。如果再問：「必不得已而去，於斯三者何先？」答曰：「尊嚴。」有時候尊嚴受損，但還有別的東西值得我們活下去，像韓信鑽褲襠，司馬遷受宮刑，之所以不去自殺，乃是寄望有一天要死得重於泰山。如果再問：「必不得已而去，於斯二者何先？」答曰：「快樂。」因為雖然人活得不快樂不如死掉，但如果還有自由，那麼，自由中就有一絲重獲快樂的希望。如果連自由都沒有了，那就真不值得活了，「不自由，毋寧死」。

2009、8、20

寧作我

《世說新語》品藻篇有一個小故事，讀起來很有趣，原文是：

> 桓公少與殷侯齊名，常有競心。桓問殷：「卿何如我？」殷云：「我與我周旋久，寧作我。」

這故事當中的桓公是桓溫（312-373），殷侯是殷浩（305-356）。殷浩與桓溫是東晉中期的兩大名臣，一文一武，被時人視為朝庭的兩大支柱。兩個人都出身名門，年齡也差不多，兒時還是朋友，但兩人老是暗中較勁。長大後兩個人的地位名望都差不多，都一度大權在握，桓溫當了荊州刺史，殷浩則做了揚州刺史，荊揚兩州在東晉算是最重要的兩州。更有趣的是，兩人都曾率軍北伐，也都沒有成功，只是殷浩敗的更慘一些，桓溫便乘機把他奏免為庶人，使殷浩鬱鬱而終。上面那段對話究竟發生在什麼時候，難以考證，比較可能是兩人都已冒頭，但還沒有到位高權重的時候。桓溫的話明顯帶有一些挑釁的性質，殷浩的話則軟中帶硬，非常客氣地回敬了桓溫，不卑不亢，可以說是一等一的外交辭令。

關於殷浩與桓溫各有一大堆故事可說，他們二人之間也可以做一大堆比較，但所有他們的故事和他們之間的比較，都不是我這裏想要談的，我喜歡《世說》這一則的地方在於殷浩的答語：

「我與我周旋久，寧作我」，甚至這話是誰說的都不重要，我喜歡的是這句話裏所張揚的那一種堅持自我的精神（當然表達這種精神的漂亮辭令也是我所喜歡的）。

「寧作我」是不甘心作你，當然也不甘心作他，而要作我自己。在人群中堅持自我，不羨慕別人，不苟同別人，這不是一件容易的事。太多的人一輩子都沒有「作我」。其中大多數是沒頭沒腦地隨大流，簡直不知道「自我」是什麼。還有一些人則是滿腹醋意地嚮往著社會的「成功者」，隨時隨地準備修改自己，向「成功者」靠近，這種人內心缺乏自信，也沒有作人的原則，他的向「成功者」靠近並非見賢思齊，而是見錢思齊、見權思齊、見名思齊。這種人根本就沒有什麼需要堅持的「自我」，他要的不是「作我」，而是「作人」。

總之，「作我」並非一件容易的事。有淡泊之心、有作人的原則、有超然的氣概，才安於「作我」；有主見、有勇氣、有自信，才敢於「作我」。諸葛亮《出師表》中說：「臣本布衣，躬耕於南陽，苟全性命於亂世，不求聞達于諸侯。」這就是安於「作我」。他何以能這樣淡定呢？他說「大夢誰先覺，平生我自知。」這就是自信，這就是超然。正因為如此，在劉備三顧之後，他才敢於「受任於敗軍之際，奉命於危難之間」。只有安於「作我」的人才能敢於「作我」，心中有主心骨，才不會東倒西歪，也無需左顧右盼。

陶淵明以五柳先生自況說：「環堵蕭然，不蔽風日。短褐穿結，簞瓢屢空，晏如也。常著文章自娛，頗示己志。忘懷得失，以此自終。」窮到這樣，居然「晏如」，給他一個縣長（彭澤令）也不當。為什麼？因為不願「折腰向鄉里小兒」（蕭統《陶淵明傳》），因為「質性自然，非矯厲所得，饑凍雖切，違己交病，嘗從人事，皆口腹自役。於是悵然慷慨，深愧平生之志。」（《歸去來辭》序）作人的原則不能修改，「平生之志」不能屈從「口腹」，作一個縣長，權、錢、名都有了，但是卻沒了自我，所以不幹。這才是勇於「作我」、安於「作我」的極致。

我因此喜歡殷浩那句話，雖然他不如桓溫成功。

2009、6、10

卸下面具作自己

一個人活得有自信，有原則，不羨慕別人，不苟同別人，敢於「作我」，也安於「作我」，這不是一件容易的事。這個世界上有太多的人一輩子都沒有「作我」，很多人也不想「作我」，卻想「作人」——作別人、作更「成功」的人。但如果只把話說到這裏，我覺得還不夠，因為這裏還有一層更深的意思沒說到，那就是即使能「作我」，不作別人，是否就真正地作了「自己」呢？這其實大可懷疑。

是的，在我們一生中每時每刻我都是我，我不可能是別的什麼人，但是請仔細想一下，我是我固然沒有錯，但我是不是在「作自己」，卻大有文章。小時候，我作的是父母的兒子（或女兒）；上學了，我作的是老師的學生；工作了，我作的是上司的下級，老闆的員工；結婚了，我作的是妻子的丈夫（或丈夫的妻子）；生子了，我作的是孩子的爸爸（或媽媽）；當官了，我要作群眾的領導；成名了，我要作社會的楷模……什麼時候我做了「我自己」呢？人生在世，要扮演各種各樣的角色，也就是要戴上各種各樣的面具，而且往往要同時準備幾套面具，在不同的場合戴不同的面具。這並不奇怪，這個社會就是這樣運作的，每一個參加社會運作的人都須如此，概莫能外。瑞士心理學家榮格（Karl Jung, 1875-1961）就花了很多筆墨去論證這些面具（他稱之為persona）於人之必要。但是，在每一種面具下面，毫無疑問地，我們都必須壓抑一部分自我，甚至大部分的自我。我們常常感到那壓抑的自我在掙扎、在呻吟、在吶喊。可是為了生活，為了社會責任，我們的理智強行把這呻吟著的自我、吶喊著的自我（哪怕是部分），硬生生地給壓下去，拼命地壓，甚至把他壓到潛意識的幽暗大海中，永遠都不讓它冒出頭來。

所以我想說，即使不苟同別人，不羨慕別人，有自己的理想，有自己的追求，有自己的個性，但僅僅這樣，還未見得就是作了「我自己」。我常常不免悲哀地想：一個人在一生中，真正能作「我自己」而不作別的什麼的時刻，是多麼的少啊。當然，你可以這樣反駁我：「人的本質就是社會關係的總和」，人在社會裏就是要扮演各種各樣的角色，不存在完全沒有社會角色的自我。我承認這話有相當道理，但是我還是要反問：我們真的就沒有一張不帶任何面具的「素面」嗎？如果沒有，那麼為什麼我們在戴那些形形色色的面具時，常常感到有一個被壓抑的自己在那裏呻吟和吶喊？蘇東坡說：「長恨此身非我有，何時忘卻營營？」每一個心靈敏感的人不是常常都有這樣的遺憾嗎？

啊，我們什麼時候才能放下這所有的面具，作一回真正的「自己」？一位元英國公爵在臨終前寫的筆記中說：「統計我過去的一生，真正快樂的日子加起來不超過兩個禮拜。」我覺得我非常能夠理解他的話。一個人老戴著一張厚厚的面具，怎麼快樂得起來呢？

如果不戴面具做不到，那麼至少讓我們少戴一點，讓我們不要時時刻刻都戴吧。讓我們選薄一點的面具吧，不要厚得讓人窒息。讓我們少一點桓溫那樣的對手吧，讓我們一生中交一兩個知己，在他（或她）的面前，我們願意卸下所有的面具，讓在人生戲臺上疲憊不堪的自己，可以靠在他（或她）的肩膀上，長長地喘一口氣。

阿彌陀佛，感謝上帝，善哉善哉，阿門！

2009、6、10

豈為小傷沮豪興
——說病

你自信是一個生命力相當強旺的人，但從小到現在卻生過不少的病，誇張地說，幾乎沒有斷過。感冒小病上不得台盤，且不去說它。只算那些有頭有臉、很有點分量的病，你至少可以數出十幾種。

小時候在老家金溪廟，你記得你得過一次白喉，發燒，咽喉腫得老大，痛得連話都不能講，後來是一個土醫生，用一根麥管把他調製的中藥吹進你的喉嚨，連弄幾次，居然也就好了。長大以後，你總是懷疑那醫生是不是誇大其辭，也許只是一次急性咽炎。但從那以後，你的喉嚨就從來沒有清爽過，直到現在仍是如此，常常要清喉嚨，自己和周圍的人都習以為常，但在飛機上、火車上一不小心就引人側目。每次感冒總是從喉嚨開始，這咽喉時不時地腫一下，真像一個老朋友。十幾年前，你因為一次重感冒咳嗽不止，照X光，片上有白點一枚，醫生說是小時候得過肺結核留下的鈣化點。這樣看來，那醫生說你得了白喉可能也並不太離譜，說不定那同時就得了肺結核，只是農村的一個放牛娃，一個地主狗崽子，哪裏管得上這些呢？

不久又得了瘌痢，現在的青年大概根本不知道那是什麼玩意兒，即使年紀大一點的人大概也是僅知其名而已，而有幸得過的人，也無人把它當作光榮履歷，一般是不會輕易告人的，你自然也很少向人提起。此病上了初中還沒有好，前後延續了兩三年，曾經是你小時候一塊真正的心病。如果從此就變成阿Q那樣，豈不是連老婆都找不到？

你從小就腸胃不好，上初中時，有一陣子大便帶血，常常在吃飯的時候，疼得要彎下腰來抱住餐桌的腳。不久又得了百日咳和鼻炎，鼻子一邊不通是常態，有時兩邊都不通氣，那就只好張開嘴巴像浮在水面垂死的魚一樣。到了高中，你的鼻炎和腸胃病仍時常發作，此後差不多就成了你終生的伴侶。尤其是腸胃病，簡直比每天見面的lover還要親密。四十歲以後，你每天都要上廁所兩到三次——是大號而非小號。到了現在，像買股票一樣，已經增值到每天五、六次了。似乎你們兄妹三個腸胃都不好，你妹妹就是在十一歲那年死於痢疾。這支股票會不會再飆升，實在是難以預測的事情。

上了高中不久，你又得了全身遊走性的關節炎，嚴重的時候連課間操都只好請假，站著聽老師訓十分鐘的話也堅持不了。後來碰到一位土醫生，用艾灸在你渾身上下燒了三百多個疤，令你想起封神榜裏紂王所使用的炮烙之刑。你強裝好漢，咬著牙沒有哼一聲，但你卻十分擔心這一身疤褪不掉，將來碰到心儀的女孩子，豈不要無「皮」見人？幸虧十年之內居然褪盡，真是青天有眼。不過關節病從此又在你的病歷上另立了一個戶頭，到現在頸椎、肩椎、尾椎無一無病，有時彎下腰來繫根鞋帶突然腰就不能動了，非十天半月不能好轉。剛剛過去的這一百天，你就因為腰椎間盤突出壓迫神經，下肢發麻，連五分鐘的路都走不完。你的一個學生是一個骨科專家，又擔任一家大醫院的院長，給你專門準備了一間病房，命令你完全臥床休息了二十天。你第一次嘗到在床上吃飯，由護理人員替你擦澡的滋味。

高三時你還得過嚴重的神經衰弱，後來到你教中學時又演變成神經官能症。你四十歲以後患過兩次嚴重的憂鬱症，可能就是導源於此。也是高中的時候，正碰上轟轟烈烈的「大躍進運動」，全民像發了瘋似地「大辦鋼鐵」，學校操場上豎起了東一個西一個的土高爐，你和你的同學們突然都變成了鋼鐵工人，常常接連十六個小時不睡覺。但居然還要堅持早鍛煉，每天早上沿著操場跑步，有一次在跑步中你突然心臟劇痛，差一點要休克。你現在的冠心病、心絞痛、高血壓，可能就是在那時撒下的種子。

二十三歲那年你在三陽路中學教書，患了你生命中第一次最嚴重的疾病，可是至今你都不知道它是什麼病。你睡不著覺，吃不下飯，精神恍惚，竟然有一種燈乾油盡的感覺。最令你害怕的是右側肝區持續不斷地脹痛，肝功能也不正常，你懷疑自己得了肝炎。可是東看西看怎麼也看不好，你憂心忡忡以為從此會發展成為肝硬化、肝癌，大概免不了要像顏回那樣短命了。不料第二年爆發文化大革命，你是三陽路中學第一個被打成牛鬼蛇神的人，關起來，批鬥，遊街，掃廁所，已經無暇生病了，那病魔居然被轟轟烈烈的文化大革命嚇跑了。不過右肋隱痛從此就沒有離開過你，成了你一個小妾，一路陪你到現在，四十多年過去了，還沒有一個名分。

一九七二年三十歲那年，你又得了腎結石。你本來毫無察覺，有一天在公車上手裏抱著剛出生的老二，突然左腰劇痛，你只得把老二交給你太太抱，她還以為你是偷懶。回到家後痛得你在床上打滾，只得去看醫生，走五步就停下來歇一歇，終於爬到醫院。醫生檢查後告訴你是腎裏面長了一個石頭，不幸又掉到輸尿管裏，卡在當中引起輸尿管痙攣，所以劇痛。除了開刀，別無它法。那時還在文革之中，你已經兩次打成反革命，但幸而一年前你已經從牛棚放了出來，說是「事出有因，查無實據」，暫不戴帽，但帽子「拿在群眾手裏」，倘不老實，則隨時可以戴上。不管怎樣，你總算有了起碼的自由，所以能夠進醫院看病，而院方居然還收你住院，你心裏直呼青天有眼，命不該絕。終於開了刀，取出一個花生米大的石頭來，但從此也就在你的左腰留下了一個二十釐米長的疤痕。

文化終於革完了命，你也時來運轉，考進了武漢大學研究院，成了新中國的第一批「進士」。在你三十六歲之年，得到這樣一個好機運，你能不感激上蒼嗎？所以你一進武大就一頭札進了書堆，浩瀚的學海讓你覺得一天二十四個小時還不夠用。但是你卻沒有想到你畢竟不是一個鐵人，考前夜以繼日的準備，加上入學後夜以繼日的苦讀，讓你很快就病倒了。那次的病其中有一個很奇怪的症狀是腦鳴（不是耳鳴），腦袋裏像裝了一個小馬達，嗡嗡地響，一響便是二十四小時。剛停一天又響，又是二十四小時。如此持續了幾個月，你連坐著上完一堂課都覺得異常吃力，你幾乎要退學。不過最後還是治好了，是一個按摩師治好的，每次半小時至一小時，從頭部到頸椎到腰椎一直到尾椎，連續按摩一百天，居然霍然而愈。從此你迷上了按摩。

一九八一年三月你到了美國。你感謝命運的垂青，你已經年到不惑，你決心抓緊生命的後段，好好彌補你那被殘酷奪去的十幾年黃金歲月。你貪婪地撲進一個嶄新的文化。你已經沒有時間可以悠遊，你的記性也已經不如從前，四十歲的老學生畢竟不是二十歲的後生，你得加倍努力，你得廢寢忘食。頓頓三明治，天天ABC，終於又把你擊倒了，這一次是恐怖的憂鬱症。一年半來你體驗了一種異樣的痛苦，一種無法形容的痛苦，這種痛苦甚至遠遠超過你在牛棚中被關被鬥被打的外來的橫逆，這是一種從內部徹底摧毀你的意志的可怕的惡魔。這頭惡魔又糾纏了你一年有半。

一九九〇年你在不眠不休地撰寫博士論文時心臟又出了問題，心絞痛找上了你，從此你得了冠心病，由此導致高血壓。這兩位小妾看來也跟定了你，是會追隨你到生命的最後的。

到臺灣教書以後，雖然大部分時間是風塵僕僕地來往於外雙溪的山居和木柵的政治大學之間，不上課時，也從來不寂寞，因為腰椎病、心臟病、高血壓、腸胃病，這幾個忠實的戀人都不忍離你而去，你幾乎每個禮拜都要帶她們去流覽一下臺北市各大醫院的風光。

二〇〇三年你母親去世，老情人憂鬱症居然又來找你了。這一次糾纏了你兩年之久，直到現在你每天晚上還要為她服藥。醫生說，你就把抗憂鬱藥當維它命吃吧，免得復發。

臨到你快要退休了，一次因為胃痛發作去照X光和超聲波，又讓你發現了幾個好朋友。醫生告訴你，你膽裏有一大堆寶石，還有一塊息肉在陪伴你呢。醫生建議你把膽割掉，你沒有照辦，至今又是三年了。跟這幾位新朋友相處尚佳，但什麼時候它們會調皮搗蛋可也說不準。

這樣逐一地算下來，在你過往的歲月裏，幾乎就找不到沒病的時候，五臟六腑各大系統都得過病（更正確地說是都有病）。若是真把病當朋友當戀人，你的生命還真不寂寞呢。但是大家都把病當作敵人，沒有人不害怕生病。你的生命經驗卻告訴你，雖然很難把疾病視為朋友，但也不一定就是敵人，如實地講，它既非朋友，也非敵人。疾病就是生命的伴侶，生命是陽，疾病是陰，有陽必有陰，無陰不成陽。人的本能最本質的只有兩種，一種是生之本能，一種是死之本能。生命是生之本能的體現，疾病是死之本能的體現。但生之本能跟死之本能正如陰陽一樣，是構成一個生命體的兩面，缺一便不成其為生命體。

現在有人發明了「亞健康」一詞，你覺得這個詞挺好，很有概括力。你想補充一句：健康只是相對的，短暫的，亞健康卻是絕對的，長期的。絕大多數的人絕大多數時間，其實都是活在一種亞健康的狀態中。有病沒有什麼可怕，人的一生其實都是在跟疾病相處，真正沒病的狀態幾乎是不存在的。疾病其實也是一種積極因素，它不斷地提醒你死之可能和死之必然，也就不斷地在提醒你生之有限和生之可貴。從這個角度來看，上文把疾病比作朋友和戀人，其實也不完全是調侃而已。因為有病，所以要更積極地活，更努力地活，一天當成兩天地活，有病仍然做成大事業，有病仍然登上最高峰，那才是一條漢子。

三十三年前，你跟一群朋友遊黃山。黃山的最高峰是蓮花峰，一千八百四十米。登峰前一天，你不幸把腳扭傷了，臨到登峰時，你連走路都困難。但你咬了咬牙，扶著一根竹竿，到底還是登了上去。你在上面迎著八面來風，心身暢快，曾經口占一絕：

豈為小傷沮豪興，扶筇直上最高峰。
長風八面來懷袖，遠近青山一萬重。

你願意把這首詩送給所有處於亞健康狀態的朋友們。

2009、8、30

博與專

兩年前，一位復旦大學的同行訪台，我們初次見面，席間他問我：「唐先生，你是搞什麼研究的？」我說：「古今中外都搞一點。說得好聽一點是雜家，老實地說呢，就是萬金油。」他狐疑地望了我一眼，就不再問了。我這話雖說有點自我調侃的味道，但也是實情。我在臺灣政治大學開的課程，大學部是《世說新語》和《大陸現當代小說選讀》，研究所則開《魏晉玄學》與《西方現當代文學理論》，外加一門書法，豈不是古今中外都沾點邊嗎？業餘還寫寫詩，寫寫散文。要問我到底是什麼專門家，我實在說不上來。當然，我肯定不是數學家、物理學家、醫學家，我這個萬金油不出文史哲的範圍，是只能外用不能口服的。

我在武大讀研究生時，有一個老師叫吳林伯，是國學大師馬一浮復性書院的學生，他雖然不是我的導師（是易中天、陳書良的導師），但我們師生關係不錯。他是研究《文心雕龍》的專家，他就常對我們強調，研究學問要專，他說：「如果有人問你研究什麼，你說研究古典文學，那算什麼？古典文學這麼多。你說古代文論，那又算什麼？古代文論那麼多。你要說研究《文心雕龍》，這才像話。」他說他自己《文心雕龍》讀了幾十遍，到現在還要每年讀一遍。我覺得他的話很有道理。做學問如果浮光掠影，什麼都弄一點，是不可能紮實的。我服膺他的話，在基本古籍上紮紮實實地下過若干功夫，比方《世說新語》，至少也讀了幾十遍，從中得到很多好處。漢代學者「通一經」的辦法我是贊成的，一經都不通，而要想成為一個功底深厚的學者，恐怕是沒有什麼希望的。但現在青年學生乃至某些學者犯此病者甚多，我在政大教書時曾經做過調查，已經讀到中文系研究所的學生，卻從頭至尾沒有看過一本古籍的還大有人在，連五千言的《老子》跟一萬多字的《論語》都沒有仔細地讀完過，卻要研究中國傳統的文化，豈非笑話一個？

但是對吳林伯先生的話，我一方面服膺，一方面又有些腹誹，很懷疑他的老師馬一浮先生會不會說同樣的話。通一經是絕對必要的，但如果只通一經，而他經皆不聞不問，我也是不贊成的。凡事不可推至極端，推至極端就會變得可笑。錢鍾書在小說《靈感》中諷刺那位支那學者，只研究漢文的音韻，連漢文的意義都不懂，接著又挖苦說：「獲得本屆諾貝爾醫學獎金的美國眼科專家，只研究左眼，不診治右眼的病。」語言雖然刻薄，意旨實堪發噱。學問就是生命，把一輩子的生命耗在一隻左眼上，這樣的事情頗像古代那位洪水淹來都不走，為了不失信於情人，最後抱柱而死的尾生，精神雖然可嘉，於自己於情人其實都太殘忍。

古人中我最感到親近的還是孔子，孔子無論做事做人都很通達。在孔子那裏為人跟為學是一碼事，學就是學做人。孔子說過：「君子不器。」他反對把自己變成一個工具，一個只有某種專門用途的器皿。在孔子看來，關於做人的學問，什麼都要懂一點，孔子並沒有想把自己變成一個什麼專門家。對孔子的這種態度當時就有人不表贊同，達巷黨人就笑話孔子，說：「大哉孔子，博學而無所成名。」

時代不同了，達巷黨人的話現在看來卻不得不注意了。一個人生在現代，如果「博學而無所成名」，就不是專家，就沒有人會承認你是學者，也當不了教授，雖然「博」，卻拿不到博士的學位，更不能成為博導。今天所說的博士就學問而言，其實是「窄士」，而且越窄越好，最好像臺灣鹿港的摸乳巷，窄得只能供一個人通過，兩個人就要擦胸了，這樣才是世界頂尖級的專家。但是，如果窄成這個樣子，也就無人可以跟你對話，恐怕難免寂寞。當年愛因斯坦的相對論出來，據說全世界能夠看懂的人不到一打，不知道愛因斯坦當時的感覺如何？這說的當然是極端的例子，咱們又不是愛因斯坦，犯不著為這個操心。但一個普通人的知識面太窄，也常有很尷尬的時候。我就聽說過一個製造飛機的工程師居然找不到老婆的故事，因為每次跟女方約會，三句話之後他就大談其飛機，以炫耀自己關於飛機知識之豐富，女方先是欽佩，繼而茫然，終至厭倦，於是逃之夭夭，第二次約會便藉故推掉了。

做學問也跟約會差不多，不通一經固然不可，蓋不通一經，就拿不到博士，拿不到博士，就沒有麵包，沒有麵包，美人就不會赴會；但通一經之後再也不窺他經，每次見面只談飛機或《文心雕龍》，不要說美人會逃之夭夭，恐怕連自己都會感到厭倦吧。當然這都是把話推到極端，實際上這樣的例子是很少的，我只是想借此說明，我們對現代社會分工精細的「專」，以及現在做學問所普遍崇尚的「專」，要有所警醒而已。其實過分的「專」，不僅會令生活變得無趣，也會讓「專」本身受到限制，終於「專」不上去。胡適說：「為學要如金字塔，要能廣大要能高。」這是對的，基礎太窄如何高得上去呢？當然，廣大也不是廣大無邊，一個人生命跟精力畢竟有限，不可能什麼都學，更不可能什麼都專。做學問到一定的時候，到一定的年紀，就要收縮範圍，刪繁就簡，不能再貪多。孔子說：「及其老也，血氣既衰，戒之在得。」但在年輕的時候，就早早地分科，早早地畫地自限，早早地去鑽牛角尖，只研究一個左眼，則害處更大。現代社會，專家越來越多，而通人卻越來越少，我是有點杞人憂天的。

兩天前，一位青年朋友程功來訪。程功是那種今天已經很難看到的「讀書種子」，才二十三歲，已經留學了法國、英國，下一步準備去美國。他的專業是金融貨幣，卻對文史也很有興趣，我們談得很投機。臨別時我送他兩句話：「以通人自期，不以專家自限。」他走後我覺得意猶未盡，於是寫了這篇文章，一起送給他，也送給那些常常問我「做學問到底該博還是該專」的好學的青年朋友們。

2009、9、14

在日本洗澡

一九九一年九月初，我在東京待了一個禮拜，住在日本友人四方田犬彥先生家裏。四方田和他的太太垂水千惠是我在哥大念書時認識的朋友。四方田在東京有兩所房子，這一所在月島，實際上是他們的 summer house。如果要找一個形容詞來形容這所房子，那麼「小巧玲瓏」也許是最合適的。一個廳，一個臥室，一個書房，一個廚房，一個廁所，但加起來可能還不到四十個平米。最好玩的是廁所，很像一個四方形的煙囪，小到剛好容納一個人，稍微胖一點的人在裏面是沒法轉身的。我那時還不算胖，可是入廁的時候也只能直挺挺地蹲下去，完畢以後再直挺挺地站起來。但裏面倒真是乾乾淨淨、一塵不染，我畢生沒有見過如此迷你的廁所，所以印象特別深刻。我心裏正在納悶等下如何洗澡，廁所裏並沒有淋浴的設備，即使有，也不知道如何洗才不至於碰到牆壁。四方田好像猜到了我的困惑，吃飯的時候就對我說：「吃完飯讓千惠帶你去公共浴室洗澡。」

飯後，千惠拿出兩個小臉盆，裏面放著毛巾、肥皂，說：「咱們去洗澡吧。」我很好奇地跟著千惠，一面心裏想：這日本的澡堂是什麼樣子？該不會是男女共浴吧？因為我在美國就聽說過，日本傳統上有男女共浴的習慣，尤其在溫泉裏，男男女女脫得一絲不掛，在一個池子裏泡澡是很常見的事。一家人，父母、兒女泡在同一個木桶裏面，一邊泡澡一邊聊天，其樂也融融。我心裏想：難道今天真要見證日本男女共浴的風俗嗎？我有點緊張，也有一分竊喜。來到浴室的門口一看，不大，是家庭式的，大門分成兩半，都掛著布簾，千惠對我說：「左邊是男的，右邊是女的，等下你從左邊進去，我從右邊進去。」我突然鬆了一口氣，覺得放鬆了。同時也立刻有點失落，看來也不過如此，跟中國澡堂差不多，不會有什麼新鮮事兒。

我掀開門簾進去，一腳踏進去就是一個四四方方不大的房間，牆壁的四周都是一個個方形的櫃子。已經有十來個人在裏面了，有的正在脫衣服，有的已經脫了，正把衣服往櫃裏放。我一時有點不適應，因為跟中國澡堂的格局並不相同，正在遲疑的時候，突然聽到一個清脆的女聲從頭頂上傳下來：「先生，你可以把臉盆放在架上，把衣服脫下來放在櫃裏，浴資是五百日元，現在就給我。」我吃了一驚，趕快抬頭，這才發現這間房子右邊的牆其實只是比一個人高一點的木板女牆，這個牆的隔壁應該就是女子的脫衣間，我想千惠大概就正在隔壁脫衣服吧。女牆上橫著架了一張桌子，一個打扮得很漂亮的中年婦女正坐在桌子後邊椅子上，她對我講完話以後又扭頭向隔壁，顯然在對那邊一個女子講話。我立時覺得尷尬起來，原來我們這些男人要在這位女士的面前，在她的炯炯目光下脫掉上衣，脫掉褲子，脫得一絲不掛，然後手中拿著五百塊日元，伸手交給她，她則俯身把錢接過去，放在抽屜裏，然後她再轉身向另一邊，用同樣的姿勢從一個跟我一樣脫得一絲不掛的女人手中接過錢，放進抽屜裏。然而這收錢的女子卻滿面微笑，從從容容，左右逢源，視兩邊這些脫得赤條條的男女如無物。沒有辦法，我只好照她的吩咐，在她的面前脫衣脫褲。我心裏怦怦直跳，一定是滿臉通紅，因為這畢竟是有生以來第一遭，我還要多鍛煉幾次才能適應。

我跟著其他人，把衣服放好後拿起自己的臉盆，掀開另一扇門的簾子進到第二間。發現這是一間長方形的小屋，沿牆釘著一圈木板台，板台不高，上方有十幾個龍頭，板台下放著一個個的小板凳，一些男人正坐在板凳上洗頭洗臉。我可以想像隔壁也是同樣的世界，那麼千惠也和其他的女人一樣在低頭洗髮洗面。我也挑了一條小板凳坐下來開始洗。我發現這種洗法很舒服，洗完頭再洗臉再洗身子，又爽快又輕鬆，而且整個房間是那樣的乾淨，沒有任何異味，比中國的公共澡堂好得太多了。

我本來以為在這裏洗完就可以起身用浴巾擦乾，然後回到剛才的更衣室裏換上衣服，但是我很快就發現錯了，因為別的洗好的男人並不回到原來的更衣室去，而是把臉盆留在架子上，然後撩開另一扇門的門簾走到另一間房裏。我很好奇，於是也跟著走。掀開門簾，我才發現這第三間房是一間大浴室，上面冒著熱氣，顯然是溫水。我還注意到，我所看到的顯然只是這個浴池的一半，中間有一塊並不高的木板，架在澡堂的上邊，底下是空的，上面也是空的，我看著這半邊池子裏泡著若干男人，當然很快就可以推想，另一半澡堂裏正泡著千惠和其他女子。如果我的個子有一米八、九高，我大概就可以探頭從木板上面一覽隔壁的風光。但男人們頭上都頂著一塊濕濕的毛巾，閉著眼睛，靜靜泡在水裏，臉上一副很享受的樣子，看不出任何人有窺探的欲望。

泡完澡回到第二間，擦乾身體拿起臉盆，又回到第一間準備穿衣，一時竟忘了衣服在哪一個櫃子裏，忽然那清脆悅耳的女聲又響起來了，說：「先生，你找衣服嗎？」我這一驚非同小可，因為那女聲已經不是我進來時同樣的女聲，這聲音更清脆更甜美，我抬頭一看，還是一個打扮得很漂亮的女子坐在臺子的後面，但這回卻不是一個中年女人，而是一個漂亮的年輕姑娘，大約十七八歲的樣子。我心裏怦怦跳起來，看著自己赤條條的身子，突然覺得無地自容，連忙去穿衣服，只差一點沒有「顛倒衣裳」。急急忙忙走到門外，千惠已經在那裏等我了。

千惠問：「洗得舒服嗎？」我連忙說：「舒服舒服。」其實我有很多問題想問，只是不敢冒昧，怕千惠見笑。一路無話，回到四方田的家裏，他正坐在客廳，見我端著臉盆進來，便詭譎地笑笑，說：「在日本洗澡這是頭一回吧？」我說：「是。」他又說：「跟你們中國洗澡有什麼不同嗎？」我這才好意思問他：「你們日本男人在女人面前脫光不覺得害羞嗎？那個女人也不害羞嗎？」他哈哈一笑，說：「這是職業啊，有什麼害羞的呢？病人在醫生護士面前不是也常常要脫光嗎？醫生護士不是也常常要面對脫光的病人嗎？」我一時無言。過了一會兒又問：「那兩個收錢的女人是什麼人？」他說：「那個中年婦人是女老闆，年輕的姑娘是她的女兒，正在念高中，他們家就三個人，這個浴室是他們家開的。有時候女老闆負責收錢，有時候男老闆負責收錢，女兒放學回來也會幫忙收錢。」我這才明白，原來第一個中年女子是母親，後來那個小姑娘是女兒。今天只差沒見到父親而已。突然腦子裏冒出一個念頭，那個男老闆還真有豔福啊，豈非「閱人無數」嗎？不過想想四方田的話，那個男老闆其實也不過像個婦科醫生而已，可能早就得了職業倦怠症。我這時才敢大膽地問千惠：「聽說你們日本傳統上有男女共浴的習慣，這是真的嗎？」她說：「是啊，不過現在已經差不多見不到了。你剛才泡澡的時候，有沒有注意到中間的木板啊？」我說：「有。」她告訴我，那木板原本是沒有的，十幾年前才換上一個紗網，就像排球網球的那種紗網一樣，那個時候泡澡的男人還可以看到女人，只是男女已經不像從前那樣混在一起了。又過了好幾年才換上這塊木板，現在男人和女人就互相看不到了。「我們日本人覺得身體很自然，洗澡時不需要特別遮掩。」我忽然想起郁達夫的小說《沉淪》，裏面說到那時的日本女子裙子裏面是不穿內褲的，當時覺得有點不可置信，懷疑是郁達夫瞎編的，現在看來應當是真的了。千惠還說：「日本現在有些地方還保持著男女共浴的習慣。」我想，如果有機會一定要試一試。我以後又去過日本兩次，可惜都沒有碰到這樣的機會，至今引以為憾。

這件事已經過去了十多年，回想起來，仍然歷歷在目。它讓我切切實實地明白了一條簡簡單單的道理，就是：人可以有各種各樣的洗澡法。那麼，由此推去，生活方式也一樣，政治制度也一樣，道德觀念也一樣，沒有必要大驚小怪，把別人都看作異端；也沒有必要認死理，把自己吊死在一棵樹上。

2009、7、7

每天都可能是你生命中的最後一天

這個題目在腦子裏轉了很久，今天才下筆，可見我自己對這個問題也沒有徹底想透而力行之。直到昨天在報上看到一則消息，說美國聯邦航空公司（我多次坐過這個公司的飛機）一名機師在飛行中猝死（說是「自然死亡」，想來應該是心臟病或是腦溢血突發），但幸而副機師很沉著，飛機終於安全降落在新澤西州的紐瓦克機場（我多次在這個機場上下飛機），才決定立刻把這篇文章寫出來。

從嚴格意義上說，人生幾乎沒有任何一樣東西是可以事先確定的，唯一可以確定的就是「死亡」。你絕對不用懷疑，死神一定會降臨，只是祂究竟什麼時候降臨，這你永遠不知道，除非你決定立刻就自殺——但是下一秒鐘你還可能改變主意。年輕人、身體健康的人，往往覺得死亡是很渺茫的事情，甚至是不可置信的事情，充沛的生命力讓他們下意識地認為自己永遠不會死。但這無疑是一個可愛的幻覺。上述美國機師當然是屬於「很健康的人」之列，飛行員照例是身強力壯，而且經常要做例行體檢的，不健康根本上不了飛機。但是死神要他的命，卻一點都不體諒他正在駕駛著飛機。我從前有個學生，她的男朋友在跟她跳舞的時候猝死於舞池中，使我這個學生在很多年裏一想到這件事就痛哭不已。那位猝死的青年是位大一的學生。

其實我們每個人都明白，死神遲早都會降臨，只是我們不敢面對這個殘酷的真理，所以寧可不去想它。有一則名人的軼事（對不起，這個名人的名字我一時想不起來）說：有朋友問他，如果人人都不可避免死亡，那麼你寧可選擇哪一種死法？那名人毫不猶豫地回答：「意外。」我相信這位名人的回答反映了我們大家共同的心理，那就是不願事先去思考死亡的問題。面對死亡的恐懼與焦慮，大概是人生最大的恐懼與焦慮。我有一個得了癌症而健康地活過來的朋友說：得了癌症的人有一半以上是被嚇死的。我相信這話很真實。又有人說：被宣判了死刑的犯人，在等待執行的過程中是最痛苦的。其實，我們每一個還活著的人都可以視為得了癌症的人，只是這個癌症可能拖得很久，也沒有那麼痛苦。我們每一個活著的人也都同樣可視為被判了死刑的人，只是上帝沒有把執行死刑的時間告訴你。那把達摩克利斯之劍的的確確懸在你我的頭頂上，的的確確每時每刻都可能掉下來，只是我們不敢去想，或不願去多想而已。

我們也確實沒有必要去想它。既然總是要死的，幹嘛要戰戰兢兢時刻去想它呢？為什麼要做一個匍匐在死神面前的膽小鬼呢？所以，乾脆把死亡這件事情忘掉吧。那位名人說「意外」最好，「意外」就是沒有想到，沒有想到就沒有痛苦。其實這個世界上大多數人基本上都在奉行這個原則。

但是忘掉死並不等於死就不存在。我們可以不去想它，但必須在思想深處徹徹底底地明白下面這個真理，就是：每天都可能是你生命中的最後一天。既然如此，有一件事我們就不能不常常想到：我有沒有什麼事情是一定要在生前辦的呢？有沒有事情如果沒辦就會死不瞑目呢？如果有，那麼就趕快去做吧，說不定明天就可能沒有機會做了。我有一個學生，父親過世幾年了，她有一次跟我提到這件事，說她很愛她的爸爸，可是生前都沒有好好抱一抱他，至今後悔不已。去年我退休前夕，跟幾個學生在校園裏散步聊天，她也在其中，她突然停下來對我說：「老師，我要抱抱你。」於是她伸開手臂把我抱住。當時幾個同學都似乎有點驚訝，因為這個女孩子平常並不是很開放的。但是我很理解，她是怕我退休回大陸之後再也見不到了，她不願意重複對她父親的遺憾。

幾年前，我得過一場嚴重的憂鬱症，那起因是因為我母親的過世。這個世界上時時有人離開，你周圍的親友也常常有人離開，但是只有你最親近的人的離去，才會讓你真正有直面死亡的感覺。我的憂鬱症持續了將近兩年，最痛苦的時候常常有不知道如何才能挨到下一刻的感覺。我雖然沒有認真計畫過自殺，但是的確在晚上睡覺之前禱告過：最好明天不要醒來。那時候我就想，要做的事就要趕快做。可是嚴重的憂鬱症讓我沒有力量，也沒有興趣做任何事情。我於是想，如果我憂鬱症好了，我一定要更努力地做事，因為這個時候我才真正地深切地明白到了：每天都可能是你生命中最後的一天。我那個勇敢的女學生的擁抱，讓我更堅定了這個念頭：趕快去擁抱你生命當中應當擁抱的人和事物吧，不要等到明天。

2009、6、22

學書片想

（一）禪宗有三境，書法亦有三境：書法就是寫字；書法不是寫字；書法還是寫字。

（二）學書有三境：無法；有法；無法。蘇軾說：「我書意造本無法，點畫信手煩推求。」這是到了第三境，別誤會成第一境。沒有經過一、二境，就以第三境自誇，是可笑的。

（三）書美有三度：筆法，字法，章法。三度俱美，方為佳作。古人最重筆法，次字法，次章法；今人則反之，最重章法，次字法，次筆法。

（四）書法是寫字，不是畫字，更不是做字。書法可以創新，但要在寫字上創新，不可借畫字或做字來充當創新。（米芾雖有「蘇軾畫字」之說，蓋玩笑語，也與我這裏說的「畫字」意思不同，識者自知。）

（五）書法是書寫文字的藝術。文字是一種符號，符號必有能指與所指，只有能指而無所指，則不成其為符號矣。某些「前衛」書法「前衛」到完全不可辨識，再美也只能稱為一種受中國書法啟發而發展出來的某種線條藝術，完全可以自成一門，但不必再稱書法，尤其不必再稱中國書法。

（六）技術不等於藝術，但技術是藝術的基礎。技術加上才情、天分，才能變成藝術。「池水盡黑」是練技術，沒有「池水盡黑」，成就不了張芝、王羲之，但也不要以為只要「池水盡黑」，便人人都可以成為張芝、王羲之。

（七）可以重複的是技術，不可重複的才是藝術。寫字或可日進，書家難期必成。

（八）陸游誡侄曰：「汝果欲學詩，功夫在詩外。」此語亦可用于書法。書法家不必天天寫字，天天寫字不能保證成為書法家。除了天分外，讀書多少絕對是決定書法境界高低的關鍵，古人說「書卷氣」，實不能貶之為老生常談。

（九）康有為說自己「眼中有神，腕底有鬼」，不完全是自謙，蓋批評人易，自己寫好難。然先須眼高，腕才有高的可能，眼高腕低固是常見病，但眼低腕高則從未之見也。

（十）中國書法，篆、隸、真（楷）、行、草五體，各有其佳妙，也各有其用處，但從藝術的角度看，我最喜歡的還是行書（從行楷到行草）。因為行書的筆法、字法、章法最多變化，最

▲在臺北寓所觀鷹樓寫字，左邊是你的好友南京大學中文系教授張伯偉，右邊是你在臺北政治大學的高足曾秀萍／2007 年冬攝於臺北寓所

容易表現出一個人的技巧、才情與天分。篆書適合印章，隸楷適合匾額，但筆畫缺少變化，有些單調，寫成一篇，就難免呆板。草書跟行書相去不遠，但過於狂放則難於辨識，有時還容易弄虛作假，以狂掩陋。蘇軾罵張旭與懷素：「顛張醉素兩禿翁，追逐世好稱書工，何曾夢見王與鐘，妄自粉飾欺盲聾，有如市娼抹青紅，妖歌嫚舞眩兒童。」語雖近於刻薄，但還是值得警惕。

（十一）中國傳統書法有所謂「碑學」與「帖學」之分，晚清包世臣、康有為等人過分提倡魏碑，貶低帖派，我以為是矯枉過正。帖書無疑是中國書法的正宗，因為中國的書法本質上是由毛筆寫在紙上的，碑書則是用刀刻在石頭上的，是為了保存不得不然。硬要用毛筆寫出刀刻的味道，就像硬要用牛拉車馬犁田一樣，是沒有什麼道理的。

▼在日本明治學院大學舉辦的「唐翼明書道展」。
／2003 年 7 月攝於日本東京

（十二）「寫得一手好顏（柳、歐……）字」，對初學者是讚美，對成名者則是諷刺。

（十三）能自成一家風格，是一個成熟書法家的必要條件，但不是充分條件。並不是每一張有特色的臉都是漂亮的臉。

（十四）官大不見得學問大，名高不見得書法高。大官名人切忌到處題字，要懂得藏拙。幾個醜字，懸於廣廈通衢，時人偷笑，後世鄙薄，豈非跟自己過不去？

（十五）有人擔心電腦普及，書法就會消滅了，我以為不然，漢字只要還在用，中國書法藝術就不會消亡。天之未喪斯文也，電腦其如予何！

（十六）唱歌、跳舞、畫畫，皆須拜師，唯書法可以不拜師。子貢曰：「文武之道，未墜於地，在人。賢者識其大者，不賢者識其小者，莫不有文武之道焉。夫子焉不學？而亦何常師之有？」（見《論語・子張》）這話也適用於書法，只要把「文武之道」改成「書法之道」，「在人」改成「在帖」就行了。

（十七）韓愈說：「世無孔子，不在弟子之列。」我學書法從來沒有拜過老師，也沒有模仿過當代名家，只是向古人學，向古帖學，所以也想跟著說一句：「世無王羲之，不在弟子之列。」

（十八）袁枚論王士禎：「我與漁洋為友執，不相菲薄不相師。」我欣賞當世許多書法家，認為各有長處，但也都沒有達到古代大家的水準，所以也想跟著說一句：「我與諸公為友執，不相菲薄不相師。」

（十九）寫小字難，寫大字更難。能作大字者通常能作小字，能作小字者則未必能作大字。

（二十）能作楷書者方能作行草，不能作楷而作行草，其行草必無法度，尤不耐字字看也。

（二十一）傷其十指不如斷其一指，此兵法也，然亦可通於書法，與其篆、隸、真、行、草，諸體皆能作而無一體出色，則不如擅一體也。

2009、8、22

贈字與賣字

我喜歡書法，也常常寫幾個字，甚至還在紐約、東京、臺北辦過幾次書法展，勉強可以算是一個業餘的書法家。因此也就常常有人向我索字，我基本上都是來者不拒。但必須是你來求，我不會主動贈送。這並不是因為架子大，因為你來求，表示你欣賞、你喜歡我的字，如果你沒有求，而我主動送給你，那是什麼意思呢？那豈不等於說：鄙人是個書法家，送一幅字給你，請你笑納。——對不起，這種事我是不幹的。

我也從沒賣過字。在哥倫比亞大學辦展覽的時候，就有一個老美表示願意用一千美元買我一幅字。我說：「對不起，中國讀書人是不賣字的。」那老美很驚訝，覺得有點不可思議。我的話也不確，其實中國讀書人也還是賣字的，近代連齊白石都賣畫賣字，聞一多刻圖章也要收錢，遑論他人？只能說我自己的思想有些古板，跟不上時代的潮流，總覺得文人落魄了才賣字。我在臺灣教書的時候，曾教了一個學生叫魏明政，人很憨厚，又勤奮好學，有一次向我求了一張字，我記得似乎寫的是張載的《西銘》。他拿去裱，有一位先生在裱字店裏看到這幅字，願意出十萬新臺幣買下，問這位學生願不願意割愛。我這個學生說：「這怎麼可以？這是我老師寫給我的！」後來魏明政把這件事告訴了我，我說：「你怎麼這麼笨？你賣給他呀，然後再請我給你寫一幅不就得了。」但其實我心裏很欣賞他。因為他知道老師送的禮物是無價的。

我雖然不賣字，但是如果你求我寫字，我也幫你寫了，你送一點禮物表示你的感激之意，我是收的。禮物不在多寡，那表示你的感激和欣賞。我從臺灣政治大學退休前，系裏有一位年紀比我更大的退休老師，叫朱守亮，山東人，今年八十四歲了，因為我們都喜歡游泳，所以認得，有一回朱老師對我說：「唐翼明啊，聽說你要退休了，你一定要給我寫張字。酒還是茶葉？你說！」我說：「你放心，我一定給你寫，酒也不要，茶也不要，你不要增加我搬家的負擔。」我後來自然給他寫了，但不知道他家住哪裏，就請助教蔡明順轉交。過了兩天，蔡助教居然拿著一瓶酒給我，說：「朱老師送的，謝謝你給他寫的字。」我當時心

▼你和你的書法作品／1999 年攝於臺北寓所

裏著實開心而且感動，覺得老一輩的讀書人比現在的年輕人知禮多了。

其實賣字跟賣畫一樣，沒有任何值得非議的地方，在中國傳統文人的眼裏，書畫同源，書法的地位比繪畫更高，書法家的地位也往往比畫家更高。王羲之在中國藝術史上的地位大概沒有任何一位畫家能夠相比。一個人要成為畫家或書法家，幾乎要下一輩子的功夫，所謂「池水盡黑」、「退筆成塚」，雖然有點誇張，但也並不離譜。我自己寫壞的筆也不下一百支，也可以埋成一個小小的墳堆子，如果天天把洗硯的墨水留下來，也是會有一小池的。除了辛勤的勞動以外，還要才情天分，還要讀書萬卷，豈是任何一個人都可以成為一個書法家和畫家的？現代社會任何勞動都可以也必須換算成貨幣價值，那麼畫家書法家的勞動就例外？畫家書法家就不食人間煙火？所以賣畫賣字沒什麼不可以。有時候賣畫賣字還有不得已的苦衷，因為你有求必應，那如果求

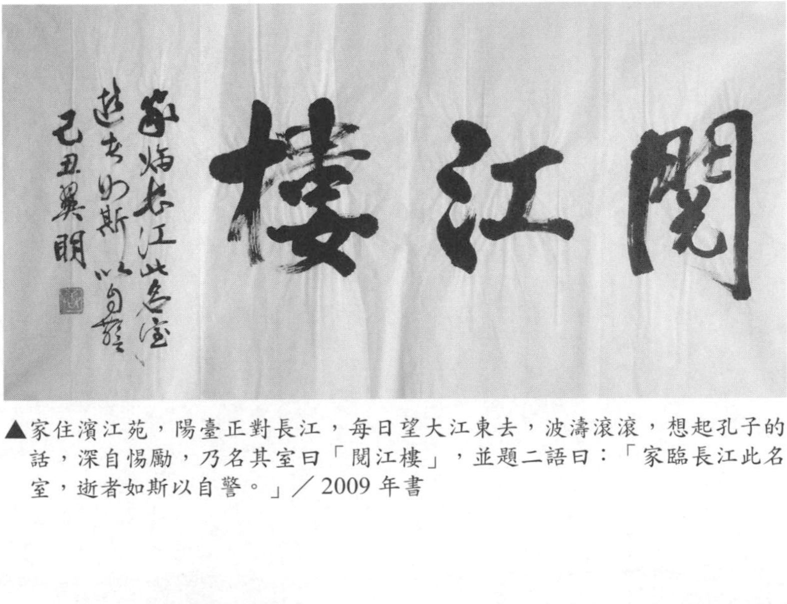

▲家住濱江苑，陽臺正對長江，每日望大江東去，波濤滾滾，想起孔子的話，深自惕勵，乃名其室曰「閱江樓」，並題二語曰：「家臨長江此名室，逝者如斯以自警。」／2009 年書

者盈門，豈不要把你累死？

當然，我沒到求者盈門的地步，以後也大概不會到。我心裏也完全明白，賣字賣畫其實也並不意味著落魄，也沒有什麼值得非議。但我還是不想賣字。第一，是我並不那麼需要錢，不像齊白石、聞一多當年那樣急需錢用；第二，說得不客氣一點，我的字實在很難定價，一千美元不賣，十萬台幣我那個學生也不賣，如果我現在自己賣，總不能比這個價格還低吧？但是如果要比這個價格還高，那麼中國現在恐怕也沒有幾個人想買。也許會有人說，你的字就那麼值錢？那麼我想回答：對不起，我沒想賣給你。如果你是我的朋友，而又很真誠地向我求字，我可以送你，一個錢都不要。如果你自命很懂得藝術，又真的很有錢，又真想買我的字，那就請多準備一點銀子吧。

字可以贈送，但不可以賤賣，這就是我的原則。

2009、9、26

用點狀結構代替線性結構
——關於《閱江樓清談》
答玉立（代跋）

我正在寫些東西，不敢稱之為文學創作，因為創作意味甚少，它絕大多數都取材於我自己的生命經歷。至於是不是文學，則需要讀者去評論。大約每天寫一到兩篇，少則千把字，多也不超過四千，平均大約在兩千字上下。因為家住長江邊，每天俯瞰江水川流不息，常常想到孔子，便把這些文章統統稱為「閱江樓清談」。我在哥倫比亞大學作的博士論文就是《魏晉清談》，對在中國學術文化思想史上延續了四百餘年、起過巨大影響的魏晉清談竊好慕之，後世清談被誤認為是空談、虛談，坐而論道，議而不行，雖屬誤解，我亦不嫌，我也沒有指望自己的文章成為經國之大業，不朽之盛事，空談便空談，有何不可？自己高興，朋友讀了高興，斯亦足矣。

我一生顛沛流離，幾起幾落，又轉徙多地，出生於湖南，成長於武漢，留學美國十年，又在臺灣教大學十八年，可謂東西南北之人。兒時做過幾年貴公子，後來放過牛，砍過柴，插過秧，種過田，當過反革命，關過牛棚，教過中學和大學，也做過報紙主筆。許多朋友說我閱歷豐富，不妨寫寫。其實我自己一直也有個文學夢，十幾歲就以文學青年自命，先後發起和組織了兩個文學社團，後來雖然走的是學術研究之路，實未能忘情於文學。假我數年，七十以圓夢，可以無大憾矣。

寫什麼？如何寫？是我近年來常常考慮的問題。我在大學裏開過小說選讀與小說理論的課程，對於現代虛構小說、傳記性小說，尤其是長篇，很有一些「異見」。我贊成韓少功在《馬橋詞典》〈楓鬼〉條中對傳統小說的「主線霸權」的批判，他說：

> 我寫了十多年的小說，但越來越不愛讀小說，不愛編寫小說——當然是指那種情節性很強的傳統性小說。那種小說裏，主導性人物，主導性情節，主導性情緒，一手遮天的獨霸了作品和讀者的視野，讓人們無法旁顧。即便有一些偶作的閒筆，也只不過是對主線的零星點綴，是主線專制下的一點點君恩。必須承認，這種小說充當了接近真實的一個視角，沒有什麼不可以。但只要稍微想一想，在更多的時候，實際生活不是這樣，不符合這種主線因果導控的模式。一個人常常處在兩個、三個、四個乃至更多更多的因果線索交叉之中，每一線因果之外，還有大量其他的物事和物相呈現，成為了我們生活中不可缺少的一部分。在這樣萬端紛紜的因果網路裏，小說的主線霸權（人物的、情節的、情緒的）有什麼合法性呢？」

我也有類似的看法，我一邊教學生讀小說，一邊卻越來越厭煩如今數以萬計地出現的長篇小說。虛構變成人為的造作，尤其當它們在某種意識形態規範之下的時候，不僅變成了霸權，簡直就是濫調，寫法也大都千篇一律，堪稱創新者實在很少。我一向覺得人的記憶並不是線形的，而是點狀的，甚至意識流也不是「抽刀斷水水更流」的「流」，乃是無數個點組成的「泥石流」。甚至連時間本身也是點狀的，而不是我們習慣上想像的線性的。擴而充之，宇宙的萬事萬物，莫不以點狀存在，所謂整體只是點狀的集合而已。所以用符號來表現世界（包括時間、空間、萬事萬物）時，也以點狀為宜。比如電影，如果拆開來，它則是無數張照片，快速地、連續地放，就成了電影。又比如梵高一派的印象畫，也是以點狀來描繪物體，東一個點，西一個點，初不成形，無數個點合而觀之，便栩栩如生了。我由此產生一個構想，就是，與其跟著前人的足跡，以大家習見的模式，來寫一部長篇的自傳性的小說，何妨以無數的短篇代之。興之所至，思之所至，不拘格式，不計題材，凡我生命之所關涉，或述、或憶、或記、或議，怎麼合適就怎麼寫，怎麼高興就怎麼寫，不做作，不扭捏，不宣傳，不粉飾，不玩弄技巧，不遵循什麼特定的法則，不服膺什麼特定的理論，只牢記三條古訓，一曰「修辭立其誠」，二曰「辭達而已矣」，三曰「言而不文，行之不遠。」

我這樣想，也就這樣寫，還打算再這樣寫下去，東一篇西一篇，乃至一百篇、兩百篇、五百篇、一千篇。初看不會有什麼頭緒，但積到一定的數量，你就可以看出一個生活在二十到二十一世紀的中國知識份子對宇宙、對社會、對人生的體驗與思考。

我活過，我想過，我寫過。如此而已。知我罪我，其唯《閱江樓清談》乎？

2009、8、21

國家圖書館出版品預行編目資料

寧作我 / 唐翼明著. -- 初版. -- 臺
北市：人間, 2011. 12
面： 公分

ISBN 978-986- 6777-43-1 （平裝）

1. 唐翼明　2. 回憶錄

783.3886　　100025022

現代中國回憶錄叢刊 004■

寧作我

本繁體字版由生活・讀書・新知三聯書店授權

作者◎唐翼明
出版者　人間出版社
發行人　呂正惠
社長　林怡君
地址　台北市長泰街 59 巷 7 號
電話　02-2337-0566
郵撥帳號　11746473 人間出版社
印刷　龍虎電腦排版股份有限公司
登記證　局版台業字第三六八五號
初版　2012 年 3 月
定價　新台幣 260 元